湘西苗族
民间传统文化丛书
【第一辑】

苗师通鉴

【第一册】

石寿贵◎编

中南大学出版社

总 序

刘昌刚

苗族是一个古老的民族,也是一个世界性的民族。据 2010 年第六次全国人口普查统计,我国苗族有 940 余万人,主要分布在贵州、湖南、云南、四川、广西、湖北、重庆、海南等省区市;国外苗族约有 300 万人,主要分布于越南、老挝、泰国、缅甸、美国、法国、澳大利亚等国家。

一

《苗族通史》导论记载:苗族,自古以来,无论是在文臣武将、史官学子的奏章、军录和史、志、考中,还是在游侠商贾、墨客骚人的纪行、见闻和辞、赋、诗里,都被当成一个神秘的"族群",或贬或褒。在中国历史的悠悠长河中,苗族似一江春水时涨时落,如梦幻仙境时隐时现,整个苗疆,就像一本无字文书,天机不泄。在苗族人生活的大花园中,有着宛如仙境的武陵山、缙云山、梵净山、织金洞、九九洞以及花果山水帘洞似的黄果树大瀑布等天工杰作;在苗族的民间故事里,有着极古老的蝴蝶妈妈、枫树娘娘、竹简兄弟、花莲姐妹等类似阿凡提的美丽传说;在苗族的族群里,嫡传着槃瓠(即盘瓠)后世、三苗五族、夜郎子民、楚国臣工;在苗族的习尚中,保留着八卦占卜、易经卜算、古傩祭祀、老君法令和至今仍盛行着的苗父医方、道陵巫术、三峰苗拳……在这个盛产文化精英的民族中,走出了蓝玉、沐英、王宪章等声震全国的名将,还诞生了熊希龄、滕代远、沈从文等政治家、文学家、教育家。闻一多在《伏羲考》一文中认为延维或委蛇指伏羲,是南方苗之神。远古时期居住在东南方的人统称为夷,伏羲是古代夷部落的大首领。苗族人民中确实流传着伏羲和女娲的传说,清初陆次云的《峒溪纤志》载:"苗人腊祭曰报草。祭用巫,设女娲、伏羲位。"历史学家芮逸夫在《人类学集刊》上发表的《苗族洪水故事与伏羲、女娲的传说》中说:"现代的人类学者经过实地考察,才得到这是苗族传说。据此,苗族全出于伏羲、女娲。他们本为兄妹,遭遇洪水,人烟断绝,仅此二人存。他们在盘古的撮合下,结为夫妇,绵延人类。"闻一多还写过《东皇太一考》,经他考证,苗族里的伏羲就是《九歌》里的东皇太一。

《中国通史》(范文澜著,人民出版社1981年版第1册第19页)载:"黄帝族与炎帝族,又与夷族、黎族、苗族的一部分逐渐融合,形成春秋时期称为华族、汉以后称为汉族的初步基础。"远古时代就居住在中国南方的苗、黎、瑶等族,都有传说和神话,可是很少见于记载。一般说来,南方各族中的神话人物是"槃瓠"。三国时徐整作《三五历纪》吸收"槃瓠"入汉族神话,"槃瓠"衍变成开天辟地的盘古氏。

在历史上,苗族为了实现民族平等,屡战屡败,但又屡败屡战,从不屈服。苗族有着悠久、灿烂的文化,为中华文化的形成和发展做出了巨大贡献,在不同的历史阶段,涌现出了许多可歌可泣的英雄人物。

苗族不愧为中华民族中的一个伟大民族,苗族文化是苗族几千年的历史积淀,其丰厚的文化底蕴成就了今天这部灿烂辉煌的历史巨著。苗族确实是一个灾难深重的民族,却又是一个勤劳、善良、富有开拓性与创造性的伟大民族。苗族还是一个世界性的民族,不断开拓和创造着新的历史文化。

历史上公认的是,九黎之苗时期的五大发明是苗族对中国文化的原创性贡献。盛襄子在其《湖南苗史述略·三苗考》中论述道:"此族(苗族)为中国之古土著民族,曾建国曰三苗。对于中国文化之贡献约有五端:发明农业,奠定中国基础,一也;神道设教,维系中国人心,二也;观察星象,开辟文化园地,三也;制作兵器,汉人用以征伐,四也;订定刑罚,以辅先王礼制,五也。"

苗族历史可以分为五个时期:先民聚落期(原始社会时期)、拓土立国期(九黎时期至公元前223年楚国灭亡)、苗疆分理期(公元前223年楚国灭亡至1877年咸同起义失败)、民主革命期(1872年咸同起义失败到1949年中华人民共和国成立)、民族区域自治期(1949年中华人民共和国成立至今)。相应地,苗族历史文化大致也可以分为五个时期,且各个时期具有不尽相同的文化特征:第一期以先民聚落期为界,巫山人进化成为现代智人,形成的是原始文化,即高庙文明初期;第二期以九黎、三苗、楚国为标志,属于苗族拓土立国期，形成的是以高庙文明为代表的灿烂辉煌的苗族原典文化；第三期是以苗文化为母本，充分吸收了诸夏文化，特别是儒学思想形成高庙苗族文化；第四期是苗族历史上的民主革命期（1872年咸同起义失败到1949年中华人民共和国成立），形成了以苗族文化为母本，吸收了电学、光学、化学、哲学等基本内容的东土苗汉文化与西洋文化于一体的近现代苗族文化；第五期是苗族进入民族区域自治期（1949年中华人民共和国成立至今），此期形成的是以苗族文化为母本，进一步融合传统文化、西方文化、当代中国先进文化的当代苗族文化。

二

苗族是我国一个古老的人口众多的民族，又是一个世界性的民族。她以其悠久的历史和深厚的文化而著称于世，传承着历史文化、民族精神。由田兵主编的《苗族古歌》，马学良、今旦译注的《苗族史诗》，龙炳文整理译注的《苗族古老话》，是苗族古代的编年史和苗族百科全书，也是苗族最主要的哲学文献。

距今7800—5300年的高庙文明所包含的不仅是一个高庙文化遗址，其同类文化遍布亚洲大陆，其中期虽在建筑、文学和科技等方面不及苏美尔文明辉煌，却比苏美尔文明早2300年，初期文明程度更高，后期又不像苏美尔文明那样中断，是世界上唯一一直绵延不断、发展至今，并最终创造出辉煌华夏文明的人类文明。在高庙文化区域的常德安乡县汤家岗遗址出土有蚩尤出生档案记录盘。

苗族人民口耳相传的"苗族古歌"记载了祖先"蝴蝶妈妈"及蚩尤的出生：蝴蝶妈妈是从枫木心中变出来的。蝴蝶妈妈一生下来就要吃鱼，鱼在哪里？鱼在继尾池。继尾古塘里，鱼儿多着呢！草帽般大的瓢虫，仓柱般粗的泥鳅，穿枋般大的鲤鱼。这里的鱼给她吃，她好喜欢。一次和水上的泡沫"游方"（恋爱）怀孕后生下了12个蛋。后经鹤宇鸟（有的也写成鸡宇鸟）悉心孵养，12年后，生出了雷公、龙、虎、蛇、牛和苗族的祖先姜央（一说是龙、虎、水牛、蛇、蜈蚣、雷和姜央）等12个兄弟。

《山海经·卷十五·大荒南经》中也记载了蚩尤与枫树以及蝴蝶妈妈的不解之缘："有宋山者，有赤蛇，名曰育蛇。有木生山上，名曰枫木。枫木，蚩尤所弃其桎梏，是为枫木。有人方齿虎尾，名曰祖状之尸。"姜央是苗族祖先，蝴蝶自然是苗族始祖了。

澳大利亚人类学家格迪斯说过："世界上有两个苦难深重而又顽强不屈的民族，他们就是中国的苗族和分散在世界各地的犹太民族。"诚如所言，苗族是一个灾难深重而又自强不息的民族。唯其灾难深重，才能在磨砺中锤炼筋骨，迸发出民族自强不屈的魂灵，撰写出民族文化的鸿篇巨制。近年来，随着国家民族政策的逐步完善，对寄寓在民族学大范畴下的民族历史文化研究逐步深入，苗族作为我国少数民族百花园中的重要一支，其悠远、丰厚的历史足迹与文化遗址逐步为世人所知。

苗族口耳相传的古歌记载，苗族祖先曾经以树叶为衣、以岩洞或树巢为家、以女性为首领。从当前一些苗族地区的亲属称谓制度中，也可以看出苗族从母权制到父权制、从血缘婚到对偶婚的演变痕迹。诸如此类的种种佐证材料，无不证明着苗族的悠远历史。苗族祖先凭借优越的地理条件，辛勤开拓，先后发明了冶金术和刑罚，他们团结征伐，雄踞东方，强大的部落联盟在史书上被冠以"九黎"之称。苗族历史上闪耀夺目的九黎部落首领是战神蚩尤，他依靠坚兵利甲，纵横南北，威震天下。但是，蚩尤与同时代的炎黄部落逐鹿中原时战败，从此开启了漫长的迁徙逆旅。

总体来看，苗族的迁徙经历了从南到北、从北到南、从东到西、从大江大河到小江小河，乃至栖居于深山老林的迁徙轨迹。五千年前，战败的蚩尤部落大部分南渡黄河，聚集江淮，留下先祖渡"浑水河"的传说。这一支经过休养生息的苗族先人汇聚江淮，披荆斩棘，很快就一扫先祖战败的屈辱和阴霾，组建了强大的三苗集团。然而，历史的车轮总是周而复始的，他们最终还是不敌中原部落的左右夹攻，他们中的一部分到达西北并随即南下，进入川、滇、黔边区。三苗主干则被流放崇山，进入鄱阳湖、洞庭湖腹地，秦汉以来不属王化的南蛮主支蔚然成势。夏商春秋战国乃至秦汉以降的历代正史典籍，充斥着云、贵、湘地南蛮不服王化的"斑斑劣迹"。这群发端于蚩尤的苗族后裔，作为中国少数民族的重要代表，深入武陵山脉心脏，抱团行进，男耕女织，互为凭借，势力强大，他们被封建统治阶级称为武陵蛮。据史料记载，东汉以来对武陵蛮的刀兵相加不可胜数，双方各有死伤。自晋至明，苗族在湖北、河南、陕西、云南、江西、湖南、广西、贵州等地辗转往复，与封建统治者进行了长期艰苦卓绝的不屈斗争。清朝及民国，苗族驻扎在云南的一支因战火而大量迁徙至滇西边境和东南亚诸国，进而散发至欧洲、北美、澳大利亚。

苗族遂成为一个世界性的民族！

三

　　苗族同胞在与封建统治者长期的争夺征战中，不断被压缩生存空间，又不断拓展生存空间，从而形成了其民族极为独特的迁徙文化现象。苗族历史上没有文字，却保存有大量的神话传说，他们有感于迁徙繁衍途中的沧桑征程，对天地宇宙产生了原始朴素的哲理认知。每迁徙一地，他们都结合当地实际，丰富、完善本民族文化内涵，从而形成了系列以"蝴蝶""盘瓠""水牛""枫树"为表象的原始图腾文化。苗族虽然没有文字，却有丰富的口传文化，这些口传文化经后人整理，散见于贵州、湖南等地流传的《苗族古歌》《苗族古老话》《苗族史诗》等典籍，它们承载着苗族后人对祖先口耳相传的族源、英雄、历史、文化的再现使命。

　　苗族迁徙的历程是艰辛、苦难的，迁徙途中的光怪陆离却是迷人的。他们善于从迁徙途中寻求生命意义，又从苦难中构建人伦规范，他们赋予迁徙以非同一般的意义。他们充分利用身体、语言、穿戴、图画、建筑等媒介，表达对天地宇宙的认识、对生命意义的理解、对人伦道德的阐述、对生活艺术的想象。于是，基于迁徙现象而产生的苗族文化便变得异常丰富。苗族将天地宇宙挑绣在服饰上，得出了天圆地方的朴素见解；将历史文化唱进歌声里，延续了民族文化一以贯之的坚韧品性；将跋涉足迹画在了岩壁上，应对苦难能始终奋勇不屈。其丰富的内涵、奇特的形式、隐忍的表达，成为这个民族独特的魅力，成为这个民族极具异禀的审美旨趣。从这个层面扩而大之，苗族的历史文化，便具备了一种神秘文化的潜在魅力与内涵支撑。苗族神秘文化最为典型的表现是巴代文化现象。从隐藏的文化内涵因子分析来看，巴代文化实则是苗族生存发展、生产生活、伦理道德、物质精神等文化现象的活态传承。

　　苗族丰富的民族传奇经历造就了其深厚的历史文化，但其不羁的民族精神又使得这个民族成为封建统治者征伐打压的对象。甚至可以说，一部封建史，就是一部苗族的压迫屈辱史。封建统治者压迫苗族同胞惯用的手段，一是征战屠杀，二是愚昧民众，历经千年演绎，苗族同胞之于本民族历史、祖先伟大事功，慢慢忽略，甚至抹杀性遗忘。

　　一个伟大民族的悲哀莫过于此！

四

历经苦难，走向辉煌。中华人民共和国成立后，得益于党的民族政策，苗族与全国其他少数民族一样，依托民族区域自治法，组建了系列具有本民族特色的少数民族自治机构，千百年被压在社会底层的苗族同胞，翻身当家做主人，他们重新直面苗族的历史文化，系统挖掘、整理、提升本民族历史文化，切实找到了民族的历史价值和民族文化自信。贵州和湖南湘西武陵山区一带，自古就是封建统治阶级口中的"武陵蛮"的核心区域。这一块曾经被统治阶级视为不毛之地的蛮荒地区，如今得到了国家的高度重视，中央整合武陵山片区4省市71个县市，实施了武陵山片区扶贫攻坚战略。作为国家区域大扶贫战略中的重要组成部分，武陵山区苗族同胞的脱贫发展牵动着党中央、国务院关注的目光。武陵山区苗族同胞感恩党中央，激发内生动力，与党中央同步共振，掀起了一场轰轰烈烈的脱贫攻坚世纪大战。

苗族是湘西土家族苗族自治州两大主体民族之一，要推进湘西发展，当前基础性的工作就是要完成两大主体民族脱贫攻坚重点工作，自然，苗族承担的历史使命责无旁贷。在这样的语境下，推进湘西发展、推进苗族聚集区同胞脱贫致富，就是要充分用好、用活苗族深厚的历史文化资源，以挖掘、提升民族文化资源品质，提升民族文化自信心；要全面整合苗族民族文化资源精华，去芜存菁，把文化资源转化为现实生产力，服务于我州经济社会的发展。

正是贯彻这样的理念，湘西土家族苗族自治州立足少数民族自治地区的民族资源特色禀赋，提出了生态立州、文化强州的发展理念，围绕生态牌、文化牌打出了"全域旅游示范区建设""国内外知名生态文化公园"系列组合拳，民族文化旅游业蓬勃发展，民族地区脱贫攻坚工作突飞猛进。在具体操作层面，州委、州政府提出了以"土家探源""神秘苗乡"为载体、深入推进我州文化旅游产业发展的口号，重点挖掘和研究红色文化、巫傩文化、苗疆文化、土司文化。基于此，州政协按照服务州委、州政府中心工作和民生热点难点的履职要求，组织相关专家学者，联合相关出版机构，在申报重点课题的基础上，深度挖掘苗族历史文化，按课题整理、出版苗族历史文化丛书。

人类具有社会属性，所以才会对神话故事、掌故、文物和文献进行著录和收传。以民族出版社出版、吴荣臻主编的五卷本《苗族通史》和贵州民族出版社出版的《苗族古歌》系列著作为标志，苗学研究进入了一个新的历史时期。

湘西土家族苗族自治州政协组织牵头的《湘西苗族民间传统文化丛书》是苗疆文化的主要内容和成果。它不但整理译注了浩如烟海的有关苗疆的历史文献，出版了史料文献丛书，还记录整理了苗族人民口传心录的苗族古歌系列、巴代文化系列等珍贵资料，并展示了当代文化研究成果。

　　党的十八大以来，以习近平同志为核心的党中央，以"一带一路"倡议为抓手，不断推进人类命运共同体建设，以实现中华民族伟大复兴的中国梦为目标，不断推进理论自信、道路自信、制度自信和文化自信。没有包括苗族文化在内的各个少数民族文化的复兴，也不会有完全的中华民族伟大复兴。

　　因此，从苗族历史文化中探寻苗族原典文化，发现新智慧、拓展新路径，从而提升民族文化自信力，服务湘西生态文化公园建设，推进精准扶贫、精准脱贫，实现乡村振兴，进而实现湘西现代化建设目标，善莫大焉！

　　此为序！

2018 年 9 月 5 日

专家序一

掀起湘西苗族巴代文化的神秘面纱

汤建军

2017年9月7日，根据中共湖南省委安排，我在中共湘西州委做了题为"砥砺奋进的五年"的形势报告。会后，在湘西州社科联谭必四主席的陪同下，考察了一直想去的花垣县双龙镇十八洞村。出于对民族文化的好奇，考察完十八洞村后，我根据中共湖南省委网信办在花垣县挂职锻炼的范东华同志的热诚推荐，专程拜访了苗族巴代文化奇人石寿贵老先生，参观其私家苗族巴代文化陈列基地。石寿贵先生何许人也？花垣县双龙镇洞冲村人。他是本家祖传苗师"巴代雄"第32代掌坛师、客师"巴代扎"第11代掌坛师、民间正一道第18代掌坛师。石老先生还是湘西州第一批命名的"非物质文化遗产（以下简称'非遗'）保护"名录"苗老司"代表性传承人、湖南省第四批"非遗"名录"苗族巴代"代表性传承人、吉首大学客座教授、中国民俗学会蚩尤文化研究基地蚩尤文化研究会副会长、巴代文化学会会长。他长期从事巴代文化、道坛丧葬文化、民间习俗礼仪文化等苗族文化的挖掘搜集、整编译注及研究传承工作。一直以来，他和家人，动用全家之财力、物力和人力，经过近50年的全身心投入，在本家积累32代祖传资料的基础上，又走访了贵州、四川、湖北、湖南、重庆等周边20多个县市有名望的巴代坛班，通过本家厚实的资料库加上广泛搜集得来的资料，目前已整编译注出7大类76本

2500多万字及4000余幅仪式彩图的《巴代文化系列丛书》,且准备编入《湘西苗族民间传统文化丛书》进行出版。这7大类76本具体包括:第一类,基础篇10本;第二类,苗师科仪20本;第三类,客师科仪10本;第四类,道师科仪5本;第五类,侧记篇4本;第六类,苗族古歌14本;第七类,历代手抄本扫描13本。除了书稿资料以外,石寿贵先生还建立起了8000多分钟的仪式影像、238件套的巴代实物、1000多分钟的仪式音乐、此前他人出版的有关苗族巴代民俗的藏书200余册以及包括一整套待出版的《湘西苗族民间传统文化丛书》在内的资料档案。此前,他还主笔出版了《苗族道场科仪汇编》《苗师通书诠释》《湘西苗族古老歌话》《湘西苗族巴代古歌》四本著作。其巴代文化研究基地已建立起巴代文化的三大仪式、两大体系、八大板块、三十七种类苗族文化数据库,成为全国乃至海内外苗族巴代文化资料最齐全系统、最翔实厚重、最丰富权威的亮点单位。"苗族巴代"在2016年6月入选第四批湖南省"非遗"保护名录。2018年6月,石寿贵老先生获批为湖南省第四批非物质文化遗产保护项目"苗族巴代"代表性传承人。

走进石寿贵先生的巴代文化挖掘搜集、整编译注、研究及陈列基地,这是一栋两层楼的陈列馆,没有住人,全部都是用来作为巴代文化资料整编译注和陈列的。一楼有整编译注工作室和仪式影像投影室等,中堂为有关图片及字画陈列,文化气息扑面而来。二楼分别为巴代实物资料、文字资料陈列室和仪式腔调录音室及仪式影像资料制作室等,其中32个书柜全都装满了巴代书稿和实物,真可谓书山文海、千册万卷、博大精深、琳琅满目。

石老先生所收藏和陈列的巴代文化各种资料、物件和他本人的研究成果极大地震撼了我们一行人。我初步翻阅了石老先生提供的《湘西苗族巴代揭秘》一书初稿,感觉这些著述在中外学术界实属前所未闻、史无前例、绝无仅有。作者运用独特的理论体系资料、文字体系资料以及仪式符号体系资料等,全面揭露了湘西苗族巴代的奥秘,此书必将为研究苗族文化、苗族巴代文化学、中国民族学、民俗学、民族宗教学以及苗族地区摄影专家、民族文化爱好者提供线索、搭建平台与铺设道路。我当即与湘西州社科联谭必四主席商量,建议他协助和支持石老先生将《湘西苗族巴代揭秘》一书申报湖南省社科普及著作出版资助。经过专家的严格评选,该书终于获得了出版资助,在湖南教育出版社得到出版。因为这是一本在总体上全面客观、科学翔实、通俗形象地介绍苗族巴代及其文化的书,我相信此书一定会成为广大读者喜闻喜阅、喜欣喜爱的书,一定能给苗族历代祖先以慰藉,一定能更好地传播苗民族文化精华,一定能深入弘扬中华民族优秀传统文化。

2017 年 12 月 6 日，我应邀在中南大学出版社宣讲党的十九大精神时，我结合如何策划选题，重点推介了石寿贵先生的苗族巴代文化系列研究成果，希望中南大学出版社在前期积累的基础上，放大市场眼光，挖掘具有民族特色的文化遗产，积极扶持石老先生巴代文化成果的出版。这个建议得到了吴湘华社长及其专业策划团队的高度重视。2018 年 1 月 30 日，国家出版基金资助项目公示，由中南大学出版社挖掘和策划的石寿贵编著的《巴代文化系列丛书》中的 10 本作为第一批《湘西苗族民间传统文化丛书》入选。该《丛书》以苗族巴代原生态的仪式脚本(包括仪式结构、仪式程序、仪式形态、仪式内容、仪式音乐、仪式气氛、仪式因果等)记录为主要内容，原原本本地记录了苗师科仪、客师科仪、道师绕棺戏科仪以及苗族古歌、巴代历代手抄本扫描等脚本资料，建立起了科仪的文字记录、图片静态记录、影像动态记录、历代手抄本文献记录、道具法器实物记录等资料数据库，是目前湘西苗族地区种类较为齐全、内容翔实、实物彩图丰富生动的原生态民间传统资料，充分体现了苗族博大精深、源远流长的文化内涵和艺术价值，对今后全方位、多视角、深层次研究苗族历史文化有着极其重要的价值和深远的意义。

从《湘西苗族民间传统文化丛书》中所介绍的内容来看，可以说，到目前为止，这套《丛书》是有关领域中内容最系统翔实、最丰富完整、最难能可贵的资料了。此套书籍如此广泛深入、全面系统、尽数囊括、笼统纳入，实为古今中外之罕见，堪称绝无仅有、弥足珍贵，也是有史以来对苗族巴代文化的全面归纳和科学总结。我想，这既是石老先生和他的祖上及其家眷以及政界、学界、社会各界对苗族文化的热爱、执着、拼搏、奋斗、支持、帮助的结果，也体现出了石寿贵老先生对苗族文化所做出的巨大贡献。这套丛书将成为苗族传统文化保护传承、研究弘扬的新起点和里程碑。用学术化的语言来说，这 300 余种巴代科仪就是巴代历代以来所主持苗族的祭祀仪式、习俗仪式以及各种社会活动仪式的具体内容。但仪式所表露出来的仅仅只是表面形式而已，更重要的是包含在仪式里面的文化因子与精神特质。关于这一点，石寿贵老先生在《丛书》中也剖析得相当清晰，他认为巴代文化的形成是苗族文化因子的作用所致。他认为：世界上所有的民族和教派都有不同于其他民族的文化因子，比如佛家的因果轮回、慈善涅槃、佛国净土，道家的五行生克、长生久视、清静无为，儒家的忠孝仁义、三纲五常、齐家治国，以及纳西族的"东巴"、羌族的"释比"、东北民族的"萨满"、土家族的"梯玛"等，无不都是严格区别于其他民族或教派的独特文化因子。由某个民族文化因子所产生出来的文化信念,在内形成了该民族的观念、性格、素质、气节和精神,在外则形成了该民族的风格、习俗、形象、身份和标志。通过内外因素的共同作用,形成支撑该民族生生不息、发展壮大、繁荣富强的不竭动力。苗族巴代文化的核心理念是人类的"自我不灭"真性,在这一文化因子的影响下,形成了"自我崇拜"或"崇拜自我、维护自我、服务自我"的人类生存哲学体系。这种理论和实践体现在苗师"巴代雄"祭祀仪式的方方面面,比如上供时所说的"我吃你吃,我喝你喝"。说过之后,还得将供品一滴不漏地吃进口中,意思为我吃就是我的祖先吃,我喝就是我的祖先喝,我就是我的祖先,我的祖先就是我,祖先虽亡,但他的血液却在我的身上流淌,他的基因附在我的身上,祖先的化身就是当下的我,并且一直延续到永远,这种自我真性没有被泯灭掉。同时,苗师"巴代雄"所祭祀的对象既不是木偶,也不是神像,更不是牌位,而是活人,是舅爷或德高望重的活人。这种祭祀不同于汉文化中的灵魂崇拜、鬼神崇拜或自然崇拜,而是实实在在的、活生生的自我崇拜。这就是巴代传承古代苗族主流文化(因子)的内在实质和具体内容。无怪乎如来佛祖降生时一手指天,一手指地,所说的第一句话就是:"天上地下,唯我独尊。"佛祖所说的这个"我",指的绝非本人,而是宇宙间、世界上的真性自我。

石老先生认为,从生物学的角度来说,世界上一切有生命的动植物的活动都是维护自我生存的活动,维护自我毋庸置疑。从人类学的角度来说,人类的真性自我不生不灭,世间人类自身的一切活动都是围绕有利于自我生存和发展这个主旨来开展的,背离了这个主旨的一切活动都是没有任何价值和意义的活动。从社会科学的角度来说,人类社会所有的科普项目、科学文化,都是从有利于人类自我生存和发展这个主题来展开的,如果离开了这条主线,科普也就没有了任何价值和意义。从人类生存哲学的角度来说,其主要的逻辑范畴,也是紧紧地把握人类这个大的自我群体的生存和发展目标去立论拓展的,自我生存成为最大的逻辑范畴;从民族学的角度来说,每个要维护自己生生不息、发展壮大的民族,都要有自己强势优越、高超独特、先进优秀的文化来作支撑,而要得到这种文化支撑的主体便是这个民族大的自我。

石老先生还说,从维护小的生命、个体的小自我到维护大的人类、群体的大自我,是生物世界始终都绕不开的总话题。因而,自我不灭、自我崇拜或崇拜自我、服务自我、维护自我,在历史上早就成为巴代文化的核心理念。正是苗师"巴代雄"所奉行的这个"自我不灭论"宗旨教义,所行持的"自我崇拜"的教条教法，涵盖了极具广泛意义的人类学、民族学以及哲学文化领域中的人类求生存发展、求幸福美好的理想追求。也正是这种自我真性崇拜的文化因子，才形成了我们的民族文化自信，锻造了民族的灵魂素质，成就了民族的精神气节，才能坚定民族自生自存、自立自强的信念意识，产生出民族生生不息、发展壮大的永生力量。这就充分说明，苗族的巴代文化，既不是信鬼信神的巫鬼文化，也不是重巫尚鬼的巫傩文化，而是从基因实质的文化信念到灵魂素质、意识气魄的锻造殿堂，是彻头彻尾的精神文化，这就是巴代文化和巫鬼文化、巫傩文化的本质区别所在。

乡土的草根文化是民族传统文化体系的基因库，只要正向、确切、适宜地打开这个基因库，我们就能找到民族的根和魂，感触到民族文化的神和命。巴代作为古代苗族主流文化的传承者，作为一个族群社会民众的集体意识，作为支撑古代苗族生存发展、生生不息的强大的精神支柱和崇高的文化图腾，作为苗族发展史、文明史曾经的符号，作为中华民族文化大一统中的亮丽一簇，很少被较为全面系统、正向正位地披露过。

巴代是古代苗族祭祀仪式、习俗仪式、各种社会活动仪式这三大仪式的主持者，更是苗族主流文化的传承者。因为苗族在历史上频繁迁徙、没有文字、不属王化、封闭保守等因素，再加上历史条件的限制与束缚，为了民族的生存和发展，苗族先人机灵地以巴代所主持的三大仪式为本民族的显性文化表象，来传承苗族文化的原生基因、本根元素、全准信息等这些只可意会、不可言传的隐性文化实质。又因这三大仪式的主持者叫巴代，故其所传承、主导、影响的苗族主流文化又被称为巴代文化，巴代也就自然而然地成为聚集古代苗族的哲学家、法学家、思想家、社会活动家、心理学家、医学家、史学家、语言学家、文学家、理论家、艺术家、易学家、曲艺家、音乐家、舞蹈家、农业学家等诸大家之精华于一身的上层文化人，自古以来就一直受到苗族人民的信任、崇敬和尊重。

巴代文化简单说来就是三大仪式、两大体系、八大板块和三十七种文化。其包括了苗族生存发展、生产生活、伦理道德、物质精神等从里到表、方方面面、各个领域的文化。巴代文化必定成为有效地记录与传承苗族文化的大乘载体、百科全书以及活态化石，必定成为带领苗族人民从远古一直走到近代的精神支柱和家园，必定成为苗族文化的根、魂、神、质、形、命的基因实质，必定成为具有苗族代表性的文化符号与文化品牌；必定成为苗族优秀的传统文化、神秘湘西的基本要素。

石老先生委托我为他的丛书写篇序言，因为我的专业不是民族学研究，不能从专业角度给予中肯评价，为读者做好向导，所以我很为难，但又不好拒绝石老先生。工作之余，我花了很多时间认真学习他的相关著述，总感觉高手在民间，这些文字是历代苗族文化精华之沉淀，文字之中透着苗族人的独特智慧，浸润着石老先生及历代巴代们的心血智慧，更体现出了石老先生及其家人一生为传承苗族文化所承载的常人难以想象的、难以忍受的艰辛、曲折、困苦、执着和担当。

这次参观虽然不到两个小时，却发现了苗族巴代文化的正宗传人。遇见石老先生，我感觉自己十分幸运，亦深感自己有责任、有义务为湘西苗族巴代文化及其传人积极推荐，努力让深藏民间的优秀民族文化遗产能够公开出版。石老先生的心愿已了，感恩与我们一样有这种情结的评审专家和出版单位对《湘西苗族民间传统文化丛书》的厚爱和支持。我相信，大家努力促成这些书籍公开出版，必将揭开湘西苗族巴代文化的神秘面纱，必将开启苗族巴代文化保护传承、研究弘扬、推介宣传的热潮，也必将引发湘西苗族巴代文化旅游的高潮。

略表数言，抛砖引玉，是为序。

（作者系湖南省社会科学界联合会党组成员、副主席，湖南省省情研究会会长、研究员）

专家序二

罗康隆

　　我来湘西20年，不论是在学校，还是在村落，听到当地苗语最多的就是"巴代"(分"巴代雄"与"巴代扎")。起初，我也不懂巴代的系统内涵，只知道巴代是湘西苗族的"祭师"，但经过20年来循序渐进的认识与理解，我深知，湘西苗族的"巴代"，并非用"祭师"一词就可以简单替代。

　　说实在的，我是通过《湘西苗族调查报告》和《湘西苗族实地调查报告》这两本书来了解湘西的巴代文化的。1933年5月，国立中央研究院的凌纯声、芮逸夫来湘西苗区调查，三个月后凌纯声、芮逸夫离开湘西，形成了《湘西苗族调查报告》(2003年12月由民族出版社出版)。该书聚焦于对湘西苗族文化的展示，通过实地摄影、图画素描、民间文物搜集，甚至影片拍摄，加上文字资料的说明等，再现了当时湘西苗族社会文化的真实图景，其中包含了不少关于湘西苗族巴代的资料。

　　当时，湘西乾州人石启贵担任该调查组的顾问，协助凌纯声、芮逸夫在苗区展开调查。凌纯声、芮逸夫离开湘西时邀请石启贵代为继续调查，并请国立中央研究院聘石启贵为湘西苗族补充调查员，从此，石启贵正式走上了苗族研究工作的道路。经过多年的走访调查，石启贵于1940年完成了《湘西苗族实地调查报告》(2008年由湖南人民出版社出版)。在该书第十章"宗教信仰"中，他用了11节篇幅来介绍湘西苗族的民间信仰。2009年由中央民族大学"985工程"中国少数民族非物质文化研究与保护中心与台湾"中央研究院"历史语言研究所联合整理，在民族出版社出版了《民国时期湘南苗族调查实录(1~8卷)(套装全10册)》，包括民国习俗卷、椎猪卷、文学卷、接龙卷、祭日月神卷、祭祀神辞汉译卷、还傩愿卷、椎牛卷(上)、椎牛卷(中)、椎牛卷(下)。由是，人们对湘西苗族"巴代"有了更加系统的了解。

　　我作为苗族的一员，虽然不说苗语了，但对苗族文化仍然充满着热情与期待。在我主持学校民族学学科建设之初，就将苗族文化列为重点调查与研究领域，利用课余时间行走在湘西的腊尔山区苗族地区，对苗族文化展开调查，主编了《五溪文化研究》丛书和《文化与田野》人类学图文系列丛书。在此期间结识了不少巴代，其中就有花垣县董马库的石寿贵。此后，我几次到石寿贵家中拜访，得知他不仅从事巴代活动，而且还长期整理湘西苗族的巴代资料，对湘西苗族巴代有着系统的了解和较深的理解。

　　我被石寿贵收集巴代资料的精神所感动，决定在民族学学科建设中与他建立学术合作关系，首先给他配备了一台台式电脑和一台摄像机，可以用来改变以往纯手写的不便，更可以将巴代的活动以图片与影视的方式记录下来。此后，我也多次邀请他到吉首大学进行学术交流。在台湾"中央研究院"康豹教授主持的"深耕计划"中，石寿贵更是积极主动，多次对他所理解的"巴代"进行阐释。他认为湘西苗族的巴代是一种文化，巴代是古代苗族祭祀仪式、习俗仪式、各种社会活动仪式这三大仪式的主持者，是苗族文化的传承载体之一，是湘西苗族"百科全书"的构造者。

　　巴代文化成为苗族文化的根、魂、神、质、形、命的基因实质。这部《湘西苗族民间传统文化丛书》含7大类76本2500多万字及4000余幅仪式彩图，还有8000多分钟仪式影像、238件套巴代实物、1000多分钟仪式音乐等，形成了巴代文化资料数据库。这些资料弥足珍贵，以苗族巴代仪式结构、仪式程序、仪式形态、仪式内容、仪式音乐、仪式气氛、仪式因果为主要内容进行记录。这是作者在本家32代祖传所积累丰厚资料的基础上，通过近50年对贵州、四川、湖南、湖北、重庆等省市周边有名望的巴代坛班走访交流，行程达10万多公里，耗资40余万元，竭尽全家之精力、人力、财力、物力，对巴代文化资料进行挖掘、搜集与整理所形成的资料汇编。

　　这些资料的样本存于吉首大学历史与文化学院民间文献室，我安排人员对这批资料进行了扫描，准备在2015年整理出版，并召开过几次有关出版事宜的会议，但由于种种原因未能出版。今天，它将由中南大学出版社申请到的国家出版基金资助出版，也算是了结了我多年来的一个心愿，这是苗族文化史上的一件大好事。这将促进苗族传统文化的保护，极大地促进民族精神的传承和发扬，有助于加强、保护与弘扬传统文化，对落实党和国家加强文化大发展战略有着特殊的使命与价值。

　　(作者为吉首大学历史文化学院院长、湖南省苗学学会第四届会长)

概　述

　　《湘西苗族民间传统文化丛书》以苗族巴代原生态的仪式脚本(包括仪式结构、仪式程序、仪式形态、仪式内容、仪式音乐、仪式气氛、仪式因果等)记录为主要内容,原原本本地记录了苗师科仪、客师科仪、道师绕棺戏科仪以及苗族古歌、巴代历代手抄本扫描等脚本资料,建立起了科仪文字记录、图片静态记录、影像动态记录、历代手抄本文献记录、道具法器实物记录等资料数据库,为抢救、保护、传承、研究这些濒临灭绝的苗族传统文化打牢了基础,搭建了平台,提供了必需的条件。

　　巴代是古代苗族祭祀仪式、习俗仪式、各种社会活动仪式这三大仪式的主持者,也是苗族主流文化的传承载体之一。古代苗族在涿鹿之战后因为频繁迁徙、分散各地、没有文字、不属王化、封闭保守等因素,形成了具有显性文化表象和隐性文化实质这二元文化的特殊架构。基于历史条件的限制与束缚,为了民族的生存和发展,苗族先人机灵地以巴代所主持的三大仪式为本民族的显性文化表象,来传承苗族文化的原生基因、本根元素、全准信息等这些只可意会、不可言传的隐性文化实质。因为三大仪式的主持者叫巴代,故其所传承、主导、影响的苗族主流文化又被称为巴代文化,巴代也就自然而然地成为聚集古代苗族的哲学家、史学家、宗教家等诸大家之精华于一身的上层文化人,自古以来就一直受到苗族人民的信任、崇敬和尊重。

　　巴代文化简单说来就是三大仪式、两大体系、八大板块和三十七种文化。其包括了苗族生存发展、生产生活、伦理道德、物质精神等从里到表、方方面面各个领域的文化。巴代文化必定成为有效地记录与传承苗族文化的大乘载体、百科全书以及活态化石,必定成为带领苗族人民从远古一直走到近代的精神支柱和家园,必定成为苗族文化的根、魂、神、质、形、命的基因实质;必定成为具有苗族代表性的文化符号与文化品牌,必定成为苗族优秀的传统文化之一、神秘湘西的基本要素。

苗族的巴代文化与纳西族的东巴文化、羌族的释比文化、东北民族的萨满文化、汉族的儒家文化、藏族的甘朱尔等一样,是中华文明五千年的文化成分和民族文化大花园中的亮丽一簇,是苗族文化的本源井和柱标石。巴代文化的定位是苗族文化的全面归纳、科学总结与文明升华。

近代以来,由于种种原因,巴代文化濒临灭绝。为了抢救这种苗族传统文化,笔者在本家 32 代祖传所积累丰厚资料的基础上,又通过近 50 年以来对贵州、四川、湖南、湖北、重庆等省市周边有名望的巴代坛班走访交流,行程 10 多万公里,耗资 40 余万元,竭尽全家之精力、人力、财力、物力,全身心投入巴代文化资料的挖掘、搜集、整编译注、保护传承工作中,到目前已形成了 7 大类 76 本 2500 多万字及 4000 余幅仪式彩图的《湘西苗族民间传统文化丛书》(以下简称《丛书》)有待出版,建立起了《丛书》以及 8000 多分钟的仪式影像、238 件套的巴代实物、1000 多分钟的仪式音乐等巴代文化资料数据库。该《丛书》已成为当今海内外唯一的苗族巴代文化资源库。

7 大类 76 本 2500 多万字及 4000 余幅仪式彩图的《丛书》在学术界也称得上是鸿篇巨制了。为了使读者能够在大体上了解这套《丛书》的基本内容,在此以概述的形式来逐集进行简介是很有必要的。

这套洋洋大观的《丛书》,是一个严谨而完整的不可分割的体系,按内容属性可分为 7 大类型,具体如下:

第一类:基础篇,共 10 本。分别是:《许愿标志》《手诀》《神符》《巴代法水》《巴代道具法器》《文疏表章》《纸扎纸剪》《巴代音乐》《巴代查病书》《湘西苗族民间传统文化丛书通读本》。

第二类:苗师科仪,共 20 本。分别是:《接龙》(第一、二册),《汉译苗师通鉴》(第一、二、三册),《苗师通鉴》(第一、二、三、四、五、六、七、八册),《苗师"不青"敬日月车祖神科仪》(第一、二、三册),《敬家祖》,《敬雷神》,《吃猪》,《土昂找新亡》。

第三类:客师科仪,共 10 本。分别是:《客师科仪》(第一、二、三、四、

五、六、七、八、九、十册)。

第四类：道师科仪，共 5 本。分别是：《道师科仪》(第一、二、三、四、五册)。

第五类：侧记篇，共 4 本。分别是：《侧记篇之守护者》《巴代仪式图片汇编》《预测速算》《傩面具图片汇编》。

第六类：苗族古歌，共 14 本。分别是：《古杂歌》，《古礼歌》，《古阴歌》，《古灰歌》，《古仪歌》，《古玩歌》，《古堂歌》，《古红歌》，《古蓝歌》，《古白歌》，《古人歌》(第一、二册)，《汉译苗族古歌》(第一、二册)。

第七类：历代手抄本扫描，共 13 本。

本套《丛书》的出版将为抢救、保护、传承、研究这些濒临灭绝的苗族传统文化打牢基础、搭建平台和提供必需的条件；为研究苗族文化，特别是研究苗族巴代文化学、民族学、民俗学、民族宗教学等，以及这些学科的完善和建设做出贡献；为研究、关注苗族文化的专家学者以及来苗族地区的摄影者提供线索与方便。《丛书》的出版，将有力地填补苗族巴代文化学领域里的空缺和促进苗族传统文明、文化体系的完整，使苗族巴代文化成为中华民族文化大花园中的亮丽一簇。

石寿贵
2019 年秋于中国苗族巴代文化研究中心

前　言

　　湘西苗族的苗师"巴代雄"是苗族巴代的三大种类之一，是苗族原生本有的巴代，其所持诵的神辞大多是古代苗语，没有间杂汉语，并且以静态为主来举行仪式。苗师没有三十六堂神、七十二庙鬼之说，所祭祀的对象不是木偶，也不是牌位，更不是神像，而是活人，是后辈舅爷等代神坐坛领供。其祭祀对象虽然名为祖神，但这个祖神不同于汉文化定义中的灵魂崇拜或鬼神崇拜，而是"自我"，即我就是我的祖先，我的祖先就是我，祖先虽亡，但其基因和血脉流淌在我的身上，我即是我祖先的化身，我即是我的祖先，我的祖先即是我。

　　苗师的祭祀仪式据目前不完全的统计有46堂之多，其中大型的祭祀如"椎牛""椎猪""吃牛""祭日月车祖神"（祭日月车祖后来演变成为大型的太阳会）"接寨龙"等，中型的祭祀如"吃猪""敬寨祖""接家龙""招新亡入祖""安祖坛""祭雷神"等，小型的祭祀如"小敬祖先""接坟龙""洗宅""敬谷粟米神""赎墓魂"等。大、中、小型各种仪式，组成了一个大系统、大规模、大建构的祭祀体系。

　　巴代的祭祀仪式由"写、画、雕、扎、剪、吹、打、舞、诵、唱"等形式组成，但其主要的内容与成分是诵功和唱功，而诵、唱的内容又都是神辞。苗师"巴代雄"所主持的祭祀仪式据目前不完全统计有46堂之多，这46堂仪式又是由48种基本模式组成。其中的堂指的是祭祀科仪种类，如《椎牛科仪》《接龙科仪》等，而基本模式指的是仪式的具体内容，如"说香""讲原因""请师""请神""通呈保佑""驱鬼除怪""遣煞""藏身收祚""交生交熟"

"敬献供品""送神""拆坛"等。大体上来说，苗师"巴代雄"的46堂科仪的神辞内容都是由这些基本模式组成，在具体的某堂科仪中，按其祭祀的场地、时间、原因、神名、诉求（目的）等实际情况，将这些基本模式来组合而成整堂仪式的科仪神辞。比如"敬酒"，在苗师"巴代雄"所主持的46堂科仪中，几乎每堂都有"敬酒"这个环节，每种祭祀都离不开敬酒，只是接受供酒的对象不同而已。换句话来说，在苗师所主持的46堂科仪中，都是由这些基本模式的神辞组成，只是组合的形式或前或后、或多或少而已。因此，巴代术语把这些通用的基本模式称之为"通鉴"。

《苗师通鉴》共分8册，总共收载了48种不同内容的基本模式通用神辞。其中：

第一册收载了"焚香""烧线香""收祚藏身""护堂""原因""择日、设坛""借供桌""摆供碗具""砍竹、破篾、剪纸""买供猪""请巴代""请祖师""灭鬼"，共13种；

第二册收载了"遣灾驱祸""消灾灭煞""退灾""去请祖神""保佑福寿"，共5种；

第三册收载了"请神下凡""赐福赐寿""解枷脱锁""维系魂保安布""赎魂""交牲"，共6种；

第四册收载了"悔过""敬入堂酒""交剩余的酒""祝酒词""神名"，共5种；

第五册收载了"敬上熟酒肉""送上熟酒肉""拆坛"，共3种。

第六册收载了"敬饭""送家祖神""打扫屋（上部）"，共3种。

第七册收载了"打扫屋（下部）""祖坛请师""封牢井""开牢井放邪师""巴代回坛""椎牛起根（上部）"，共6种。

第八册收载了"椎牛起根（下部）""嘱咐神的话""雷神古根""担保悔过""隔咀咒""隔血咒""认错雷款"，共7种。

在介绍具体的每种通用神辞的前面，我们都会以"简述"的形式进行简单的解读。

由于巴代神辞基本上是诗歌体裁，其平仄韵脚要求相当严格，而苗区的语言基本上都是五里不同腔、八里不同韵的，因本书的资料采集于花垣县双龙镇洞冲村一带的民间，属于东部方言第二方言区的语音区，为了保持平仄韵脚和诗歌体裁的流畅押韵，故而苗文记音也就得采用东部方言第二方言区花垣县排碧地区的语音批注，请读者理解。

又，巴代所主持的每堂仪式，都是一场完整的地戏，其中的结构与框架、语言与形态、内容与轨迹、诉求与效果既有其相似性和共性，又有其差异性和个性，犹如人们建房子一样，材料虽然都是砖木瓦石，但所建造出来的房子千种百样，论其共性都是房子，都能供人使用或居住，但个性却有很多，比如形状、大小、宽窄、高矮、作用、价值等却是千差万别，各有千秋。材料虽然都是这些，但用法用量、组合方式却大有区别。祭祀仪式也是一样，虽然基本素材都是这些，但具体组合的方式及用法用量各有不同，即使是在每一小段神辞中，哪怕是只岔出其中的几句，也是一种不可忽视的差异，正如化工调料一样，原料的成分与调和的比例将直接左右效果。诸如上述，在巴代所主持的几百堂祭祀仪式中，虽然其中的基本素材大致相同，但通过不同顺序、不同分量、不同形式的组合之后却形成了千差万别的各种模式，加上历代先民所创的"祭神如神在"的虔诚意念之下，在历代祖师爷的必须"原原本本"地持诵心传口授所学来的神辞的铁规制约之下，仪轨也就如同铁打一般，不可随意改变一丝一毫，体现出各种仪式的个体性、完整性和严密性。

我们是本着完整记录各种仪式模式的个体性、整体性和严密性来记录和整编译注巴代的祭祀科仪的。因为科仪是地戏的脚本，演员们在演唱地戏的时候不可能在交叉的脚本中去寻找类似参阅的台词，即使找得到也不一定能够全部用上，因此，在整编译注巴代的祭祀科仪的时候，尤其是作为每堂完整的个体资料的时候，在这些科仪面临着被扭曲而出现逐渐变形、变态、变味甚至变质、濒临灭绝的时候，我们都是按原生态流传口碑资料一字不漏地收录的，这是记录科仪不同于平时写文章规则的地方。

巴代仪式的"演教"贵在虔诚，而虔诚的心态在于认真和细致，起码的要求是和师父学来的仪式程序、语言形态、神辞作法必须要完全照本宣科才行，这是教规（行规）。因此，不厌其烦地表述成为虔诚的主要体现形式，这是抚慰信人身心上的伤痛、取信于人、坚定信念的基本作法。仪式记录的原则是原原本本，神辞中哪怕其中只有少数的不同和差异都不能简化，何况古苗语也有与汉词一样同字不同义的特性,如"行"字有行路与银行之别一样,如果按照写文章的捷径模式要求去记录科仪资料,将会失去上述的作用、价值和意义。

椎牛仪式中的拦门礼,姑娘们用锅底灰涂舅爷老倷的脸(周建华摄)

目 录

一

窝香 · Aot xiangt · 焚香

【简述】

焚香，指焚烧蜂蜡纸团糠香，这种香是苗师"巴代雄"在主持所有的祭祀仪式中都要焚烧的一种敬祖香，由蜂蜡、钱纸和粗糠制成。具体制法是用少许的蜂蜡或蜂窝渣包在一张钱纸上，揉成一团，每次取用三坨纸团放在一只碗或一块瓦片上，加入火子，再于其上撒些粗糠就行了，燃完再加。因为在苗师所主持的祭祀中几乎都是烧这种香，所以又被称为"苗香"；因其由蜂蜡、纸团、粗糠组成，又被称为"蜂蜡纸团糠香"；因其在传说中，苗族先人

蜂蜡纸团糠香的原料

曾经用此香熏昏"食人魔儿嘎儿狞"而将其消灭，此香被称为"降魔香"；等等。湘西苗族世代以来，都是居住在深沟峡谷、荆棘刺丛、山陡林密、溶洞交错的凶险环境中、虎狼成群、神出鬼没，常有风雨云雾、幻影怪象，传说烧这种香，妖魔精怪、魑魅魍魉不敢靠近，因而，这蜂蜡纸团糠香便成为苗师在祭祀时常要焚烧的香了。

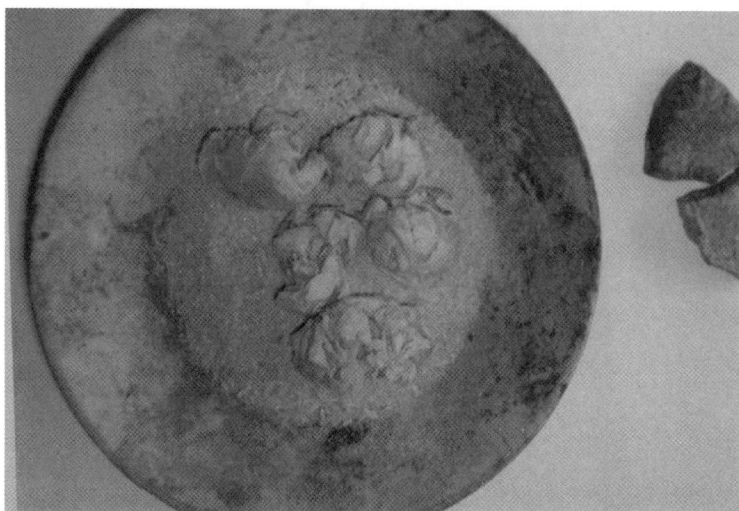

蜂蜡包在钱纸内揉成团放在装有粗糠的盘子里备用

内腊没到嘎炯，

Neib lab meit daox giad jiongt,

内莎岔到嘎得。

Neib sax chax daox giad deil.

没到头杂几休见背，

Meit daox teb zab jit xud jianb bid,

岔到头忙吉休见补。

Chax daox teb mangb jib xud jianb bud.

没到莎茶几达背斗，

Meit daox sax cat jid dab bid deb,

岔到莎忙吉高背炯。

Chax daox sax mangb jib gaod bid jiongb.

窝汝松斗猛见补则召风,

Aot rux songx doub mengb jianb but zeb zhaod fengt,

窝汝穷炯猛见补桥召度。

Aot rux qiongx jiongb mngb jianb but qiaob zhaob dux.

　　主人取得蜂蜡,人们找来蜂渣。
　　取得纸钱包起成坨,拿得钱纸包好成团。
　　取得粗糠与那火子,拿得细糠与那火烟。
　　烧起蜂蜡涌成三层青云,烧起糠香涌成三团霭雾。

度标阿标扛王周柳,

Dub bioud ab bioud gangb wangb zhoud liud,

度竹阿纵固无况条。

Dub zhub ab zongb gub wub kuangx tiaob.

麻林麻休莎江,

Mab liuongb mab xut sax jiangb,

麻共麻让莎远。

Mab gongx mab rangx sax yuanb.

窝汝意记耸斗列拢扛棍,

Aot rux yib jib songx doub lieb liongb gangb gunt,

窝汝依达穷炯列拢削猛。

Aot rux yit dat qiongx jiongb lieb liongb xios mengb.

耸斗几油猛见召风,

Songx doub jid yub jianb zhaod fengt,

穷炯吉翁莎见召度。

Qiongx jiongb jib wengd sax jianb zhaod dux.

列洗棍剖棍乜,

Lieb xid gunt pout gunt nias,

列笑棍花棍求。

Lieb xiaox gunt huad gunt qiux.

　　信士一家心愿圆满,户主一屋良愿达成。
　　大的小的也喜,老的少的也愿。

烧起蜂蜡糠香要来敬祖，烧好纸团蜡香要来敬神。
蜡香燃起成那云朵，蜡烟涌起成那雾团。
要敬祖神祖圣，要供福神旺神。

度标窝汝意记耸斗，
Dub bioud aot rux yib jid songx doub,
拢林大总刚棍。
Liongb liuongb dat zongb gangt gunt.
度竹窝汝以达穷炯，
Dud zhub aot rux yit dat qiongx jiongb,
拢送吉秋削猛。
Liongb songx jib qiux xiox mengb.
他弄窝汝意记耸斗，
Tax nongd aot rux yib jib songx doub,
他弄窝汝以达穷炯。
Tax nongd aot rux yit dat qiongx jiongb.
照篓见风见度，
Zhaob neb jianb fengd jianb dux,
照追见格见昂。
Zhaob zhuix jianb gied jianb angb.
照抓见苟见绒，
Zhaob zhuab jianb geb jianb rongb,
照尼见夯见共。
Zhaob nib jianb hangd jianb gongx.
苟洽不产汝内，
Ged qiad but cant rux neib,
苟卡不吧汝总。
Ged kax but bax rux zongb.

信士烧起蜂蜡糠香，在这敬神堂中。
户主燃起纸团糠烟，在这敬祖堂内。
今天烧起蜂蜡糠香，今日燃起纸团糠烟。
在前成云成雾，在后成海成湖。

在左成山成岭，在右成冲成川。
保起三千好人，护起三百好众。

蜂蜡纸团糠香的烧法

二
窝猛香 · Aot mengb xiangt · 烧线香

【简述】

　　线香，就是我们常说的炷香了。俗话说："香能通神。"又说："人争一口气，神争一炉香。"祭祀的重要事项之一，就是以烧香为主。湘西因为地处边远，交通不便，物资匮乏，有时连炷香都没有，于是，巴代在祭祀时，往往会就地取材：用一根柴棒头当香用，称为"柴头火脑宝香"用布片焚烧，称为"破布烂片宝香"；等等。这里所介绍的是炷香，往往要烧三根，称为"三炷

线香与蜂蜡香同时焚烧

香"。这种香必须插在香炉上，而乡间的香炉大多为一只饭碗，内装白米，称为"香米"。有了香米以后，还必须插上"利什"（即将钱包在红纸内），统称为"香米利什"，又称为"阳钱"。祭祀中所烧的钱纸叫作"阴钱"。利什和钱纸被称为"阴钱阳钱、阴阳钱财"，其中阴钱（钱纸）是敬神的，阳钱（利什封儿）是送给巴代的。在过去，香米和利什都是送给巴代拿走的。

就——   （放答）
Jiux—
内腊包柔梅到达齐这汝，
Neb leas baob roub met daox dab qit zhex rux,
内莎布格梅到达恩泻格。
Neb seax bus gieb met daox dab ghongx xiex gieb.
偷到吾斩苟拢茶齐，
Teut daox wut zaib geud longs ceab qit,
吾龙苟拢飘明。
Wut nongs geud longs peub miongs.
达齐这汝茶齐尖尖，
Dab qit zhex rux cab qit jiand jiand,
达恩泻格飘明忙忙。
Dab ghongx xiex gieb peub miongb mangb mangb.
包突哈到潮糯麻果，
Baob tus had daox zaox nus mab geut,
巴桶哈到潮弄麻明。
Beab tongx had daox zaox nongx mab miongs.
哈到阿达麻白，
Had daox ad dab mab bed,
照白阿这麻汝。
Zhaox bed ad zhex mab rux.
苟拢太照绒补背高牛林，
Geud longs taid zhaob rongs bus bed gaod niub liongs,
（苟拢太照达纵刚棍，）
（Geud longs taid zhaob dab zongb gangt ghunt, ）
苟拢江林夯告窝豆牛洞。

Geud longs jiangx longs hangd ghaox aob deux niub dongx.

（苟拢江林吉秋削猛。）

（Geud longs jiangx longs jib quix xiaox mengb.）

神韵——

主家从那竹篮取得好碗净碗，主人从那碗柜取得金碗银碗。

舀得清水来洗，用那井水来净。

好碗净碗洗得白白，金碗银碗擦得亮亮。

从那米桶盛得白米，往那米坛装得小米。

盛得一碗满满，装得一碗平平。

拿来摆在火炉大柱下边，用来摆在火坑中柱下面。

拿来摆在祭祖堂中，用来摆在敬神堂内。

就——   （放笞）

Jiux—

内腊偷到吾斩苟茶窝豆，

Neb leas teut daox wut zaib geud cab aob deux,

内莎梅到笑没苟向窝斗。

Neb seax met daox xiaox meb geud xiangx aob doub.

窝汝补得猛香，

Aot rux but deb mengb xiangt,

柔汝补比猛穷。

Reub rux but bid mengb qiongx.

苟拢洽照窝达这香，

Geud longs qiead zhaob aot dab zheux xiangt,

苟拢江照窝这达穷。

Geud longs jiangx zhaob aob zheux dab qiongx.

猛香吉翁见召见风，

Mengb xiangt jib wengd jianb zhaob jianb fengt,

猛穷吉哨见风见度。

Mengb qiongx jib saox jianb fengt jianb dux.

吉翁苟洽达纵刚棍，

Jib wengd geud qiead dad zongb gangt ghunt,

吉哨苟特吉秋削猛。

Jib saox geud teut jib quix xiaox mengb.

吉翁见苟见绒，

Jib wengd jianb geub jianb rongs,

吉哨见夯见共。

Jib saox jianb hangb jianb gongx.

吉翁见吾见斗，

Jib wengd jianb wut jianb deub,

吉哨见格见昂。

Jib saox jianb gieb jianb ghangb.

吉翁见干见内，

Jib wengd jianb gand jianb nex,

吉哨见洽见千。

Jib saox jianb qieal jianb qiand.

穷香几瓦当岁加绒，

Qiongb xiangt jid weab dangd suit jiad rongs,

穷卡几无当岁加棍。

Qiongx keax jid wus dangd suit jiad ghunt.

神韵——

人们舀得清水来洗双手，他们取得毛巾来揩双掌。

烧起三炷信香，焚起三炷清香。

信香插在香米碗中，清香插在香米碗内。

信香飘缈成团成云，清香飘荡成云成雾。

飘渺来护祭祖堂中，飘荡来守敬神堂内。

飘渺成山成岭，飘荡成川成谷。

飘渺成水成湖，飘荡成河成海。

飘渺成壁成墙，飘荡成阻成隔。

信香阻隔邪神邪法，清香阻断邪诀邪鬼。

就——   （放答）

Jiux—

窝汝阿记猛香，

Aot rux ad jid mengb xiangt,

柔汝阿达猛穷。

Reub rux ad dab mengb qiongx.

猛香吉翁达纵刚棍，

Mengb xiangt jib wengd dab zongb gangt ghunt,

猛穷吉哨吉秋削猛。

Mengb qiongx jib saox jib quix xiaox mengb.

苟洽阿标林休归先归得，

Geud qiead ad bioud liongs xut guil xiand guil det,

苟特阿竹共让归木归嘎。

Geudtex ad zhus gongx rangx guil mus guil gead.

苟洽阿标纵那纵苟，

Geud qiead ad bioud zongb nat zongb goud,

苟特阿竹纵骂纵得。

Geudtex ad zhus zongb max zongb det.

苟洽喂斗得寿告见，

Geud qiead weib doub deb sheut ghaod jianb,

苟特剖弄告得送嘎。

Geudtex bout nongx ghaot deb songx geax.

喂拢告见你到先头，

Weib longs ghaod jianb nit daox xiand toub,

剖拢送嘎炯到木汝。

Bout longs songx geax jiongx daox mus rux.

神韵——
烧起一炉信香，焚起一炉清香。
信香保起祭祖堂中，清香护起敬神堂内。
保护一家大小好福好命，保佑一屋老幼好魂好魄。
保护一家房老叔伯，保佑一族堂兄堂弟。
保佑我本弟子主持，保护我这师郎主祭。
我来主持居得长命，我来主祭坐得洪福。

就——　　　　　　　　　　　　　　　　　（放答）

Jiux—

汝香窝单几得酒格，

Rux xiangt aot dand jid deb jiud gied,

汝穷窝送吉秋出列。

Rux qiongx aot songx jib quix chub lex.

列洗向剖向乜，

Leb xid xiangt pout xiangt nias,

列笑向内向骂。

Leb xiaox xiangt ned xiangt max.

向剖向乜埋油阿达汝香，

Xiangt pout xiangt nias maib youb ad dab rux xiangt,

向内向骂埋留阿这汝穷。

Xiangt ned xiangt max maib lius ad zheux rux qiongx.

汝香窝你几得酒格，

Rux xiangt aot nil jid deb jiud gied,

向剖向乜埋你几得酒格。

Xiangt pout xiangt nias maib nil jid deb jiud gied.

汝穷窝照吉秋出列，

Rux qiongx aot zhaob jib quix chub lex.

向内向骂埋炯吉秋出列。

Xiangt ned xiangt max maib jiongx jib quix chub lex.

比纵埋你，

Bid zongb maib nil,

夯告埋炯。

Hangb ghaox miab jiongx.

剖洗列扛莎单，

Bout xid leb gangb seax dand,

剖笑列扛莎送。

Bout xiaox leb gangb seax songx.

神韵——

信香烧在火炉之边，清香焚在火坑之旁。

要祭祖公祖婆，要敬祖父祖母。

祖公祖婆坐拥一炉信香，祖父祖母坐护一炉清香。

信香烧在火炉之边，祖公祖婆坐到火炉之边。

清香焚在火坑之旁，祖父祖母坐到火坑之旁。

上方你居，正位你坐。

我们祭了得准，信士敬了得灵。

就——

Jiux—

穷香吉翁单途，

Qiongb xiangt jib wengd dand tus,

穷卡吉哨单羊。

Qiongx kax jib saox dand yangs.

穷香苟岁补产加绒，

Qiongx xiangt geud suit but cant jiad rongs,

穷卡苟挡补吧加棍。

Qiongx kax geud dangd but bax jid ghunt.

苟岁阿腊悄起加写，

Geud suit ad lead qiaot qit jiad xied,

苟挡阿半悄善加缪。

Geud tangd ad banb qiaot shait jiad mioux.

苟岁浓拢出够，

Geud suit niongx longs chub gout,

苟挡拔拢出期。

Geud tangd pad longs chud qid.

苟岁加猛加豆，

Geud suit jiad mengt jiad dout,

苟挡加状加萨。

Geud tangd jiad zhuangb jiad sead.

苟岁加事加录，

Geud suit jiad sid jiad lus,

苟挡加格加怪。

Geud tangd jiad gib jiad guaib.

岁猛乙热内补，
Suit mengb yis reb neb bus,
挡嘎依然内冬。
Tangd geax yid reab neb dongt.
就——   （放筶）
Jiux—

神韵——
烧起信香到堂，焚起清香到殿。
信香隔去凶神恶鬼，清香挡去凶灾恶煞。
隔去那些坏心坏肚，挡去那些坏肝恶肺。
隔去男人邪师，挡去女人邪法。
隔去恶症顽疾，挡去恶言秽语。
隔去凶祸坏事，挡去凶兆怪异。
隔去他州别里，挡去他地别处。
神韵——

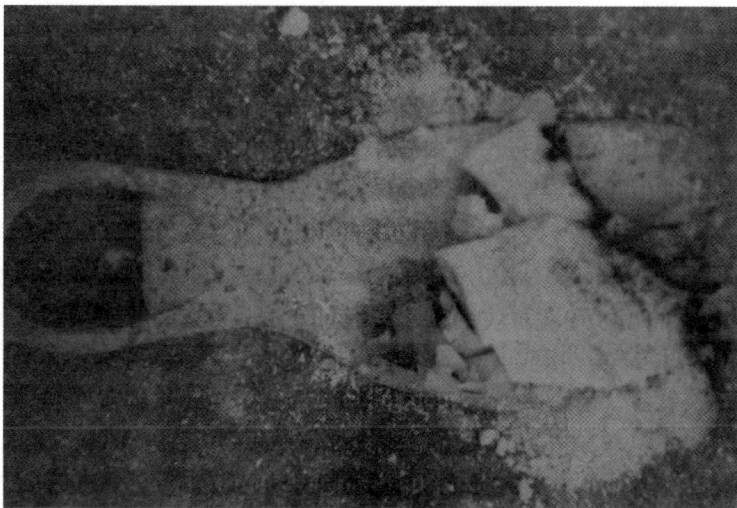

烧在铁锄板上的蜂蜡香（石金津摄）

三

休足然度 · Xiut zub rab dux · 收祚藏身

【简述】

历史告诉我们，远古的蚩尤部落联盟在涿鹿之战后，便进入了漫长的大迁徙历史时期。在频繁的迁徙途中，苗族受尽了自然灾害、凶险环境的各种折磨，因而形成了没有统一的民族文字、不通王化、以村寨为社会板块、封闭保守等民族特点，其中在迁徙避灾中所形成的封闭保守思想成为巴代在祭祀中"收祚藏身"的主要依据。

"收祚"主要是把不利于人类生存发展的不良因素收尽收完，埋入土中或遣送天涯海角，而"藏身"便是把自己（人类）的身形藏匿不露，不让人类自身受到邪魔外道（不良因素）的侵害，二者的主要目的都是让人类能够安稳、康健、清吉、平安地繁衍生存、发展壮大，这不能不说也是一种优秀的传统文化。这里的巴代实际上也就是人类"自我"，因为苗师所信奉的是"自我不灭论"的教旨教义，所奉行的是人类"自我崇拜"或"崇拜自我"的教条教法。

收祚藏身是巴代在祭祀中的主要法事之一。巴代先要保好自身才能帮别人做事。苗师有 48 道藏身法，客师有 36 道藏身法，可见巴代在祭祀仪式中的收祚藏身是多么的重要。

在科仪资料中我们看到：在苗师"巴代雄"的藏身神辞中，有把大自然这个"大自我"有机地融入了巴代本身的这个"小自我"中，自身的毛发耳目、鼻舌口齿、肚腹甚至肛门等，都以大自然中的草木、山洞、溪流、风孔雷洞等来作为藏身之处。这种将大自然与小自我有机融合的做法，乃是人神合一、身心合一、动静合一、阴阳合一的明智之举。

祖师坛前的巴代

就——　　　　　　　　　　　　　　　　　　（祖师诀）

Jiux—

列够阿然浪萨，

Leib ged ad rab sad,

列扑阿龙浪度。

Leib pud ad longb dux.

列理阿从浪公，

Leib lid ad congb nangb gongt,

列岔阿炯浪儿。

Leib chax ad jiongt nangb jid.

阿然浪萨列够然休，

Ab rangb nangb sad leib ged rad xuit,

阿龙浪度列扑见得。

Ad liongb nangb dux leib pud jianx deib.

阿然浪萨列够休足，

Ab rangb nangb sad leib ged xut zub,

阿龙浪度列扑然度。

Ab longb nangb dux leib pud rad dux.

阿然浪萨列够候休闭归，

Ab rangb nangb sad leib ged houx xuid bib giut,

阿龙浪度列扑候然且月。

Ab longb nangb dux leib pud houx rad qued yeb.

然休列扛休虫，

Rangb xiut leib gangb xiut chongb,

见得列扛得拿。

Jianx deib leib gangb deib nab.

内克莎腊几咱，

Neib kied sad lab jid zad,

棍梦否莎几干。

Gunt mengx boub sad jid gand.

得寿告见你娘产豆，

Deib shux gaod jianb nit niangb chant dout,

弄得送嘎炯娘吧就。

Nongd deib songx giad jiongt niangb bad jiux.

神韵——

要唱一首的歌，要讲一轮的话。

要理一层的根，要寻一道的基。

一首的歌要唱藏身，一轮的话要说保命。

一首的歌要唱保魂，一轮的话要说护魄。

一首的歌要唱藏身变己，一轮的话要说护魂保命。

藏身要藏得稳，保命要保得当。

人看人也不知，鬼看鬼也不见。

弟子主祭坐得千年，师郎主仪活过百岁。

就——

Jiux——

窝汝意记松斗，

Aot rux yix jid songx doub,

柔汝依打穷炯。　　　　　　　　　　　　　（香碗诀）

Roub rux yit dat qiongx jiongb.

产棍几没然鸟，

Chanx gunt jid meib ranb niaob,

吧母几没弄奈。

Bab mud jid meib nongd naix.

列拢然鸟——　　　　　　　　　　　　（各宫口的祖师诀）

Leib liongb rad niaob—

然鸟太棍共米、

Rab niaob tait gunt gongx mit,

公加、首关、四贵、　　　　　　　（巳宫、辰宫、酉宫、寅宫诀）

Gongd jiad、shoud guand、six giux、

太棍米章、巴高、国峰、明鸿、　（午宫、戌宫、巳宫、卯宫诀）

Taix gunt mit zhuangd、bad gaod、guob fengd、mingb hongx、

太棍仕贵、后保。　　　　　　　　　　（巳宫、申宫诀）

Tait gunt shid giux houx baod.

苟太光珍、勇贤、　　　　　　　　　　（申宫、戌宫诀）

Goud taix guangd zhengd、yongd xianb、

光三、老七、跃恩。　　　　　　（卯宫、巳宫、申宫诀）

Guangd sand、laod qib、yiex engd.

苟太席乙、江远、林花、老苟、　（未宫、卯宫、子宫、午宫诀）

Goud taib xib yix、jiangd yand、linb huad、laod goud、

共四、老弄、　　　　　　　　　　　　（辰宫、寅宫诀）

Gongx six、laod nongt、

千由、天才、炯容、同兰。　　（丑宫、巳宫、酉宫、亥宫诀）

Qiand youb、tianb caib、jiongx rongb、tongb lan.

苟太强贵、龙贵、　　　　　　　　　　（亥宫、丑宫诀）

Goud taib qiangb giux、longb giux、

光合、冬顺、得水。　　　　　　（卯宫、申宫、未宫诀）

Guangd hob、dongd shunx、deib shiut.

苟剖双全、苟剖长先。　　　　　　（未宫、午宫诀）

Goud bout shuangd quanb、goud bout changb xiand.

苟打二哥、那那……　　　　　　　（酉宫、辰宫诀）

Goud dad erx ged、nat nat...

补谷阿柔告寿，

But guot ad roub gaot shout,

补谷欧柔告德。

But guob out roub gaot deit.

补产葵忙告见，

Butchanx kiub mangb gaot jianb，

补吧录忙送嘎，

But bad lub mangb songx giax，

抓葡几最吉走。

Zhuad pux jid ziub jib zoub.

寿葡吉走吉板。

Shoux pux jid zoub jib banb.

浪喂声然照修打便郎得，

Nangb weib shongt rad zhaob xiud dat biat liangd deib，

照闹打绒郎秋。

Zhaob laox dad rongb liangb quid.

照修纵寿吉标，

Zhaob xiut zongb shoux jib bioud，

照闹秋得记竹。　　　　　　　　　　　　　（降神诀）

Zhaob laox quid deib jid zhub.

照修补谷补涌提仲，

Zhaob xiud but guob but yongd tib zongb，

照闹补谷补肥图岭。　　　　　　　　　　（下降布条诀）

Zhaob laox but guob but fenb tub linb.

照修达香，照闹达穷。

Zhaob xiut dab xiangd zhaob laox dab qiongx.

就——

Jiux—

补热声棍，

But reb shongt gunt，

拢单打纵刚棍。　　　　　　　　　　　　（坐坛诀）

Liongb dand dad gangb gunt.

补然弄猛，

But rad nongd mengb，

拢送吉秋削猛。　　　　　　　　　　　　（坐殿诀）

Liongb songx jib quid gangb gunt, xiox mengb.

拢单你瓦意记送斗，

Liongb dand nit wab yit jid songx doub,

炯龙以打穷炯。 （香炉诀）

Jiongx longb yit dat qiongx jiongx.

你瓦喂斗得寿，

Nit wab weib doub deib shoux,

炯龙剖弄告得。 （绕祖诀）

Jiongx longb boub nongd gaod deib.

几达然鸟埋列嘎修，

Jid dab rad niaox maib leib giad xiut,

吉炯达奈埋列嘎闹。

Jib jiongx dab naix maib leib giad laox.

神韵——

焚烧蜂蜡糠火，纸团宝香。

千神没有来请，百祖没有来迎。

要来奉请——

祖太共米、共甲、仕官、首贵，

明章、巴高、

国锋、明鸿、仕贵、后宝。

祖太光朱、勇贤、光三、老七、跃恩、

祖太席玉、江远、林华、老苟、共四、老弄、

千有、天财、进荣、腾兰。

祖太强贵、隆贵、光合、冬顺、得水。

叔公双全、祖公长先。

外祖大大、二哥……

三十一代祖师，三十二代弟子。

三千祖师交钱，查名皆齐皆遍，

三百度纸宗师，点字皆遍皆全。

闻我奉请暂离上天大堂，听我奉迎暂别天宫大殿。

暂离家中祖坛，暂别家内师殿。

暂离三十三块布条，暂别三十三块布幔。

离别香炉，暂别香碗。

神韵——

三咏神腔，来到信士祭祀场中，

三吟神韵，来临户主祭仪堂内。

来到安享纸团宝香，来临安受蜂蜡糠烟。

拥护吾本弟子，守护我这师郎。

同日有请你们莫起，同时有奉你们莫去。

内没见恩头果，

Neib meib jianb engb tel guot,

见抗头浪。

Jianb kangx tel nangb.

几窝尼头尼抗，

Jid aot nib tel nib kangx,

窝拢尼见尼嘎。

Aot liongb nib jianb nib giax.

到见苟猛几白，

Daox jianb goud mengb jid baib,

到嘎苟猛吉炯。

Daox giax goud mengb jib jiongb.

修照埋浪热洞热恩，

Xiut zhaob maib nangb reb dongb reb engb,

见照埋浪热光热量。

Jianb zhaob maib nangb reb guangd reb liangx.

埋列拢斗得寿告见，

Maib leib liongb dout deib shoux gaod jianb,

莎列拢弄告得送嘎。

Sax leib liongb nongt gaod deib songx giax.

斗抓埋你，

Doub zhuab maib nit,

斗尼埋炯。

Doub nit maib jiongx.

告见扛单，

Gaod jianb gangb dand,

送嘎扛送。

Songx giax gangb songx.

列休喂斗得寿,

Leib xiut weib doub deib shout,

归先归得。

Giud xiand giud deib.

候然剖弄告得,

Houx rad boub nongd gaod deib,

归木归嘎。   （莲华诀）

Giud mub giud giad.

休照阿谷欧奶酷绒麻冬几图,

Xiud zhaob ad guob out leit kud rongb mab dongt jid tub,

然照阿谷欧奶酷便麻汝吉浪。   （藏身诀）

Rad zhaob ad guob out leit kud biat mab rux jid nangb.

    主人有钱纸冥币,纸帛冥钱。

    不烧是纸是帛,烧了是钱是财。

    得财拿去共分,得钱拿去共用。

    收在金仓银仓,入在金库银库。

    你们要和弟子交钱,都要与吾师郎度纸。[①]

    拥在左边,护在右旁。

    交钱得到,度纸得达。

    收起我的正魂本命,三魂七魄。

    收在一十二个深洞之中,藏在一十二个好洞之内。

[注]　①交钱、度纸:宗教术语,主持祭祀仪式的意思。下句的"交钱得到,度纸得达"即是敬送祖神的这些供品要如数交到祖神的手中,意为要使主家达到敬神之目的。

祭祀秋公秋婆时祭坛外围的观众们（周建华摄）

（巴代边默念下段法语边用"然秀见得"即藏身诀藏身，然后双手交叉于胸前，将两手之诀藏于左右腋窝内，然后再收回并朝向香碗做反复对戳式表示已将魂魄收藏于香碗之中，然后再用"洽秀"即宝盖诀盖上。）

拢单候喂然秀，
Liongb dand houx weib rad xiut,
拢送候剖见得。　　　　　　　　　（祖师藏身诀）
Liongb songx houx bout jianx deib.
列修喂浪先头麻林，
Leib xiut weib nangb xiand toub mab linb,
列然剖浪木汝麻头。　　　　　　　（祖师藏身诀）
Leib rad bout nangb mub rux mab toub.
得寿归先归得，
Deib shout giud xiand giud deib,
弄得归木归嘎。　　　　　　　　　（祖师保身诀）
Nongb deib giud mub giud giad.
阿标林休先头麻林，

Ad bioub linb xut xiant tel mab linb,

阿竹共让木汝麻头。 （祖师护身诀）

Ad zhub gongx rangx mub rux mab toub.

修猛修照虫兰，

Xiut mengb xiut zhaob chongb lanb,

然猛然照报长。 （祖师藏身诀）

Rad mengb rad zhaob baox changb.

修照阿记松斗，

Xiut zhaob ad jid songd dout,

油照阿达穷炯。 （香碗藏身诀）

Youb zhaob ad dab qiongx jiongx.

然秀几秀腊虫，

Rad xiut jid xiut lab chongb,

见得久得莎拿。 （香碗封锁诀）

Jianb deib jiud deib sad nab.

产内腊客几咱，

Chant neib lab kied jid zad,

吧棍莎梦几干。 （香碗宝盖诀）

Bad gunt sax mengb jid ganb.

来到帮我藏身，来临把我藏魂。
要藏我的好魂大福，要护我的好魄长命。
弟子良魂子魂，师郎子魂孙魂。
一家大小好魂大福，一屋老少好魄长命。
好魂收在本身，好魄藏在本体。
收在一碗香炉，系在一炉香碗。
藏魂魂保，收魄魄安。
人看人也不知，鬼看鬼也不见。

（巴代边默念下段法语边用"然秀见得"即藏身诀藏身，然后双手交叉于胸前，将两手之诀藏于左右腋窝内，然后再收回并朝向香碗做反复对戳式表示已将魂魄收藏于香碗之中，然后再用"洽秀"即宝盖诀盖上。）

列休阿标林休，

Leib xiut ad bioub linb xiut,

列然阿竹共让。 　　　　　　　　　　　（莲华藏身诀）

Leib rad ad zhub gongx rangx.

麻共归先归得，

Mab gongx giud xiand giud deib,

麻让归木归嘎。 　　　　　　　　　　　（莲华保身诀）

Mab rax giud mub giud giad.

得得先头麻林，

Deit deit xiant toub mab linb,

达嘎木汝麻头。 　　　　　　　　　　　（莲华护身诀）

Dab giad mub rux mab toub.

先头麻林修照虫兰，

Xiand toub mab lin xiut zhaob chongb lanb,

木汝麻头奈腊虫兄。 　　　　　　　　　（莲华藏身诀）

Mub rux mab toub naib lab chongb xiongd.

修照阿记松斗，

Xiutb zhaob ad jid songt dout,

油照阿达穷炯。 　　　　　　　　　　　（香碗藏身诀）

Youb zhaob ad dab qiongx jiongx.

然秀几秀莎虫，

Rd xiuat jid xiut sad chongb,

见得久得莎拿。 　　　　　　　　　　　（香碗封锁诀）

Jianb deib jiud deib sad nab.

内客内腊几咱，

Neib kied neib lab jid zad,

棍梦棍莎几干。 　　　　　　　　　　　（香碗宝盖诀）

Gunt mengx gunt sad jid ganb.

　　要藏一家大小，要护一屋老幼。
　　老者好魂长命，少者良魂子魂。
　　娃儿子魂孙魂，细崽好魂大福。
　　好命长命收在本身，好魂好魄系在本体。

收在一碗香炉，藏在一炉香碗。

藏魂魂也得保，收魄魄也得安。

人看人也不知，鬼看鬼也不见。

（巴代边默念下段法语边用"然秀见得"即藏身诀藏身，然后双手交叉于胸前，将两手之诀藏于左右腋窝内，然后再收回并朝向香碗做反复对戳式表示已将魂魄收藏于香碗之中，然后再用"洽秀"即宝盖诀盖上。）

列休见恩吉标，
Leib xiut jianb engb jid bioud,
列然嘎格记竹。 　　　　　　　　　　　　（莲华收藏诀）
Leib rad giad gieb jid zhub.
列休龙尼忙油，
Leib xiut longb nieb mamgb yub,
列然龙狗忙爬。 　　　　　　　　　　　　（莲华收藏诀）
Leib rad longb goud mangb bax.
列休归楼归弄，
Leib xiut giut loub giut nongx,
列然归傕归炸。 　　　　　　　　　　　　（莲华收藏诀）
Leib rad giut tanb giut zhad.
列休公周公节，
Leib xiut gongt zhoud gongt jieb,
列然公数公然。 　　　　　　　　　　　　（莲华收藏诀）
Leib rad gongt sut gongt rad.
列休苟得公同，
Leib xiut goub deib gongt tongb,
列然产加吧尼。 　　　　　　　　　　　　（莲华收藏诀）
Leib rad chant jiat bax nib.
列休修照虫兰，
Leib xiut xiud zhaob chongb lan,
列然奈腊虫兄。 　　　　　　　　　　　　（紧身诀）
Lei brad naib lab chongb xiongd.
修照阿记松斗，

Xiut zhaob ad jid songd dout,
油照阿达穷炯。　　　　　　　　（香碗藏身诀）
Youb zhaob ad dab qiongx jiongx.
然秀几秀莎虫，
Rd xiuat jid xiut sad chongb,
见得久得莎拿。　　　　　　　　（香碗封锁诀）
Jianb deib jiud deib sad nab.
内客内腊几咱，
Neib Neib kied ib lab jid zad,
棍梦棍莎几干。　　　　　　　　（香碗宝盖诀）
Gunt mengx gunt sad jid ganb.

要藏家中银币，要护宅内金钱。
要藏牛帮牛群，要护狗帮猪群。
要藏谷魂米魂，要护糯魂粘魂。
要藏蚕姐蚕娘，要护蚕丝蚕绸。
要藏蜜蜂蜜糖，要护千福百财。
好财收在本身，好宝系在本体。
收在一碗香炉，系在一炉香碗。
藏魂魂也得保，收魄魄也得安。
人看人也不知，鬼看鬼也不见。

（巴代边默念下段法语边用"封得"即护坛诀施于前后左右，然后收回并朝香碗做反复对戳式表示已护好坛场并将法诀作用于香烟之中，再用"洽秀"即宝盖诀盖上。）

列休喂斗得寿标归，
Leib xiut weib doub deib shoux bioub giut,
列然剖弄告得且月。
Leib rad bout nongd gaod deib quex yueb.
标归休猛喂浪报兰，
Bioud giut xiut mengb weib nangb baox lanb,
且月然照剖浪报长。

Qued yueb rad zhaob bout nangb bapx changb.

久抓几热，

Jiut zhua jid reb，

久口久头。

Jiut koud jiut toux.

然休列扛休虫，

Rad xiut leib gangb xiut chongb，

见得列扛得拿。

Jianb deib jiud deib sad nab.

内克莎腊几咱，

Neib Neib kied ib lab jid zad，

棍梦否莎几干。

Gunt mengx gunt sad jid ganb.

得寿告见你娘产豆，

Deib shout gaod jianb nit niangb chant dout，

弄得送嘎炯娘吧就。

Nongd deib songx giax jiongx niangb bad jiux.

标归休猛喂浪报兰，

Bioud giut xiut mengb weib nangb baox lanb，

且月然照剖浪报长。

Qued yueb rad zhaob bout nangb bapx changb.

要藏吾本弟子的良魂，要护我这师郎的好魄。

良魂藏去我的胸中，好魄收去我的胸内。

不掉不落，不离不弃。

藏身要藏得稳，保命要保得当。

人看人也不知，鬼看鬼也不见。

弟子主祭坐得千年，师郎主仪活过百岁。

良魂藏去我的胸中，好魄收去我的胸内。

列休喂斗得寿标归，

Leib xiut weib doub deib shoux bioub giut，

列然剖弄告得且月。

Lei brad bout nongd gaod deib quex yueb.

标归休猛补层孺敏追补，

Bioub giut xiut mengb but cenb rit miongt zhiux bub,

且月然闹补桥孺虐追绒。

Quex yueb rad laox but qiaob rit niub zhiux rongb.

然休列扛休虫，

Rad xiut leib gangb xiut chongb,

见得列扛得拿。

Jianb deib jiud deib sad nab.

内克莎腊几咱，

Neib Neib kied ib lab jid zad,

棍梦否莎几干。

Gunt mengx gunt sad jid ganb.

标归休猛补层孺敏追补，

Bioub giut xiut mengb but cenb rit miongt zhiux bub,

且月然闹补桥孺虐追绒。

Quex yueb rad laox but qiaob rit niub zhiux rongb.

得寿告见你娘产豆，

Deib shout gaod jianb nit niangb chant dout,

弄得送嘎炯娘吧就。

Nongd deib songx giax jiongx niangb bad jiux.

要藏吾本弟子的良魂，要护我这师郎的好魄。

良魂藏去三层老木青山之中，好魄收去三重高山大岭之内。

藏身要藏得稳，保命要保得当。

人看人也不知，鬼看鬼也不见

良魂藏去三层老木青山之中，好魄收去三重高山大岭之内。

弟子主祭坐得千年，师郎主仪活过百岁。

列休喂斗得寿标归，

Leib xiut weib doub deib shoux bioub giut,

列然剖弄告得且月。

Leib brad bout nongd gaod deib quex yueb.

标归休猛欧胖温便麻林，

Bioub giut xiut mengb out pangt wend biat mab linb,

且月然闹欧胖温补麻头。

Quex yueb rad laox out pangt wend bud mab toub.

然休列扛休虫，

Rad xiut leib gangb xiut chongb,

见得列扛得拿。

Jianb deib jiud deib sad nab.

内克莎腊几咱，

Neib Neib kied ib lab jid zad,

棍梦否莎几干。

Gunt mengx gunt sad jid ganb.

标归休猛欧胖温便麻林，

Bioub giut xiut mengb out pangt wend biat mab linb,

且月然闹欧胖温补麻头。

Quex yueb rad laox out pangt wend bud mab toub.

得寿告见你娘产豆，

Deib shout gaod jianb nit niangb chant dout,

弄得送嘎炯娘吧就。

Nongd deib songx giax jiongx niangb bad jiux.

要藏吾本弟子的良魂，要护我这师郎的好魄。

良魂藏去两面大的簸箕之中，好魄收去两面长的簸筛之内。

藏身要藏得稳，保命要保得当。

人看人也不知，鬼看鬼也不见。

良魂藏去两面大的簸箕之中，好魄收去两面长的簸筛之内。

弟子主祭坐得千年，师郎主仪活过百岁。

列休喂斗得寿标归，

Leib xiut weib doub deib shoux bioub giut,

列然剖弄告得且月。

Leib brad bout nongd gaod deib quex yueb.

标归休猛欧酷急急中挡，

Bioub giut xiut mengb out kub jib jib zhongb dangx,

且月然闹阿双急急中记。

Quex yueb rad laox ad shuangd jib jib zhongb jid.

然休列扛休虫,

Rad xiut leib gangb xiut chongb,

见得列扛得拿。

Jianb deib jiud deib sad nab.

内克莎腊几咱,

Neib Neib kied ib lab jid zad,

棍梦否莎几干。

Gunt mengx gunt sad jid ganb.

标归休猛欧酷急急中挡,

Bioub giut xiut mengb out kub jib jib zhongb dangx,

且月然闹阿双急急中记。

Quex yueb rad laox ad shuangd jib jib zhongb jid.

得寿告见你娘产豆,

Deib shout gaod jianb nit niangb chant dout,

弄得送嘎炯娘吧就。

Nongd deib songx giax jiongx niangb bad jiux.

要藏吾本弟子的良魂,要护我这师郎的好魄。

良魂藏去两孔大的风口之中,好魄收去一双大的风箱之内。

藏身要藏得稳,保命要保得当。

人看人也不知,鬼看鬼也不见。

良魂藏去两孔大的风口,好魄收去一双大的风箱。

弟子主祭坐得千年,师郎主仪活过百岁。

列休喂斗得寿标归,

Leib xiut weib doub deib shoux bioub giut,

列然剖弄告得且月。

Leib brad bout nongd gaod deib quex yueb.

标归休猛八绒麻嘎,

Bioub giut xiut mengb bad rongb mab giat,

且月然闹八便麻卡。

Quex yueb rad laox bad biat mab kad.

八绒麻嘎，

Bab rongb mab giat,

阿内当架补产加绒。

Ad neit dangd jiax but chant jiad rongb.

八便麻卡，

Bab biax mab kad,

阿虐当架补吧加棍。

Ad niub dangd jiad but bax jid gunt.

然休列扛休虫，

Rad xiut leib gangb xiut chongb,

见得列扛得拿。

Jianb deib jiud deib sad nab.

内克莎腊几咱，

Neib Neib kied ib lab jid zad,

棍梦否莎几干。

Gunt mengx gunt sad jid ganb.

得寿告见你娘产豆，

Deib shout gaod jianb nit niangb chant dout,

弄得送嘎炯娘吧就。

Nongd deib songx giax jiongx niangb bad jiux.

　　要藏吾本弟子的良魂，要护我这师郎的好魄。
　　良魂藏去干的洞穴之中，好魄收去净的岩洞之内。
　　干的洞穴，一天要吞三千凶神。
　　净的岩洞，一日要吃三百恶鬼。
　　藏身要藏得稳，保命要保得当。
　　人看人也不知，鬼看鬼也不见。
　　弟子主祭坐得千年，师郎主仪活过百岁。

列休喂斗得寿标归，

Leib xiut weib doub deib shoux bioub giut,

列然剖弄告得且月。

Leib rad bout nongd gaod deib quex yueb.

标归休猛棒绒久白，

Boub giut xiut mengb bangx rongb jiut baib,

且月然闹棒牢久打。

Quex yueb rad laox bangx laob jiut dab.

然休列扛休虫，

Rad xiut leib gangb xiut chongb,

见得列扛得拿。

Jianb deib jiud deib sad nab.

内克莎腊几咱，

Neib Neib kied ib lab jid zad,

棍梦否莎几干。

Gunt mengx gunt sad jid ganb.

得寿告见你娘产豆，

Deib shout gaod jianb nit niangb chant dout,

弄得送嘎炯娘吧就。

Nongd deib songx giax jiongx niangb bad jiux.

内克尼咱棒绒久白，

Neib kied nib zad bangx rongb jiut baib,

棍梦尼干棒牢久打。

Gunt mengx nib gand bangx laob jiut dab.

> 要藏吾本弟子的良魂，要护我这师郎的好魄。
> 良魂藏去连台大山之中，好魄收去连台大岭之内。
> 藏身要藏得稳，保命要保得当。
> 人看人也不知，鬼看鬼也不见。
> 弟子主祭坐得千年，师郎主仪活过百岁。
> 人看只见连台大山，鬼看只是连台大岭。

列休喂斗得寿标归，

Leib xiut weib doub deib shoux bioub giut,

列然剖弄告得且月。

Leib rad bout nongd gaod deib quex yueb.

标归休猛急急酷耸，

Bioub giut xiut mengb jib jib kud songt，

且月然闹急急酷记。

Quex yueb rad laox jib jib kux jix.

然休列扛休虫，

Rad xiut leib gangb xiut chongb，

见得列扛得拿。

Jianb deib jiud deib sad nab.

内克莎腊几咱，

Neib Neib kied ib lab jid zad，

棍梦否莎几干。

Gunt mengx gunt sad jid ganb.

得寿告见你娘产豆，

Deib shout gaod jianb nit niangb chant dout，

弄得送嘎炯娘吧就。

Nongd deib songx giax jiongx niangb bad jiux.

棍梦几干急急酷耸，

Gunt mengb jid ganb jib jib kux songx，

棍梦几干急急酷记。

Gunt mengb jid ganb jib jib kux jix.

> 要藏吾本弟子的良魂，要护我这师郎的好魄。
> 良魂藏去雷洞之中，好魄收去风洞之内。
> 藏身要藏得稳，保命要保得当。
> 人看人也不知，鬼看鬼也不见。
> 弟子主祭坐得千年，师郎主仪活过百岁。
> 人不敢去雷洞之中，鬼不敢到风洞之内。

列休喂斗得寿标归，

Leib xiut weib doub deib shoux bioub giut，

列然剖弄告得且月。

Leib rad bout nongd gaod deib quex yueb.

几西补谷补奶晚冲，

Jid xit but guob but leit wand chongt,

标归休猛补谷补奶晚冲。

Bioub giut xiut mengb but guob but leit wand chongt.

吉沙炯谷阿奶晚斗，

Jid shax jiongb guob ad leit wand doub,

且月然闹炯谷阿奶晚斗。

Quex yueb rad laox jiongb guob ad leit wand doub.

然休列扛休虫，

Rad xiut leib gangb xiut chongb,

见得列扛得拿。

Jianb deib jiud deib sad nab.

内克莎腊几咱，

Neib Neib kied ib lab jid zad,

棍梦否莎几干。

Gunt mengx gunt sad jid ganb.

内格尼干补谷补奶晚冲，

Neib kied nib gand but guob but leib wand chongb,

久干喂斗得寿。

Jiut ganb weib doub deib shout.

棍梦尼咱炯谷阿奶晚斗，

Gunt mengb nib zad jiongb guob ad leit wand doub,

久咱剖弄告得。

Jiut zad bout nongd gaod deib.

得寿告见你娘产豆，

Deib shout gaod jianb nit niangb chant dout,

弄得送嘎炯娘吧就。

Nongd deib songx giax jiongx niangb bad jiux.

    要藏吾本弟子的良魂，要护我这师郎的好魄。

    掀开三十三个大鼎，良魂藏去三十三个大鼎之中。

    翻开七十一口大锅，好魄收去七十一口大锅之内。

    藏身要藏得稳，保命要保得当。

人看人也不知，鬼看鬼也不见。

人看只见三十三个大鼎，不见吾本弟子。

鬼看只见七十一口大锅，不见我这师郎。

弟子主祭坐得千年，师郎主仪活过百岁。

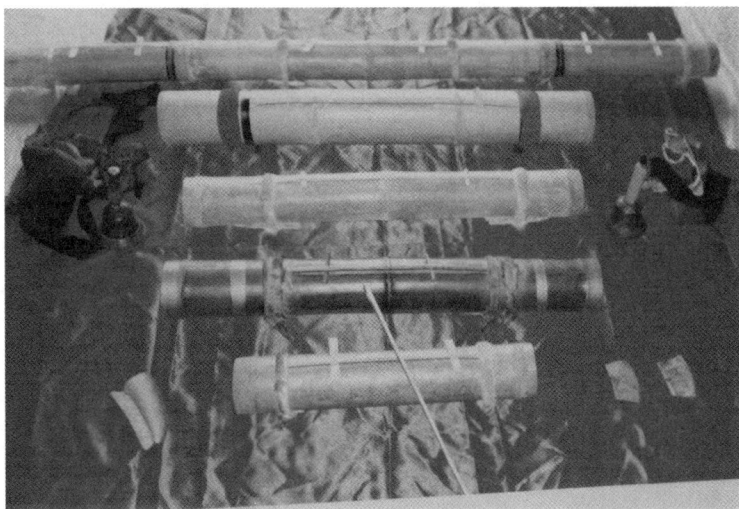

巴代的道具法器之竹枰、神筶和蚩尤铃（石国鑫摄）

列休喂斗得寿标归，

Leib xiut weib doub deib shoux bioub giut,

列然剖弄告得且月。

Leib rad bout nongd gaod deib quex yueb.

标归休猛几得穷力，

Bioub giut xiut mengb jid deib qiongx lib,

且月然闹吉秋穷闹。

Quex yueb rad laox jib quid qiongx laox.

几得穷力，

Jid deib qiongx lib,

阿内当便补产加绒。

Ad neit dangd biat but chant jid rongb.

吉秋穷闹，

Jib quid qiongx laox,

阿虐当便补吧加棍。

Ad niub dangd biat but bax jiad gunt.

然休列扛休虫，

Rad xiut leib gangb xiut chongb,

见得列扛得拿。

Jianb deib jiud deib sad nab.

内克莎腊几咱，

Neib Neib kied ib lab jid zad,

棍梦否莎几干。

Gunt mengx gunt sad jid ganb.

标归休猛几得穷力，

Bioub giut xiut mengb jid deib qiongx lib,

且月然闹吉秋穷闹。

Quex yueb rad laox jib quid qiongx laox.

得寿告见你娘产豆，

Deib shout gaod jianb nit niangb chant dout,

弄得送嘎炯娘吧就。

Nongd deib songx giax jiongx niangb bad jiux.

要藏吾本弟子的良魂，要护我这师郎的好魄。
良魂藏去炼铁水处，好魄收去铸铁犁处。
炼铁水处，一天要熔三千凶神。
铸铁犁处，一日要烧三百恶鬼。
藏身要藏得稳，保命要保得当。
人看人也不知，鬼看鬼也不见。
良魂藏去炼铁水处，好魄收去铸铁犁处。
弟子主祭坐得千年，师郎主仪活过百岁。

列休喂斗得寿标归，

Leib xiut weib doub deib shoux bioub giut,

列然剖弄告得且月。

Leib rad bout nongd gaod deib quex yueb.

几西补谷补嘎嘎脏，

Jid xit but guob but giad giad zangt,

标归休猛补谷补会嘎脏。

Bioub giut xiut mengb but guob but huix giad zangt.

吉沙炯谷阿嘎嘎力，

Jib shax jiongb guob ad giad giad lib,

且月然闹炯谷阿嘎嘎力。

Quex yueb rad laox jiongb guob ad giad giad lib.

然休列扛休虫，

Rad xiut leib gangb xiut chongb,

见得列扛得拿。

Jianb deib jiud deib sad nab.

内克莎腊几咱，

Neib Neib kied ib lab jid zad,

棍梦否莎几干。

Gunt mengx gunt sad jid ganb.

内格尼干补谷补会嘎脏，

Neib kied nib ganb but guob but huix giad zangt,

久干喂斗得寿。

Jiut ganb weib doub deib shout.

棍梦尼咱炯谷阿嘎嘎力，

Gunt mengx nib zad jiongb guob ad giad giad lib,

久咱剖弄告得。

Jiut zad bout nongd gaod deib.

得寿告见你娘产豆，

Deib shout gaod jianb nit niangb chant dout,

弄得送嘎炯娘吧就。

Nongd deib songx giax jiongx niangb bad jiux.

要藏吾本弟子的良魂，要护我这师郎的好魄。

掀开三十三块土块，良魂藏去三十三块土块之中。

翻开七十一块犁泥，好魄收去七十一块犁泥之内。

藏身要藏得稳，保命要保得当。
人看人也不知，鬼看鬼也不见。
人看只见三十三块土块，不见吾本弟子。
鬼看只见七十一块犁泥，不见我这师郎。
弟子主祭坐得千年，师郎主仪活过百岁。

列休喂斗得寿标归，
Leib xiut weib doub deib shoux bioub giut,
列然剖弄告得且月。
Leib rad bout nongd gaod deib quex yueb.
标归休猛补产召风，
Bioub guit xiut mengb but chant zhaob fengt,
且月然闹补吧召度。
Quex yueb rad laox but bax zhaob dux.
然休列扛休虫，
Rad xiut leib gangb xiut chongb,
见得列扛得拿。
Jianb deib jiud deib sad nab.
内克莎腊几咱，
Neib Neib kied ib lab jid zad,
棍梦否莎几干。
Gunt mengx gunt sad jid ganb.
内克腊干补产召风，
Neib kied lab ganb but chant zhaob fengt,
棍梦腊咱补吧召度。
Gunt mengx lab zad but bax zhaob dux.
得寿告见你娘产豆，
Deib shout gaod jianb nit niangb chant dout,
弄得送嘎炯娘吧就。
Nongd deib songx giax jiongx niangb bad jiux.

要藏吾本弟子的良魂，要护我这师郎的好魄。
良魂藏去三千云朵之中，好魄收去三百雾团之内。

藏身要藏得稳，保命要保得当。

人看人也不知，鬼看鬼也不见。

人看只见三千云朵，鬼看只见三百雾团。

弟子主祭坐得千年，师郎主仪活过百岁。

列休喂斗得寿标归，

Leib xiut weib doub deib shoux bioub giut,

列然剖弄告得且月。

Leib rad bout nongd gaod deib quex yueb.

标归休猛补产录图，

Bioub giut xiut mengb but chant lub tux,

且月然闹补万录拢。

Quex yueb rad laox but want lub liongb.

然休列扛休虫，

Rad xiut leib gangb xiut chongb,

见得列扛得拿。

Jianb deib jiud deib sad nab.

内克莎腊几咱，

Neib Neib kied ib lab jid zad,

棍梦否莎几干。

Gunt mengx gunt sad jid ganb.

内克腊干补产录图，

Neib kied lab ganb but chant lub tux,

棍梦腊咱补万录拢。

Gunt mengx lab zad but want lub liongb.

得寿告见你娘产豆，

Deib shout gaod jianb nit niangb chant dout,

弄得送嘎炯娘吧就。

Nongd deib songx giax jiongx niangb bad jiux.

要藏吾本弟子的良魂，要护我这师郎的好魄。

良魂藏去三千树叶之中，好魄收去三万竹叶之内。

藏身要藏得稳，保命要保得当。

人看人也不知，鬼看鬼也不见。

人看只见三千树叶，鬼看只见三万竹叶。

弟子主祭坐得千年，师郎主仪活过百岁。

列休喂斗得寿标归，

Leib xiut weib doub deib shoux bioub giut,

列然剖弄告得且月。

Leib rad bout nongd gaod deib quex yueb.

标归休猛补产见乖，

Bioub giut xiut mengb but chant jianb gweit,

且月然闹补万瓦汝。

Quex yueb rad laox but want wad rux.

然休列扛休虫，

Rad xiut leib gangb xiut chongb,

见得列扛得拿。

Jianb deib jiud deib sad nab.

内克莎腊几咱，

Neib Neib kied ib lab jid zad,

棍梦否莎几干。

Gunt mengx gunt sad jid ganb.

内克腊干补产见乖，

Neib kied lab ganb but chant jianb geit,

棍梦腊咱补万瓦汝。

Gunt mengx lab zad but want wad rux.

得寿告见你娘产豆，

Deib shout gaod jianb nit niangb chant dout,

弄得送嘎炯娘吧就。

Nongd deib songx giax jiongx niangb bad jiux.

要藏吾本弟子的良魂，要护我这师郎的好魄。

良魂藏去三千黑砖之中，好魄收去三万青瓦之内。

藏身要藏得稳，保命要保得当。

人看人也不知，鬼看鬼也不见。

人看只见三千黑砖，鬼看只见三万青瓦。
弟子主祭坐得千年，师郎主仪活过百岁。

列休喂斗得寿标归，

Leib xiut weib doub deib shoux bioub giut,

列然剖弄告得且月。

Leib rad bout nongd gaod deib quex yueb.

标归休猛补产标杂，

Bioub giut xiut mengb but chant bioud zab,

且月然闹补吧标瓦。

Quex yueb rad laox but bax bioud wab.

然休列扛休虫，

Rad xiut leib gangb xiut chongb,

见得列扛得拿。

Jianb deib jiud deib sad nab.

内克莎腊几咱，

Neib Neib kied ib lab jid zad,

棍梦否莎几干。

Gunt mengx gunt sad jid ganb.

内克腊干补产标杂，

Neib kied lab ganb but chant bioud zab,

棍梦腊咱补吧标瓦。

Gunt mengx lab zad but bax bioud wab.

得寿告见你娘产豆，

Deib shout gaod jianb nit niangb chant dout,

弄得送嘎炯娘吧就。

Nongd deib songx giax jiongx niangb bad jiux.

要藏吾本弟子的良魂，要护我这师郎的好魄。
良魂藏去三千木房之中，好魄收去三万瓦屋之内。
藏身要藏得稳，保命要保得当。
人看人也不知，鬼看鬼也不见。
人看只见三千木房，鬼看只见三万瓦屋。

弟子主祭坐得千年，师郎主仪活过百岁。

列休喂斗得寿标归，
Leib xiut weib doub deib shoux bioub giut，
列然剖弄告得且月。
Leib rad bout nongd gaod deib quex yueb.
桶良产谷产乡，
Tongb liangb chant guob chant xiangd，
桶潮万谷万这。
Tongb zaox wanx guob wanx zhex.
然休列扛休虫，
Rad xiut leib gangb xiut chongb，
见得列扛得拿。
Jianb deib jiud deib sad nab.
内克莎腊几咱，
Neib Neib kied ib lab jid zad，
棍梦否莎几干。
Gunt mengx gunt sad jid ganb.
标归休猛吉标桶良，
Bioub giut xiut mengb jib tongb liangb，
且月然闹吉秋桶潮。
Quex yueb rad laox jib quid tongb zaox.
得寿告见你娘产豆，
Deib shout gaod jianb nit niangb chant dout，
弄得送嘎炯娘吧就。
Nongd deib songx giax jiongx niangb bad jiux.

要藏吾本弟子的良魂，要护我这师郎的好魄。
良魂藏去家中米桶之中，好魄收去屋内仓库之内。
米桶千上千升，仓库万上万碗。
藏身要藏得稳，保命要保得当。
人看人也不知，鬼看鬼也不见。
良魂藏去家中米桶，好魄收去屋内仓库。

弟子主祭坐得千年，师郎主仪活过百岁。

列休喂斗得寿标归，
Leib xiut weib doub deib shoux bioub giut,
列然剖弄告得且月。
Leib rad bout nongd gaod deib quex yueb.
标归休猛补产当敏，
Bioub giut xiut mengb but chant dangd miongt,
且月然闹补吧当怕。
Quex yueb rad laox but bax dangd pax.
当敏白吾白斗，
Dangt miongt baib wut baib doud,
当怕白格白昂。
Dangt pax baib gieb baib angb.
然休列扛休虫，
Rad xiut leib gangb xiut chongb,
见得列扛得拿。
Jianb deib jiud deib sad nab.
内克莎腊几咱，
Neib Neib kied ib lab jid zad,
棍梦否莎几干。
Gunt mengx gunt sad jid ganb.
标归休猛补产当敏，
Bioub giut xiut mengb but chant dangt miongt,
且月然闹补吧当怕。
Quex yueb rad laox but bax dangt pax.
得寿告见你娘产豆，
Deib shout gaod jianb nit niangb chant dout,
弄得送嘎炯娘吧就。
Nongd deib songx giax jiongx niangb bad jiux.

要藏吾本弟子的良魂，要护我这师郎的好魄。
良魂藏去三千湖泊之中，好魄收去三百池塘之内。

湖泊满水满泉，池塘满水满池。
藏身要藏得稳，保命要保得当。
人看人也不知，鬼看鬼也不见。
良魂藏去三千湖泊，好魄收去三百池塘。
弟子主祭坐得千年，师郎主仪活过百岁。

列休喂斗得寿标归，
Leib xiut weib doub deib shoux bioub giut,
列然剖弄告得且月。
Leib rad bout nongd gaod deib quex yueb.
标归休猛补产酷弄，
Bioub giut xiut mengb but chant kux nongb,
且月然闹补吧酷处。
Quex yueb rad laox but bax kux chux.
然休列扛休虫，
Rad xiut leib gangb xiut chongb,
见得列扛得拿。
Jianb deib jiud deib sad nab.
内克莎腊几咱，
Neib Neib kied ib lab jid zad,
棍梦否莎几干。
Gunt mengx gunt sad jid ganb.
内克腊干补产酷弄，
Neib kied lab ganb but chant kux nongb,
棍梦腊咱补吧酷处。
Gunt mengx lab zad but bax kux chux.
得寿告见你娘产豆，
Deib shout gaod jianb nit niangb chant dout,
弄得送嘎炯娘吧就。
Nongd deib songx giax jiongx niangb bad jiux.

要藏吾本弟子的良魂，要护我这师郎的好魄。
良魂藏去三千山谷之中，好魄收去三百洞穴之内。

藏身要藏得稳，保命要保得当。

人看人也不知，鬼看鬼也不见。

人看只见三千山谷，鬼看只见三百洞穴。

弟子主祭坐得千年，师郎主仪活过百岁。

列休喂斗得寿标归，

Leib xiut weib doub deib shoux bioub giut,

列然剖弄告得且月。

Leib rad bout nongd gaod deib quex yueb.

标归休猛补产棒孺，

Bioub giut xiut mengb but chant bangx rud,

且月然闹补吧棒图。

Quex yueb rad laox but bax bangx tux.

然休列扛休虫，

Rad xiut leib gangb xiut chongb,

见得列扛得拿。

Jianb deib jiud deib sad nab.

内克莎腊几咱，

Neib Neib kied ib lab jid zad,

棍梦否莎几干。

Gunt mengx gunt sad jid ganb.

内克腊干补产棒孺，

Neib kied lab ganb but chant bangx rux,

棍梦腊咱补吧棒图。

Gunt mengx lab zad but bax bangx tux.

得寿告见你娘产豆，

Deib shout gaod jianb nit niangb chant dout,

弄得送嘎炯娘吧就。

Nongd deib songx giax jiongx niangb bad jiux.

内克尼咱补产棒孺，

Neib kied nib zad but chant bangx rux,

棍梦尼干补吧棒图。

Gunt mengx nib ganb but bax bangx tux.

要藏吾本弟子的良魂，要护我这师郎的好魄。
良魂藏去三千树叶之中，好魄收去三万竹叶之内。
藏身要藏得稳，保命要保得当。
人看人也不知，鬼看鬼也不见。
人看只见三千树叶，鬼看只见三万竹叶。
弟子主祭坐得千年，师郎主仪活过百岁。

列休喂斗得寿标归，
Leib xiut weib doub deib shoux bioub giut,
列然剖弄告得且月。
Leib rad bout nongd gaod deib quex yueb.
标归休猛柔连柔滚，
Bioub giut xiut mengb roub lianb roub gund,
且月然闹柔公柔录。
Quex yueb rad laox roub gongt roub lub.
然休列扛休虫，
Rad xiut leib gangb xiut chongb,
见得列扛得拿。
Jianb deib jiud deib sad nab.
内克莎腊几咱，
Neib Neib kied ib lab jid zad,
棍梦否莎几干。
Gunt mengx gunt sad jid ganb.
标归休猛柔连柔滚，
Bioub giut xiut mengb roub lianb roub gund,
且月然闹柔公柔录。
Quex yueb rad laox roub gongt roub lub.
得寿告见你娘产豆，
Deib shout gaod jianb nit niangb chant dout,
弄得送嘎炯娘吧就。
Nongd deib songx giax jiongx niangb bad jiux.

　　要藏吾本弟子的良魂，要护我这师郎的好魄。

良魂藏去老莺巢之中，好魄收去百鸟巢之内。
藏身要藏得稳，保命要保得当。
人看人也不知，鬼看鬼也不见。
良魂藏去老莺巢之中，好魄收去百鸟巢之内。
弟子主祭坐得千年，师郎主仪活过百岁。

列休喂斗得寿标归，
Leib xiut weib doub deib shoux bioub giut，
列然剖弄告得且月。
Leib rad bout nongd gaod deib quex yueb.
标归休猛牛图牛拢几图，
Bioub giut xiut mengb niub tub niub liongb jid tub，
且月然闹牛标牛斗吉浪。
Quex yueb rad laox niub bioub niub doux jid nangb.
然休列扛休虫，
Rad xiut leib gangb xiut chongb，
见得列扛得拿。
Jianb deib jiud deib sad nab.
内克莎腊几咱，
Neib Neib kied ib lab jid zad，
棍梦否莎几干。
Gunt mengx gunt sad jid ganb.
内格尼咱牛图牛拢，
Neib kied nib zad niub tub niub liongb，
棍梦腊咱牛标牛斗。
Gunt mengx lab zad niub bioub niub doub.
得寿告见你娘产豆，
Deib shout gaod jianb nit niangb chant dout，
弄得送嘎炯娘吧就。
Nongd deib songx giax jiongx niangb bad jiux.

要藏吾本弟子的良魂，要护我这师郎的好魄。
良魂藏去木柱竹柱之中，好魄收去屋柱中柱之内。

藏身要藏得稳，保命要保得当。

人看人也不知，鬼看鬼也不见。

人看只见木柱竹柱，鬼看只见屋柱中柱。

弟子主祭坐得千年，师郎主仪活过百岁。

列休喂斗得寿标归，

Leib xiut weib doub deib shoux bioub giut,

列然剖弄告得且月。

Leib rad bout nongd gaod deib quex yueb.

标归休猛补产录就，

Bioub giut xiut mengb but chant lub jiut,

且月然闹补万录兔。

Quex yueb rad laox but want lub mianb.

然休列扛休虫，

Rad xiut leib gangb xiut chongb,

见得列扛得拿。

Jianb deib jiud deib sad nab.

内克莎腊几咱，

Neib Neib kied ib lab jid zad,

棍梦否莎几干。

Gunt mengx gunt sad jid ganb.

内克腊干补产录就，

Neib kied lab ganb but chant lub jiut,

棍梦腊咱补吧录兔。

Gunt mengx lab zad but bax lub mianb.

得寿告见你娘产豆，

Deib shout gaod jianb nit niangb chant dout,

弄得送嘎炯娘吧就。

Nongd deib songx giax jiongx niangb bad jiux.

要藏吾本弟子的良魂，要护我这师郎的好魄。

良魂藏去三千芭蕉树叶之中，好魄收去三万柿子树叶之内。

藏身要藏得稳，保命要保得当。

人看人也不知，鬼看鬼也不见。

人看只见三千芭蕉树叶，鬼看只见三万柿子树叶。

弟子主祭坐得千年，师郎主仪活过百岁。

列休喂斗得寿标归，

Leib xiut weib doub deib shoux bioub giut,

列然剖弄告得且月。

Leib rad bout nongd gaod deib quex yueb.

标归休猛几得锤首，

Bioub giut xiut mengb jid deib chiub shout,

且月然闹吉秋唐闹。

Quex yueb rad laox jid quid tangb laox.

几得锤首，

Jid deib chiub shout,

阿内当锤补产加绒。

Ad neit dangd chiub but chant jid rongb.

吉秋唐闹，

Jib quid tangb laox,

阿虐当唐补吧加棍。

Ad niub dangd tangb but bax jid gunt.

然休列扛休虫，

Rad xiut leib gangb xiut chongb,

见得列扛得拿。

Jianb deib jiud deib sad nab.

内克莎腊几咱，

Neib Neib kied ib lab jid zad,

棍梦否莎几干。

Gunt mengx gunt sad jid ganb.

标归休猛几得锤首，

Bioub giut xiut mengb jid deib chiub shout,

且月然闹吉秋唐闹。

Quex yueb rad laox jid quid tangb laox.

得寿告见你娘产豆，

Deib shout gaod jianb nit niangb chant dout，

弄得送嘎炯娘吧就。

Nongd deib songx giax jiongx niangb bad jiux.

要藏吾本弟子的良魂，要护我这师郎的好魄。

良魂藏去打铁铺里，好魄收去打钢铺内。

打铁铺里，一天打死三千凶神。

打钢铺内，一日打灭三百恶鬼。

藏身要藏得稳，保命要保得当。

人看人也不知，鬼看鬼也不见。

良魂藏去打铁铺里，好魄收去打钢铺内。

弟子主祭坐得千年，师郎主仪活过百岁。

列休喂斗得寿标归，

Leib xiut weib doub deib shoux bioub giut，

列然剖弄告得且月。

Leib rad bout nongd gaod deib quex yueb.

标归休猛把抓玛林，

Bioub giut xiut mengb bax zhuax mab lin，

且月然闹把尼玛章。

Quex yueb rad laox bax nib mab zhuangb.

休标到先到木，

Xiut bioub daox xiand daox mub，

然归到卡到绒。

Rad giut daox kax daox rongb.

然休列扛休虫，

Rad xiut leib gangb xiut chongb，

见得列扛得拿。

Jianb deib jiud deib sad nab.

内克莎腊几咱，

Neib Neib kied ib lab jid zad，

棍梦否莎几干。

Gunt mengx gunt sad jid ganb.

得寿告见你娘产豆，

Deib shout gaod jianb nit niangb chant dout，

弄得送嘎炯娘吧就。

Nongd deib songx giax jiongx niangb bad jiux.

标归休猛把抓玛林，

Bioub giut xiut mengb bax zhuax mab lin，

且月然闹把尼玛章。

Quex yueb rad laox bax nib mab zhuangb.

　　要藏吾本弟子的良魂，要护我这师郎的好魄。
　　良魂藏去左奶宫中，好魄收去右奶宫内。
　　藏身得福得气，保命得力得神。
　　藏身要藏得稳，保命要保得当。
　　人看人也不知，鬼看鬼也不见。
　　弟子主祭坐得千年，师郎主仪活过百岁。
　　良魂藏去左奶宫中，好魄收去右奶宫内。

列休喂斗得寿标归，

Leib xiut weib doub deib shoux bioub giut，

列然剖弄告得且月。

Leib rad bout nongd gaod deib quex yueb.

标归休猛补产背然，

Bioub giut xiut mengb but chant beid rab，

且月然闹补万背绕。

Quex yueb rad laox but want beid raob.

补产背然没吾没炯，

But chant beid rab meib wut mwib jiongb，

补万背绕没服没能。

But want beid raob meib fub meib nengb.

然休列扛休虫，

Rad xiut leib gangb xiut chongb，

见得列扛得拿。

Jianb deib jiud deib sad nab.

内克莎腊几咱,

Neib Neib kied ib lab jid zad,

棍梦否莎几干。

Gunt mengx gunt sad jid ganb.

内克腊干补产背然,

Neib kied lab ganb but chant beid rab,

棍梦腊咱补万背绕。

Gunt mengx lab zad but want beid raob.

得寿告见你娘产豆,

Deib shout gaod jianb nit niangb chant dout,

弄得送嘎炯娘吧就。

Nongd deib songx giax jiongx niangb bad jiux.

要藏吾本弟子的良魂,要护我这师郎的好魄。

良魂藏去三千梨果之中,好魄收去三万板栗之内。

三千梨果有味有汁,三万板栗有香有吃。

藏身要藏得稳,保命要保得当。

人看人也不知,鬼看鬼也不见。

人看只见三千梨果,鬼看只见三万板栗。

弟子主祭坐得千年,师郎主仪活过百岁。

列休喂斗得寿标归,

Leib xiut weib doub deib shoux bioub giut,

列然剖弄告得且月。

Leib rad bout nongd gaod deib quex yueb.

标归休猛几得抱先,

Bioub giut xiut mengb jid deib baob xiant,

且月然闹吉秋柔潮。

Quex yueb rad laox jib quid roub zaox.

几得抱先,

Jid deib baox xiant,

阿内当抱补产加绒。

巴代的蚩尤铃把上的蚩尤头像和系在把上的布条（石国鑫摄）

Ad neit dangd baox but chant jiad rongb.

吉秋柔潮，

Jib quid roub zaox，

阿虐当柔补吧加棍。

Ad niub dangd roub but bax jiad gunt.

然休列扛休虫，

Rad xiut leib gangb xiut chongb，

见得列扛得拿。

Jianb deib jiud deib sad nab.

内克莎腊几咱，

Neib Neib kied ib lab jid zad，

棍梦否莎几干。

Gunt mengx gunt sad jid ganb.

得寿告见你娘产豆，

Deib shout gaod jianb nit niangb chant dout，

弄得送嘎炯娘吧就。

Nongd deib songx giax jiongx niangb bad jiux.

内格尼咱几得抱先，

Neib gied nib zad jid deib baob xiant,

棍孟尼干吉秋柔潮。

Gunt mengb nib ganb jid quid roub zaox.

　　要藏吾本弟子的良魂，要护我这师郎的好魄。

　　良魂藏去打油坊里，好魄收去碾米坊内。

　　打油坊里，一天榨死三千凶神。

　　碾米坊内，一日碾死三百恶鬼。

　　藏身要藏得稳，保命要保得当。

　　人看人也不知，鬼看鬼也不见。

　　弟子主祭坐得千年，师郎主仪活过百岁。

　　人看只是打油坊里，鬼不敢去碾米坊内。

列休喂斗得寿标归，

Leib xiut weib doub deib shoux bioub giut,

列然剖弄告得且月。

Leib rad bout nongd gaod deib quex yueb.

标归休猛几得棒荒，

Bioub giut xiut mengb jid deib bangx huangt,

且月然闹吉秋棒母。

Quex yueb rad laox jid quid bangx mud.

然休列扛休虫，

Rad xiut leib gangb xiut chongb,

见得列扛得拿。

Jianb deib jiud deib sad nab.

内克莎腊几咱，

Neib Neib kied ib lab jid zad,

棍梦否莎几干。

Gunt mengx gunt sad jid ganb.

内克腊咱几得棒荒，

Neib kied lab zad jid deib bangx huangt,

棍梦尼干吉秋棒母。

Gunt mengx nib ganb jid qiub bangx mud.

得寿告见你娘产豆,

Deib shout gaod jianb nit niangb chant dout,

弄得送嘎炯娘吧就。

Nongd deib songx giax jiongx niangb bad jiux.

> 要藏吾本弟子的良魂,要护我这师郎的好魄。
> 良魂藏去荒山之中,好魄收去野岭之内。
> 藏身要藏得稳,保命要保得当。
> 人看人也不知,鬼看鬼也不见。
> 人看只见荒山成块,鬼看只见野岭成片。
> 弟子主祭坐得千年,师郎主仪活过百岁。

列休喂斗得寿标归,

Leib xiut weib doub deib shoux bioub giut,

列然剖弄告得且月。

Leib rad bout nongd gaod deib quex yueb.

标归休猛纵寿吉标,

Bioub giut xiut mengb zongb shout jib bioud,

且月然闹秋得记竹。

Quex yueb rad laox quid deib jib zhub.

然休列扛休虫,

Rad xiut leib gangb xiut chongb,

见得列扛得拿。

Jianb deib jiud deib sad nab.

内克莎腊几咱,

Neib Neib kied ib lab jid zad,

棍梦否莎儿干。

Gunt mengx gunt sad jid ganb.

得寿告见你娘产豆,

Deib shout gaod jianb nit niangb chant dout,

弄得送嘎炯娘吧就。

Nongd deib songx giax jiongx niangb bad jiux.

内克几咱纵寿吉标，

Neib kied jid zad zongb shout jib bioud,

棍孟几干秋得记竹。

Gunt mengb jid ganb quid deib jid zhub.

要藏吾本弟子的良魂，要护我这师郎的好魄。
良魂藏去家中祖坛之中，好魄收去家内神龛之内。
藏身要藏得稳，保命要保得当。
人看人也不知，鬼看鬼也不见。
弟子主祭坐得千年，师郎主仪活过百岁。
人看不知家中祖坛，鬼看不见家内神龛。

列休喂斗得寿标归，

Leib xiut weib doub deib shoux bioub giut,

列然剖弄告得且月。

Leib rad bout nongd gaod deib quex yueb.

标归休猛补谷补涌提中，

Bioub giut xiut mengb but guob but yongd tib zhongb,

且月然闹补谷补肥竹岭。

Quex yueb rad laox but guob but fenb zhub ling.

然休列扛休虫，

Rad xiut leib gangb xiut chongb,

见得列扛得拿。

Jianb deib jiud deib sad nab.

内克莎腊几咱，

Neib Neib kied ib lab jid zad,

棍梦否莎几干。

Gunt mengx gunt sad jid ganb.

得寿告见你娘产豆，

Deib shout gaod jianb nit niangb chant dout,

弄得送嘎炯娘吧就。

Nongd deib songx giax jiongx niangb bad jiux.

内克尼咱补谷补涌提中，

Neib kied nib zad but guob but yongd tib zhongb,
棍孟尼干补谷补肥竹岭。
Gunt mengb nib ganb but guob but fenb zhub lingb.

要藏吾本弟子的良魂，要护我这师郎的好魄。
良魂藏去三十三块神绸之中，好魄收去三十三块布幔之内。
藏身要藏得稳，保命要保得当。
人看人也不知，鬼看鬼也不见。
弟子主祭坐得千年，师郎主仪活过百岁。
人瞧只见三十三块神绸，鬼看只见三十三块布幔。

列休喂斗得寿标归，
Leib xiut weib doub deib shoux bioub giut,
列然剖弄告得且月。
Leib rad bout nongd gaod deib quex yueb.
标归休猛几得告见，
Bioun giut xiut mengb jid deib gaod jianb,
且月然闹吉秋送嘎。
Queb yueb rad laox jib quid songx giax.
几得告见，
Jid deib gaod jianb,
葵汝产娥棍空候喂几级。
Kiub rux chant eb gunt kongt hux weib jid jib.
吉秋送嘎，
Jib quid songx giax,
傩汝吧图得候剖吉洽。
Nub rux bad tub deib houx bout jib qiad.
然休列扛休虫，
Rad xiut leib gangb xiut chongb,
见得列扛得拿。
Jianb deib jiud deib sad nab.
内克莎腊几咱，
Neib Neib kied ib lab jid zad,

棍梦否莎儿干。

Gunt mengx gunt sad jid ganb.

得寿告见你娘产豆，

Deib shout gaod jianb nit niangb chant dout，

弄得送嘎炯娘吧就。

Nongd deib songx giax jiongx niangb bad jiux.

　　要藏吾本弟子的良魂，要护我这师郎的好魄。
　　良魂藏去祭祀堂中，好魄收去祭祖堂内。
　　祭祀堂中，千位祖师帮我加持。
　　祭祖堂内，百位宗师帮我拥护。
　　藏身要藏得稳，保命要保得当。
　　人看人也不知，鬼看鬼也不见。
　　弟子主祭坐得千年，师郎主仪活过百岁。

四
然休 · Rab xiut · 护堂

【简述】

护堂，顾名思义，就是护卫坛堂、保卫祭祀场地的意思。人们要做好某一件事，首先得有一个良好的环境、一个牢固的基础和一种优越的条件，只有具备这些环境、基础和条件才能把这件事情做好。祭祀也是一样的，按照"阴阳一理"的原则，也必须是要有一个心灵（心理）上的一个好环境、好基础和好条件，才能使祭祀如期顺利地进行，达到满意的效果。

过去，湘西苗族的居住环境凶险，人们在生活中常受自然灾害、虎狼虫

椎牛祭祀大祖神仪式中舅爷舅娘代神领受供品的场景（周建华摄）

蛇、污水瘴气的侵扰，常常担惊受怕，因而养成了预防意识，在做事前往往先要防范各种不良因素。在祭祀活动中也是一样的，巴代用法诀神咒护卫堂殿，心里方能踏实。在祭祀中，小到堂内有人生病肚痛、口舌争吵，大到门外猛起恶风骤雨、乌云黑雾等，都会被认为是邪魔妖鬼兴风作浪、兴灾作难，都会被看成是巴代没有本事，没有封好堂殿所致。

在护堂神辞中，我们看到非常原始的讲法与作法，其中的用烟火护堂、用刺丛护堂、用大岩大石护堂、用鬼角神角护法等这些作法无一不是人类在原始时代利用自然物来进行自我保护的沿袭。

吉哟——亚——夫——夫窝——夫窝——夫窝。
Jib yod—yab—fud—fud aod—fud aod—fud aod.
列够便然浪萨，
Leib goub biat rab nangb sad，
列扑便龙浪度。
Leib pub biat longb rongb dux.
列理便从浪公，
Leib lid biat congb nangb gongx，
列岔便炯浪几。
Leib chax biat jiongb nangb jid.
便然浪萨列够然休，
Biat rab nangb sad leib goud rab xiut，
便龙浪度列扑绒得。
Biat rongb nangb dux leib pub rongb deib.
葵汝候喂休足，
Kiub rux houx weib xiut zub，
傩汝候剖然度。
Nub rux houx bout rax dux.

神韵——
要唱五首的歌，要讲五轮的话。
要理五层的根，要寻五道的基。
五首的歌要唱藏身，五轮的话要说护堂。
祖师要来护堂，宗师要来护殿。

几切列拢然秀，

Jid qiex leib liongb rad xiut，

吉炯列拢见得。 （祖师诀）

Jib jiongx leib liongb jianb deib.

葵汝斗抓埋你，

Kiub rux doub zhuab maib nit，

傩汝斗尼埋炯。

Nub rux doub nit maib jiongx.

龙斗得寿鸟扑莎见，

Longb dout deib shout niaob pud sax jianb，

龙弄告得斗出莎尼。

Longb nongt gaod deib dout chub sax nib.

扑苟列扛见苟，

Pub geb leib gangb jiab geb，

扑绒列扛见绒。

Pud rongb leib gangb jianb rongb.

扑吾列扛见吾，

Pud wut leib gangb jinb wut，

扑斗列扛见斗。

Pud deb leib gangb jianb deb.

喂扑窝求莎见，

Weib pux aot qiub sax jianb，

剖出全见莎汝。

Bout chub quanb jianx sax rux.

得寿没到碰秀秀虫，

Deib shout meit daox pengx xiux xiux chongb，

弄得没到太得得拿。 （宝盖决）

Nongd deib meit daox teix deit deit nab.

几篓喂窝补记孺明，

Jid loub weib aot bud jid rux miongt，

求单雷绒，

Qiux dand leib rongb，

交比穷雄，

Jiaod bid qiongb xiongt,

几瓦几达当岁加绒，　　　　　　　　　　（左手上方诀）

Jid wab jib dab dangd suit jiad rongb,

吉追喂窝补乔孺虐，

Jib zhiux weib aot but qiaob rub niub,

求单雷苟，

Qiux dand leid geb,

交比穷兄，

Jiaod bid qiongb xiongt,

几瓦几达当岁加棍。　　　　　　　　　　（右手上方诀）

Jid wab jib dab dangd suit jiad gunt.

接着要来藏身，下来就要护命。

宗师要保右边，祖师要护右边。

与我弟子口讲成法，和吾师郎动手成诀。

化山就要成山，化岭就要成岭。

化水就要成水，化地就要成地。

我讲就要得灵，我做就要得顺。

弟子取得化堂华盖，师郎拿得盖殿宝伞。

前方我烧三堆大火，烧达云山（云头），

烈火猛烧，神火专门挡隔恶龙（魑魅），

后方我烧三炉大焰，烧达云岭（云端），

烈焰猛燃，神焰专门挡隔恶鬼（魍魉）。

几篓喂封补产千缪，

Jid neb weib fengt bul cant qiand mioub,

就内没林打休。　　　　　　　　　　　　（前封诀）

Jud neid meil liongs dat xiut.

吉追喂封补吧千昂，

Jib zhuix weib fengt bulb ax qiand angb,

就那没照打得。　　　　　　　　　　　　（后封诀）

Jud liax meit zhaob dat deib.

加绒几扛长苟，

Jiad rongs jid gangb changb goud,

加棍几扛长竹。

Jis gunt jid gangb changb zhus.

你荼你猛产豆，

Nit cant nil mengb cant dout,

炯汝炯猛吧就。

Jiongx rux jiongx mengb bax jux.

　　门前我封三千鱼刺（围猎的利叉），整日专护家堂，
　　门后我封三百肉刺（围猎的利矛），整夜专护家殿。
　　凶神不许进家，恶鬼不准进户。
　　清吉坐得千年，安康坐过百载。

几箩喂窝补记孺明，

Jid neb weib aot bul jid rux miongs,

求单雷绒，

Quix dand lis rongs,

交比穷雄，

Jiaod bid qiongx xiongt,

几瓦几达当岁加绒，　　　　　　　　　　　（左手上方诀）

Jid wab jid dab dangd suit jiad rongs,

吉追喂窝补乔孺虐，

Jib zhuixweib aot but qiaob rux nub,

求单雷苟，

Quix dand lis rongs,

交比穷兄，

Jiaod bid qiongx xiongt,

几瓦几达当岁加棍。　　　　　　　　　　　（右手上方诀）

Jid wab jid dab dangd suit jid gunt.

加绒几扛长苟长公，

Jiad rongs jid gangb goud changb gongt,

加棍几扛长竹长吹。

Jid gunt jis gangb changb zhus changb chuid.

扣竹你茶你猛产豆，

Ket zhus nil cat nil mengs cant dout,

扣吹炯汝炯猛吧就。

Ket chuid jiongx rux jiongx mengb bax jux.

前方我烧三堆大火，

烧达云山（云头），烈火猛烧，

神火专门挡隔恶龙（魑魅），

后方我烧三炉大焰，

烧达云岭（云端），烈焰猛燃，

神焰专门挡隔恶鬼（魑魅）。

凶神不许回来转家，恶鬼不准回来进户。

关门清吉坐得千年，闭户安康坐过百载。

几长窝汝意记送斗，

Jid changb aot rux yis jid songx doub,

告讨呕偶绒内，

Ghaod taol out ub rongb neit,

立为召苟康吾，　　　　　　　　　　　　　（护祖师诀）

Lis wes zhaob goud kangd wut,

几长窝汝以达穷炯，

Jid changb aot ux yil dal qiongx jiongb,

告讨呕偶绒那，

Ghaod taot out ub rongs liax,

良王召公康斗。　　　　　　　　　　　　　（护祖师诀）

Liangs wangb zhaob gongt kangd deb.

内格内莎几咱，

Neib kied neib sax jid zad,

棍梦莎腊几干。　　　　　　　　　　　　　（封锁诀）

Gunt mengx sax las jid gans.

内格腊咱补则召风，

Nieb kied las zad bul zies zhaod fengt,

棍梦腊咱补乔召度。　　　　　　　　　　　（云盖诀）

Gunt mengx las zad bul qiaos zhaod dux.

加绒几扛长标长斗，

Jid rongs jid gangb changb bioud changb deb，

加棍几扛长纵长秋。

Jid gunt jid gangb changb zongb changb quix.

吉标你茶你猛产豆，

Jib bioud nit cat nit mengs cant dout，

几竹炯汝炯猛吧就。

Jid zhus jiongx rux jiongx mengs bax jux.

再来烧起纸团糠香，卷曲两条阳龙，
围成界线挡水，
再来烧起蜂蜡糠烟，卷曲两条阴龙，
围起界线挡火。
人看不见，鬼视不明。
人看只见三团大云，鬼看只见三重大雾。
凶神不许进家入宅，恶鬼不准进门入户。
家中清吉坐得千年，屋内安康坐过百载。

几长窝汝意记送斗，

Jid changb aot rux yis jib songx doub，

炯那棍柔，　　　　　　　　　　　　（左上控诀）

Jiongx liax gunt roub，

抽力阿谷呕周嘎首，

Choud lis ad guob out zhoud giad sout，

搋力喂不纵豆，　　　　　　　　　　（左扣指甲诀）

Cuid lis weib bus zongb deb，

搋力喂不纵斗，

Cuid lis weib bus zongb doub，

莎见嘎底，

Sax jianb giad did，

几长窝汝以打穷炯，

Jid changb aot rux yit dat qiongx jiongb，

炯苟不穷，   （右上控诀）

Jiongb goud bus qiongx,

抽力阿谷呕周嘎闹，

Choud lis ad guob out zhoud giad laox,

摧力喂不纵豆，   （右扣指甲诀）

Cuid lis weib bus zongb deb,

摧力喂不纵斗，

Cuid lis weib bus zongb doub,

莎见嘎然。

Sax jianb giad rab.

加绒几扛出悄几图，

Jiad rongs jid gangb chud qiaot jid tus,

加棍几扛出加吉浪。

Jiad gunt jid gangb chud iad jib nangs.

总在你茶你猛产豆，

Zongl zaid nil cant nil mengb cant dout,

头板炯汝炯猛吧就。

Toub banb jiongx rux jiongx mengb bax jux.

再来烧起纸团糠香，祖师坐坛，
竖起一十二面铜墙，隔邪远去他处，
隔邪远去他方，已成巩固。
再来烧起蜂蜡糠烟，宗师坐殿，
竖起一十二道铁壁，隔邪远去他处，
隔邪远去他方，已成金汤。
凶神不许兴风捣乱，恶鬼不准作浪惹灾。
自在清吉坐得千年，如意安康坐过百载。

列休阿标林休，

Lieb xiut ad bioud liongb xut,

列然阿竹共让。   （莲华藏身诀）

Lieb rab ad zhus gongx rangx.

得拔得浓归先归得，

Deit pad deit niongx guil xiand guil deit,

得让得共归木归嘎。　　　　　　　（莲华保身诀）

Deit rangx deit gongx guil mus guil giad.

麻共麻让先头麻林，

Mas gongx mab rangx xiand toub mab liongb,

麻林麻休木汝麻头。　　　　　　　（莲华护身诀）

Mab liongb mab xut mus rux mab toub.

先头麻林修照虫兰，

Xiand toub mab liongb xiud zhaob chongb lanb,

木汝麻头奈腊虫兄。　　　　　　　（莲华藏身诀）

Mus rux mab toub naix las chongx xiongd.

修照内浪桶粮吉标，

Xiut zhaob neib nangb tongx liangb jib bioud,

然照内浪桶潮几竹。　　　　　　　（米桶藏身诀）

Rad zhaob neib nangb tongx zaox jid zhus.

然秀几秀莎虫，

Rab xuit jil xuit sax chongx,

见得久得莎拿。　　　　　　　　　（香碗封锁诀）

Jianb deib jud deib sax nab.

内格内莎几咱，

Neib kied neib sax jid zad,

棍梦莎腊几干。　　　　　　　　　（香碗宝盖诀）

Gunt mengx sax las jid gans.

加绒几扛几立几图，

Jid rongb jid gangb jid lis jid tus,

加棍几扛吉良吉浪。

Jiad gunt jid gangb jib liangs jis nangb.

内虐你茶你猛产豆，

Neib nub nil cat nil mengs cant dout,

内话炯汝炯猛吧就。

Neib huax jiongx rux jiongx mengs bax jux.

　　要藏一家大小，一屋老幼。

男男女女好命长命，老老少少子魂孙魂。
老的少的儿魂孙魂，大的小的好魂大福。
好命长命收在本身，好气福气系在本体。
收在他们家中粮仓，藏在他们家内粮库。
藏魂魂要得保，收魄魄要得安。
人看人也不知，鬼看鬼也不见。
凶神不许心想侵入，恶鬼不准起意侵犯。
人们清吉坐得千年，大众安康坐过百载。

苟篓喂安狗乖柔鸟，

Goud neb weit ant guoud gweit roub niaob,

吉追喂立狗滚柔先。

Jib zhuix weib lis guoud gunx roub xiand.

苟抓喂封炯西嘎鸟，

Goud zhuab weib fengt jiongs xil gat niaob,

苟尼喂将巧连巧滚。

Goud ns weib jiangx qiaol lianb qiaol gunx.

苟达喂安打跌麻巧，

Goud dab weib ant dad ties mas qiaol,

苟炯喂立达瓜麻千。

Goud jiongx weib lis das guad mas qiand.

加绒几扛格咱几图，

Jid rongs jid gangb kied zad jid tus,

加棍几扛格干吉浪。

Jid gunt jid gangb kied gans jib nangb.

弟然你茶你猛产豆，

Dix rab nil cat nil mengs cant dout,

茶他炯汝炯猛吧就。

Cat tax jiongx rux jiongx mengb bax jux.

前面我安黑狗龇牙，后面我立黄狗咧嘴。
左边我化饿虎龇牙，右边我放凶鹰恶鹜，
前门我安黄蜂毒针，后门我立马蜂毒刺。

凶神不许靠近里边，恶鬼不准靠近里面。
清吉平安坐得千年，康泰祥和坐过百载。

苟篓喂安师子吉苟背奶克，

Goud neb weib ant shid zid jib goud beid leit giet，

吉追喂立报子嘎鸟吉追先。

Jib zhuix weib lis baox zid giat niaob jib zhuid xiand.

苟抓喂封棍抱乖目，

Goud zhuab weib fengt gunt beb gweit mus，

苟尼喂将棍仇皂梅。

Goudnis weib jiangx gunt cheb zaob meib.

苟达喂安棍豆棍巧，

Doud dab weib ant gunt dout gunt qiaot，

苟炯喂立棍加棍大。

Goud jiongx weib lis gunt jiad gunt dax.

加绒几扛几嘎单途，

Jid rongs jid gangb dand tus，

加棍几扛吉柔单羊。

Jid gunt jid gangb jib roub dand yangs.

吉标你茶你猛产豆，

Jib bioud nil cat nil mengs cant dout，

吉竹炯汝炯猛吧就。

Jid zhus jiongx rux jiongx mengs bax jux.

前面我安豹子威威瞪眼，后面我立狮子咧嘴龇牙。
左边我化黑脸凶兵，右边我放恶脸凶将，
前门我安乱打乱刺，后门我立乱捉乱杀。
凶神不许进入里边，恶鬼不准进到里头。
信士清吉坐得千年，户主安康坐过百载。

苟篓喂安炯西柔鸟，

Goud neb weib lis jongd xis roub niaob，

吉追喂立炯克锐先。

Jib zhuix weib lis jongd kied ruit xiand.

苟抓喂封棍嘎棍豆，

Goud zhuab weib fengt gunt giat gunt doub,

苟尼喂将棍固棍架。

Goudnis weib jiangx gunt gux gunt ghax.

苟达喂安嘎风嘎度，

Guod dab weib ant giad fengt giad dux,

苟炯喂立嘎乖嘎布。

Goud jiongx weib lis giad gweit giad bus.

加绒几扛单标单斗，

Jid rongs jid gangb dand boud dand deb,

加棍几扛单纵单秋。

Jid gunt jid gangb dand zongb dand quix.

冬豆你茶你猛产豆，

Dongt dout nil cat nil mengs cant dout,

冬腊炯汝炯猛吧就。

Dongt las jiongx rux jiongx mengs bax jux.

前面我安饿虎龇牙，后面我立恶狼咧嘴。
左边我化乱咬乱嚼，右边我放狼吞虎咽，
前门我安乌云恶云，后门我立黑雾恶雾。
凶神不许进家进门，恶鬼不准进宅进户。
凡间清吉坐得千年，凡尘安康坐过百载。

得昂喂立猛格，

Deit angd weib lis mengs gied,

得闹喂立猛昂，

Deib laox weib lis mengs angb,

得平喂立产奶猛苟，

Deib piongs weib lis cant leit mengs geb,

得处喂立吧奶猛绒，

Deib chux weib lis bax leit mengs rongs,

得夯抓风庆苟，

Deit hangb zhuab fengt qiongt geb,

得共抓记庆绒。

Deit gongx zhuab jid qiongt rongs.

加绒几扛白目几长,

Jiad rongs jid gangb beis mus jid changb,

加棍几扛泡梅吉仇。

Jiad gunt jid gangb paox meib jib choux.

度标你茶你猛产豆,

Dus bioud nil cant nil mengs cant dout,

度竹炯汝炯猛吧就。

Dud zhus jiongx rux jiongx mengs bax jux.

低地我化大海,川谷我化大河,

平地我立千重大岭,平洋我立百重岗岚。

峡谷我化大风倒山,川谷我化恶风倒岭。

凶神不许回身转面,恶鬼不准转面回头。

主家清吉坐得千年,主人安康坐过百载。

几篓喂立补产猛苟,

Jid loub weib lit but chant meng geb,

吉追喂岁补吧猛绒。 （山岭诀）

Jib zhiux weib suit but bax mngb rongb.

几篓喂立炯谷阿格,

Jid loub weib lit jiongb guob ad gied,

吉追喂立乙谷欧昂。 （河海诀）

Jib zhiux weib lit yib guob out angb.

几篓喂立补产猛干,

Jid loub weib lit but chant mengb ganb,

吉追喂封补吧猛江。 （城墙诀）

Jib zhiux weib fengd but bax meng jiangb.

苟抓喂巧补产猛洽,

Goud zhuab weib qiaod but chant mengb qiat,

苟尼喂岁补吧猛千。 （围钎围刺诀）

Goud nib weib suit but bax mengb qiand.

加绒几单窝图，

Jiad rongb jid dand aot tub,

加棍几送吉浪。 （封锁诀）

Jiad gunt jid sngx jib nangb.

前方我安三千大山，后面我安三百大岭。

前方我安七十一河，后面我安八十二海。

前方我隔三千大墙，后面我隔三百大屏。

左边我围三千大钎，右边我围三百大刺。

凶神来不到堂中，恶鬼进不到堂内。

几篓喂安补产猛庆，

Jib loub weib and but chant mengb qix,

吉追喂将补吧猛炮。 （大小炮诀）

Jib zhiux weib jiangx but bax mengb paox.

几篓喂安纠产军马，

Jid loub weib and jiub chant jund mad,

吉追喂立吧万总忙。 （千兵诀）

Jib zhiux weib lib bab wanx zongb mangb.

几篓喂立补产猛叉，

Jid loub weib lib but chant mengb chad,

吉追喂封补吧猛色。 （刀叉诀）

Jib zhiux weib fengd but bax mengb seid.

苟抓喂巧补产猛能，

Goud zhuab weib qiaod but chant mengb nengb,

苟尼喂岁补吧猛同。 （刀枪诀）

Goud nib weib suit but bax mengb tongb.

苟弄喂安补产嘎风，

Goud nongd weib and but chant giad fengd,

苟绒喂将补吧嘎度。

Goud rongb weib jiangb but bax giab dux.

几篓喂抱补产猛拢，

Jid loub weib baod but chant mengb liongb,

吉追喂唐补吧猛炯。

Jib zhiux weib tangb but bax mengb jiongx.

加绒几单窝图，

Jid ongb jid dand aot tub,

加棍几送吉浪。　　　　　　　　　　（封锁诀）

Jid gunt jib songx jib nangb.

前方我安三千火铳，后面我安三百铁炮。

前方我安九千将军，后面我安百万猛将。

前方我竖三千大叉，后面我竖三百大刺。

左边我围三千大刀，右边我围三百大斧。

上空我化三千团雾，上天我化三百朵云。

前面我打三千大鼓，后面我鸣三百大锣。

凶神来不到堂中，恶鬼进不到堂内。

葵汝候剖酷豆扛洞，

Kiub rux houx bout kux dout gangb dongt,

傩汝候扣酷柔扛汝。

Nub rux houx kout kux rout gangb rux.

列封补产加绒，

Leib fengt but chant jiad rongb,

列扣补吧加棍。

Leib kout but bax jiad gunt.

列封得忙巧起，

Leib fengt deib mangb qiaod qid,

列扣度忙加写。

Leib kout dux mangb jiad xied.

列封加猛加豆，

Leib fengt jiad mengb jiad dout,

列扣加度加树。

Lei kout jiad dux jiad shux.

列封加哈加篓，

Leib fengt jiad had jiad loub,

列扣加鸟加弄。

Leib kout jiad niaob jiad nongb.

扣照窝酷麻冬,

Kout zhaob aot kux mab dongt,

封照窝酷麻乖。

Fengt zhaob aot kux mab gweit.

就苟麻林勾牙,

Jiub goud mab linb goud yab,

就绒麻兰勾特。

Jiub rongb mab lanb goud teix.

嘎会嘎寿,

Giad huix giad shout,

嘎求嘎闹。

Giad qiux giad laox.

祖师要化土牢地牢,本师要化地牢黑牢。
要封三千凶神,要关三百恶鬼。
要封坏心邪师,要关坏肚邪教。
要封疾病瘟疫,要关胡作非为。
要封灾难时气,要关邪诀邪鬼。
要封口角争讼,要关捣乱弄非。
封在深孔之中,关在黑牢之内。
搬来大山来压,搬来大岭来盖。
莫惊莫动,莫走莫行。

绒得列苟首力扛几,

Rongb deib leib ged shout lit gangt jid,

绒堂列苟猛固猛色。

Rongb tangb leib ged mengb gux mengb seid.

首力扛几岁猛加绒加棍,

Shout lit gangt jid suit mengb jiad rongb jiad gunt,

猛固猛色洽固度标度竹。

Mengb gux mengb seid qiax gux dud bioud dux zhub.

葵汝候喂吉畜，

Kiub rux houx weib jib xut,

西包大鸟吉弄扛虫， 　　　　　　　　　　　　（祖师决）

Xid baod dab niaod jib nongd gangb chongx,

录汝候喂吉畜，

Lub rux houx weib jib xut,

那嘎达梅吉弄扛拿。

Nab giad dab meib jib nongd gangb nab.

葵汝几抓候喂吧龙， 　　　　　　　　　　　　（莲华诀）

Kiub rux jid zhuab houx weib bad longb,

录汝吉尼候喂吧同。

Lub rux jib nib houx weib bad tongb.

葵汝修最修走，

Kiub rux xiut ziub xiut zoub,

录汝修走修板。

Lub rux xiut zoub ziut band.

护坛要用铜墙铁壁，保殿要用皇伞大盖。
铜墙铁壁隔去凶神恶鬼，皇伞大盖护住信士众人。
祖师帮我系好法身之护，宗师帮我系好华盖之带。
祖师在左帮我执刀，宗师在右帮我舞枪。
祖师站齐站满，宗师站满站遍。

葵汝埋列候休麻悄，

Kiub rux maib leib houx linb mab qiaot,

傩汝埋列候休麻加。

Nub rux maib leib houx xiut mab jiad.

加绒加棍，

Jiad rongb jiad gunt,

加出加葡。

Jiad chub jiad pud.

麻悄列休加起加写，

Mab qiaot leib linb jiad qit jiad xied,

麻加列休加鸟加弄。

Mab jiad leib xiut jiad niaob jiad nongt.

阿半加哈加篓,

Ad bant jiad hab jiad loub,

阿汉加弄加然。

Ad hanx jiad nongt jiad rab.

加起加写出弄出够,

Jiad qit jiad xied chub nongx chub goub,

加鸟加弄出够出妻。

Jiad niaob jiad nongx chub goub chub qid.

加哈加篓出交出记,

Jiad had jiad loub chub jiaot chub jit,

加弄加然出八出怕。

Jiad nongt jiad rab chub bab chub pax.

几齐休闹乙热内补,

Jid qit xiud laox yib reb neib bud,

吉叫休闹依染内冬。

Jib jiaod xiut laox yid rand neib dongt.

几扛拢单号弄几图,

Jid gangb liongb dand haox nongd jid tub,

几扛拢送号弄吉浪。

Jid gangb liongb songx haox nongb jib nangb.

隔否几够,

Geb boub jid gout,

怕否吉越。

Pax boub jib yued.

封否几乖,

Fengd boub jid gweit,

扣否吉布。

Kout boub jib bux.

祖师你们要隔邪师,宗师你们要隔邪教。

邪神邪鬼，邪诀邪法。

要隔心肠不好的邪师，要隔破坏捣乱的邪教。

那些起心害人的恶魔，那些胡作非为的恶鬼。

起心害人用那邪教，为非作歹用那邪法。

挑拨教唆结仇结怨，挑是弄非结怨结仇。

统统隔去他乡别里，全部隔去他地别处。

不许来到祭祀场里，不准来临祭祖场内。

隔它远去，遣它远离。

封到深坑，关去黑洞。

五
窝味 · Aob weib · 原因

【简述】

　　马克思在《马克思恩格斯全集》(第 1 卷) 中曾说过: "人并不是抽象地栖息在世界以外的东西。"在《马克思恩格斯全集》(第 25 卷) 的《资本论》中说过: "只有当实际日常生活的关系, 在人们面前表现为人与人之间和人与自然之间极明白而合理的关系的时候, 现实世界的宗教反映才会消失。"

　　古代苗族先人的生活环境和条件是凶险、恶劣和低下的。可想而知, 在科技不发达、医药卫生知识贫乏、交通闭塞、人烟稀少、物资匮乏、生命短促的情况下, 人们的生活是多么的艰难困苦。染病患疾, 要么仅靠几棵草药, 要么就求祖神保佑, 除此之外, 别无他法, 故而有"神药两解"的讲法和做法。

　　苗族先民求神保佑也是极有讲究的。即人得病之后, 总是先用药治, 在多处求医却良药无效甚至越治越重的情况之下才想到要来求神。在求神之前, 先要卜问多处, 在多处皆言要求某神的情况下才会许愿, 疾病痊愈之后才来还愿。而并不像此前有的书所记载的那样, 说苗族人崇巫尚鬼, 一有病就求神敬鬼——这是不符合实际的。再者, 苗族人对神是敬畏的, 对鬼是憎恨的, 历代以来, 巴代对鬼总是驱赶再驱赶, 灭除再灭除的, 鬼与苗民誓不两立, 何谈敬鬼。

　　本节的"原因", 是指讲述敬祖神的原因, 即为什么要做该堂祭祀。不同的祭祀有各种不同的原因, 也有不同的敬法。比如家中常有怪异, 要敬家祖; 家人有内科病症久治无效, 要敬元祖(吃猪)甚至于祭大祖(椎牛); 有伤灾血光久治不愈或久旱无雨的或家中树木多遭雷劈的, 要祭雷祖; 村寨瘟疫

流行，口舌争斗，火灾常犯的要敬寨祖；等等，这些都是原因所要讲述的神
辞内容。

祭雷神仪式中的一组雷旗(石金津摄)

（一）吃猪的原因

吉牙——亚——夫——夫窝——夫禾——夫窝。

Jib yod—yad—fud—fud od—fud od—fud od.

列够欧然浪萨，

Lieb geb out rab nangb sad，

列扑欧龙浪度。

Lieb pud out longb nangb dux.

列理欧从浪公，

Lieb lid out congb nangb gongt，

列岔欧炯浪几。

Lieb chanx out jiongb nangb jid.

欧然浪萨列够窝够，

Out rab nangb sad lieb geb aob gout，

欧龙浪度列扑背柳。

Out longb nangb dux lieb pud bid liud.

就共亚猛，

Jux gongx yax mengb，

就先亚挂。

Jux xiand yax guax.

那林拢单，

Liax liuongb liongb dand，

那休拢送。

Liax xut liongb songx.

内腊排到汝内，

Neib lab paib daox rux neit，

寿到汝虐。

Shet daox rux niub.

排到那迷谷迷内，

Paib daox liax mib guob mib neit，

陀罗告写，

Tuob luob gaod xied,

告走蒙热（告走蒙忙）。

Gaob zed mengb reix（Gaob zed mengb mangx）.

阿标林休，

Ab bioud liuongb xut,

产豆几没窝汝意记松斗，

Cant dout jid meib aot rux yib jib songx doub,

拢林几得爷吾，

Liongb liuongb jid deib yeb wut,

达纵周昂，   （香炉诀）

Dat zongt zhoud angb,

阿竹共让，

Ad zhub gongx rangx,

吧就几没窝汝以达穷炯，

Bax jux jid meib aot rux yit dat qiongx jiongb,

拢送吉秋比兵。

Liongb songx jib qiux bid biongb.

吉秋照拿，   （香碗诀）

Jib qiux zhaox nab,

冬豆几修苟萨，

Dongt dout jib xiud goud sad,

冬腊几修苟章。

Dongt lab jid xiud goud zhuangb.

冬豆你虫，

Dongt dout nit chongx,

冬腊炯拿。

Dongt lab jiongx nab.

　　神韵——

　　要唱两首的歌，要讲两轮的话。

　　要理两层的根，要寻两道的基。

　　两首的歌要唱缘起，两轮的话要说源头。

旧岁已去，新年已过。

大月来到，小月来临。

信士算得好天，择得好日。

算得某月某旬某日，

日吉时良，清早良旦(夜晚良旦)①。

一家大小，

千年没烧纸团糠香，在此敬神的门前(地楼门边)，

一屋老幼，

百载没焚蜂蜡糠烟，在这祭祖的门外(大门后面)。

凡间没起口嘴，凡尘没起口舌。

凡间居稳，凡尘坐实②。

［注］ ①括号内表示晚上做仪式。
②居稳、坐实：意为世间没有什么大的波动。

他拢窝汝意记松斗，

Tax niongd aot rux yib jib songx doub,

窝汝衣打穷炯。　　　　　　　　　　　　（香炉碗诀）

Aot rux yit dat qiongx jiongb.

拢单打纵周昂，

Liongb dand dat zongt zhoud angb,

拢送吉秋照拿。　　　　　　　　　　　（地楼托香碗诀）

Liongb songx jib qiux zhaox nab.

几味苟萨苟章，

Jid wenb goud sad goud zhuangb,

几味吉都吉弟。

Jid wenb jib dud jib dix.

几味能空服虐，

Jid wenb nongb kongt fud niub,

几味吉走吉从。

Jid wenb jib zeb jid congx.

尼味——

Niub wenb—

见楼久理向剖向乜，

Jianb loub jud lid xiangt pout xiangt niax，

楼月久理向内向骂。

Loub yueb jub lid xiangt neid xiangt max.

向剖向乜几没几吉，

Xiangt pout xiangt niax jid meib jid jib，

向内向骂几没吉洽。

Xiangt neid xiangt max jid meib jib qiax.

几没几力竹洞，

Jid meib jid lib zhub dongb，

几没吉卡竹纵。

Jid meib jib kax zhub zongb.

几没几共猛竹，

Jid meib jib gongx mengb zhub，

弄照吉卡猛吹。

Niongd zhaob jib kax mengb chuid.

叉扛加风报标拢片，

Chad gangb jiad fengt bob bioud liongb piant，

当汉加记报标拢用。

Dangb hanx jid gix bob bioud liongb yongs.

加绒报竹吉洽几柔，

Jiad rongb bob zhub jib qiat jid roub，

加棍报吹吉走吉从。

Jiad gunt bob chuid jib zed jib congx.

扛内到猛单久，

Gangb neib daox mengb dand jiud，

内叉到豆单得。

Neib chad daox dout dand deib.

昂内叉见音兄嘎休，

Angb neit chad jianb wut xiongd giat xuit，

昂弄叉到记弄然得。

Angb niongx chad daox jib nongx ranb deit.

今天焚这蜂蜡宝香，烧这纸团糠烟。

来到地楼板上，来临地楼坛中。

不为是非口嘴，不为赌咒誓盟。

不为弱肉强食，不为零乱狼藉。

只为——

很久不料家中先祖，多日不理家内先人。

家中先祖没有保佑，家内先人没有保护。

没有守好大门，忘了把守小门。

没有守好楼门，忘了把守房门。

才让瘟疫吹进家中，时气这才涌进家内。

凶神进家捣乱破坏，恶鬼进户胡作非为。

信士染疾在体，家人得病在身。

夏季得了热疾侵体，冬季得了冷病侵身。

他拢窝汝意记松斗，

Tax niongd aot rux yib jib songx doub,

窝汝衣打穷炯。 　　　　　　　　　　　　（香炉碗诀）

Aot rux yit dat qiongx jiongb.

拢单打纵周昂，

Liongb dand dat zongt zhoud angb,

拢送吉秋照拿。 　　　　　　　　　　　（地楼托香碗诀）

Liongb songx jib qiux zhaox nab.

几味苟萨苟章，

Jid wenb goud sad goud zhuangb,

几味吉都吉弟。

Jid wenb jib dud jib dix.

几味能空服虐，

Jid wenb nongb kongt fud niub,

几味吉走吉从。

Jid wenb jib zeb jid congx.

尼味——

Niub wenb—

度竹兵公几照汝虐。 　　　　　　　　　　（出掌诀）

Dub zhub biongt gongt jid zhaob rux niub.

内腊就闹猛单瓦吹告斗，

Neib lab jud liaot mengb dand wab chuid gaot dout,

否莎就叫会送瓦绒比兵。 （田园诀）

Woub sax jud jiaob huix songx wab rongb bid biongb.

猛单纠录乙苟，

Mengb dand jiub lub yib goud,

会送谷叉图公。 （路道诀）

Huix songx guob chad tub gongt.

猛单几得后散，

Mengb dand jid deib houx sant,

会送吉秋喂茶。 （山地诀）

Huix songx jib qiux weib cax.

窝内格偏几穷苟拢见苟猛豆， （上扬诀）

Aot neit gix pint jid qiongb goud liongb jianb goud mengt dout,

窝忙格偏吉勇苟拢见公猛炯。 （下扬诀）

Aob mangb gix piangt jib yongd goud liongb jianb gongt mengb jiongx.

见苟各合麻如，

Jianb goud get het mab rub,

见公告号麻照。 （肿胀诀）

Jianb gongt gaob haox mab zhaox.

标友要卡，

Bioub youb yaox kax,

标卡要绒。

Boub kax yaox rongb.

见苟求兰，

Jianb goud qiux lanb,

见公求常。 （旋掌心诀）

Jianb gongt qiux changb.

见苟猛起，

Jianb goud mengt qit,

见公猛写。

Jianb gongt mengt xied.

见苟猛鲁，

Jianb goud mengt nut，

见公嘎穷……

Jianb gongt giab qiongx...

见苟虫柔麻不几久，

Jianb goud chongx rout mab bub jib jub，

虫闹麻共几娘。　　　　　　　　　　　　　　　（挑担诀）

Chongx liaot mab gongx jib niangb.

阿内冬斩，腊冬几斩。

Ab neit dongt zaib, lab dongt jib zaib.

阿虐冬汝，腊冬几汝。

Ab niub dongt rux, lab dongt jib rux.

内腊汝目几毕几咱，

Neib lab rux mub jib bib jib zad，

内莎汝梅几咱几干。　　　　　　　　　　　　　（闭眼诀）

Neib sax rux meib jib zad jib ganb.

今天焚这蜂蜡宝香，烧这纸团糠烟。

来到地楼板上，来临地楼坛中。

不为是非口嘴，不为赌咒誓盟。

不为弱肉强食，不为零乱狼藉。

只为——

信士家人出门没碰好天，户主眷属行路没遇好日。

动脚行至菜地之中，举步走到园圃之内。

行至九条路途，走到十岔路道。

行至耕作田里，走到耕种地头。

白天风刮才来得疾在体，黄昏风吹这才染病在身。

得疾浮肿浮胖，染病浮起浮胀。

身上少力，体内少气。

得疾闷胸，染病在肺。

得疾痛肠，染病痛肚。

得疾咳血，染病屙痢……

一天盼好，也不见好。

二日盼愈，也不见愈。

凡间好目也看不准，凡尘好眼也看不明。①

[注] 好目、好眼——指凡间俗人的眼睛看不见阴间的事情，不知阴间是什么样的缘故。

内腊几咱苟老，
Neib lab jid zad goud niaos，
内莎几干公会。
Neib sax jid ganb gongt huix.
想豆几穷理起，
Xiangd dout jid qiongb lid kid，
想假几到掰出。
Xiangd jiad jid daox baid chud.
照嘎楼豆几没咱休，
Zhaob giax loub dout jid meib zad xuit，
照江楼爷几没咱汝。   （反复旋掌诀）
Zhaob jiangx loub yeb jid meib zad rux.
比乃锐那久魄，
Bit leit ruit nat jut peib，
便图锐苟久抓。
Biat tub ruit goud jut zhuad.
内叉梅到潮粮照几斗标，
Neib chax meit dox zaox liangb zhaob jid doub bioud，
哈到潮香照几柔纵。   （出掌诀）
Had daox zaox xiangt zhaob jid rout zongx.
苟猛沙吾乖奶纵寿，
Ged mengb sad wut gweit leit zongx shet，
窝潮乖卡秋得。   （照看祖师诀）
Aob zaox gweit kax qiux deit.
产棍几周，吧母几干。
Cant gunt jid zhuot, bax mud jit ganb.
腊尼干埋"拔浪竹岭，

Lab nib ganb maib "piax nangb zhub liuongb,

浓浪竹共"。 （祖神诀）

Niongx nangb zhub gongx".

白目白常冬豆，

Beib mub beib changb dongt dout，

袍梅袍闹冬腊。

Pox meib pox laox dongt lab.

吉苟报标让服，

Jib goub bob bioud rangb fub，

吉秋报竹让龙。

Jib qiux bob zhub rangb longb.

叉扛加绒拢占，

Chad gangb jiad rongb liongb zhanb，

照汉加棍拢奈。 （绞锁诀）

Zhaob hanx jiad gunt liongb naix.

人们不见路走，不明道行。

没处打理，没法解除。

医治多日没有见好，治疗累月没有痊愈。

四位草药哥无方，五个草药弟无法。

信士这才取得香米从家中来，拿得白米从家内来。

去照水碗大师坛头，去看米占小师坛尾。

千神不出，百鬼不见。

只见你们"最古的女，最老的男"。①

转目视察凡间，转眼望下凡尘。②

不给信士做主，不予主家保护。

才让鬼魅来缠，方使凶煞来侵。

［注］ ①最古的女，最老的男：即元祖神的神名称号。

②转目、转眼：指祖神要到信士家中来受供的意思，此为隐语。

冬豆几干几得，

Dongt dout jid gand jid deib，

冬腊几没吉吹。

Dongt lab jid meib jib chuid.

度标几出林善，

Dud bioud jid chud liuongb shait，

度竹几出林写。

Dud zhub jid chud liuongb xied.

内腊算到汝内，

Neib lab suant daox rux neit，

寿到汝虐。

Shet daox rux niub.

奈到纵那纵苟，

Naix daox zongb nat zongb goud，

寿到纵玛纵得。 （出掌诀）

Shet daox zongb max zongb deit.

出见怕拢依尼，

Chud jianb pat liongb yib nib，

怕图照抗。 （木板诀）

Pat tub zhaob kangx.

禾达依尼，

Aot dab yid nib，

禾这照抗。 （一翻一扑破碗诀）

Aob zheix zhaob kangx.

松斗依尼，

Songx doub yib nib，

穷炯照抗。 （香碗诀）

Qingx jiongb zhaob kangx.

苟拢依尼拔浪竹岭，

Goud liongb yid nib piax nangb zhub liuongt，

照抗浓浪竹共。 （双大指祖神诀）

Zhaob kangx niongx nangb zhub gongx.

凡间不敢抵触，凡尘不敢抵抗。

户主不做长心，家长不敢大胆。

请人算得好天，择得好日。

喊得哥兄老弟，叫来叔爷伯子。

做成木板标良，木片许愿①。

破碗标良，片碗许愿。

糠烟标良，蜡香许愿。

拿来表示要敬最古的女祖，许祭最老的男宗。

[注]　①标良、许愿：指标示心灵中的一种良好愿望。按照本地传统习俗，在许吃猪祭愿的时候，要在一块过水洗净的小木板上摆上一个破碗，内烧蜂蜡糠香，并在两边放上两块破碗片，摆在地楼板上前面窗户下面才算许愿了。

吃猪的副祭坛

吃猪的主祭坛

（二）敬日月车祖神

吉牙——亚——夫——夫窝——夫禾——夫窝。

Jib yab—yad—fud—fud aob—fud aob—fud aob.

列够欧然浪萨，

Leb geub out rab nangb sad,

列扑欧龙浪度。

Leb pus out longs nangb dux.

列理欧从浪公，

Leb lid out congs nangb gongt,

列岔欧炯浪几。

Leb chax out jongb nangb jid.

欧然浪萨列够窝够，

Out rab nangb sad leb geb aol gout,

欧龙浪度列扑背柳。

Out longs nangb dux leb pus beid lud.

就共亚猛，

Jux gongs yax mengb,

就先亚挂。

Jux xiand yeax guax.

那林拢单，

Liax liongs longs dand,

那休拢送。

Liax xiut liongs songx.

内腊排到汝内，

Neb las paid daox rux net,

寿到汝虐。

Shet daox rux nub.

排到那迷谷迷内，

Paib daox lax mib guob mib guob,

陀罗告写，

Tuob luob ghaox xied,

告走蒙热（告走蒙忙）。

Gaob zed mengb reix（Gaob zed mengb mangx）.

阿标林休，

Ad bioud longs xut,

产豆几没窝汝意记松斗，

Cant dout jid meb aot rux yis jis songx doub,

拢林告豆，   （香炉诀）

Longs liongs ghaod dout,

阿竹共让，

Ad zhus gongx rangx,

吧就几没窝汝以达穷炯，

Bax jux jid meb aot rux yib dat qiongx jiongb,

拢送比兵。   （香碗诀）

Longs songx bid biongb.

冬豆几修苟萨，

Dongt dout jid xiut goud sad,

冬腊几修苟章。

Dongt leal jid xiut goud zhuangb.

冬豆你虫，

Dongt dout nil chongx,

冬腊炯拿。

Dongt leas jongx nal.

　　神韵——

　　要唱两首的歌，要讲两轮的话。

　　要理两层的根，要寻两道的基。

　　两首的歌要唱缘起，两轮的话要说源头。

　　旧岁已去，新年已过。

　　大月来到，小月来临。

　　信士算得好天，择得好日。

　　算得某月某旬某日，

日吉时良，清早良旦(夜晚良旦)。

一家大小，

千年没烧纸团糠香，在此敬神的门前，

一屋老幼，

百载没焚蜂蜡糠烟，在这祭祖的门外。

凡间没起口嘴，凡尘没起口舌。

凡间居稳，凡尘坐实。

他拢窝汝意记松斗，

Tax nongd aot rux yis jid songx doub,

忙弄窝汝衣打穷炯。   （香炉碗诀）

Mangb nongd aot rux yid dat qongx jongb.

拢单打纵告豆，

Liongb dand dat zongb ghaod doub,

拢送吉秋比兵。   （地楼托香碗诀）

Longs songx jib quix bid bongb.

几味苟萨苟章，

Jid wueib goud sad goud zhuangb,

几味苟吉都吉弟。

Jid wueib goud jid dud jib dix.

几味能空服虐，

Jid weiub nongb kongt fus nus,

几味吉走吉从。

Jid wueib jib zeud jib congs.

尼味——

Nil wueib—

产豆几没抱矮立补，

Cant dout jid meb beub anl lis bus,

吧就几没抱口立冬。

Bax jux jid meb beub keud lis dongt.

禾斗几炯内尼，

Aob doub jib jongx neb nieb,

追主几不内得，

Zhuix zhus jid bus neid det,

禾斗几炯内油,

Aob doub jid jiongx neid yus,

追主几不内补。

Zhuix zhus jid bus neib pus.

千卢阿小,

Qand lus ad xiaod,

千达阿炯。

Qand adb ad jongt.

麻然亏麻加,

Mab rab kuid mab ghiad,

麻久亏麻要。

Mab jul kuid mab yaox.

内腊鸟茶吉赌扛服,

Neib leas niaob ceat jib dud gangb fus,

弄然吉弟扛龙。

Nongx rab jid dix gangb longs.

比路腊兵楼绒,

Bid lus las bongb loub rongs,

补路腊兵弄棍。

Bus lus leas bongb bongs nongx ghunt.

爬迷出苟报龙,

Bead mis chud geud baob longs,

爬穷出公报热。

Bead qiongx chud gongt baob reb.

出格苟你斗标,

Chud gied geud nil doub bioud,

喂怪苟照柔纵。

Wel guaix geud zhaob roub zongb.

度标兵苟几照汝内,

Dud bioud bongb gued jid zhaob rux neb,

度竹兵公几照汝虐。 （出掌诀）

Dud zhus bongb gongt jid zhaob rux nus.

猛单瓦吹告斗，

Mengb dand wad chuid ghaot dout,

会送瓦绒比兵。　　　　　　　　　　　　（田园诀）

Huix songx wad rongs bid bongb.

猛单纠录乙苟，

Mengb dand jul nub yib geud,

会送谷叉图公。　　　　　　　　　　　　（路道诀）

Huix songx guob chad tux gongx.

猛单几得后散，

Mengb dand jid del hout sant,

会送吉秋喂茶。　　　　　　　　　　　　（山地诀）

Huix songx jib quix wel ceax.

窝内格偏几穷苟拢见苟猛豆，　　　　　　（上扬诀）

Aod neb gied pant jid qongb geud longs jianb geud mengb dout,

窝忙格偏吉勇苟拢见公猛炯。　　　　　　（下扬诀）

Aod mangb gied pant jib yongd geud longs jianb gongt mengb jiongx.

见苟各合麻如，

Jianb goud geut heut mab rul,

见公告号麻照。　　　　　　　　　　　　（肿胀诀）

Jianb gongt ghaox haox mab zhaob.

阿休标友要卡，

Ab xiut bioud youd yaox kax,

阿虫标卡要绒。

Ad chongx bioud kx yaox rongs.

见苟休先求兰，

Jianb goud xiux xiand quix lanl,

见公休木求常。　　　　　　　　　　　　（旋掌心诀）

Jianb gongt xiut mus quix changb.

内腊见苟猛起，

Neib leas jianb mengt qit,

内莎见公猛写。

Neib seax jianb gongt mengt xied.

内腊见苟猛鲁，

Neib leas jianb geud mengt nlux,

内莎见公嘎穷……

Neib sax jianb gongt gad qongd...

见苟虫柔麻不几久,

Jianb goud chongx rout mab bus jid jus,

虫闹麻共几娘。

Chongx laox mab gongx jid niangb.

阿内腊冬洽斩,

Ad net leas dongl qax zaid,

阿内腊冬几斩。

Ad net leas dongl jid zaid.

阿虐腊冬洽汝,

Ad nul leas dongd qax rux,

阿虐腊冬几汝。

Ad nul leas dongd jid rux.

内腊汝目几毕几咱,

Neb leas rux mus jid bid jib zead,

内莎汝梅几咱几干。

Neb seax rux meb jid zead jid gans.

今天焚这蜂蜡宝香,烧这纸团糠烟。

来到地楼板上,来临地楼坛中。

不为是非口舌,不为赌咒誓盟。

不为弱肉强食,不为零乱狼藉。

只为——

千年没有打坛立地,百载没有打罐立园。①

手中没牵别家的水牯,背上没背拐别人的小儿。

手中没牵别家的黄牛,背上没背拐别人的妻室。

香炉一个,香碗一只。

聪明欺负愚蠢,富贵欺负贫穷。

被人恶口赌来送喝,遭人毒嘴咒来送吃。

田角出了残谷,地尾出了败米。

毒蚁成群进家,红蚁结队进户。

凶兆出在家中，怪异出在家内。
信士家人出门没碰好天，
户主眷属行路没遇好日。
行至菜地之中，走到园圃之内。
行至九条路途，走到十岔路道。
行至耕作田里，走到耕种地头。
白天风刮才来得疾在体，黄昏风吹这才染病在身。
得疾浮肿浮胖，染病浮起浮胀。
身上萎弱少力，体内萎靡少气。
得疾闷在胸中，染病肿胀在肺。
得疾痛在心肠，染病痛在肚肺。
得疾不断咳血，染病不停屙痢……
一天盼望得好，一天也不见好。
一日盼望痊愈，一日也不见愈。
凡间好目不能得知，凡尘好眼不能得见。

[注]　①打坛立地、打罐立园：传统做法，一种占领地盘安家建园的
方式。

内腊几咱苟老，
Neb las jid zead geud laox,
内莎几干公会。
Neb sax jid gans gongt huix.
冬豆几穷理起，
Dongt dout jid qongx lid qid,
冬腊几到掰出。
Dongt las jid daox pet chub.
照嘎楼豆几没咱休，
Zhaox ghal loul dout jid meib zead xut,
照江楼爷几没咱汝。　　　　　　　　　　　（反复旋掌诀）
Zhaox jiangx loul yueb jid meb zead rux.
比乃锐那久魄，
Bid let ruit nat jud ped,

便图锐苟久抓。

Biat tux ruit goud jud zhuab.

内叉梅到潮粮照几斗标，

Neb chad met daox zaox liangs zhaox jid doub bioud,

哈到潮香照几柔纵。　　　　　　　　　　　（出掌诀）

Had daox zaox xiangt jid roub zongb.

苟猛沙吾乖奶纵寿，

Geud mengb shax wut gweit let zongb shet,

窝潮乖卡秋得。　　　　　　　　　　　　　（照看祖师诀）

Aob zaox gweit kax quix deb.

产棍莎腊几周，

Cant ghunt seax leas jid zhout,

吧母内莎几干。

Bax mub neb seax jid bgans.

腊尼干埋——

Las nil gans maib—

"帕竹林豆几内，

"Pad zhus liongs dout jid net,

浓出林且吉虐。"

Niongx chud liongs quex jib nub."

（"帕出林豆布目，

（"Pad chud liong dout bus mus,

浓出林且则厄。"）

Niongx chud liongs quex zed giel."）

吉苟报标让服，

Jib goud baob bioud rangb fus,

吉秋抱竹让龙。

Jib quix baob zhus rangb longb.

叉扛加绒拢占，

Chad gangb jid rongs liongs zhuanb,

叉召加棍拢奈。

Chad zhaob jid gunt liongs naix.

人们不见路走，也都不明道行。

凡人没处打理，凡夫没法解除。

医治多日没有见好，治疗累月没有痊愈。

四位草药哥无方，五个草药弟无法。

信士取得香米从家中来，拿得白米从家内来。

去照水碗大师坛头，去看米占小师坛尾。

千神也都不出，百鬼也都不见。

只见你们——

"最古的白天女车祖，最老的白天男车神。"

（"最古的黑夜女车祖，最老的晚上男车神。"）①

你们不给做主，你们不予保护。

才让鬼魅来缠，方使凶煞来侵。

[注]　①最古的女车祖，最老的男车神：日月车祖神的神名称号。

冬豆几出林善，

Dongt dout jid chub liongs shait,

冬腊几出林写。

Dongt las jid chub liongs xied.

内腊算到汝内，

Neib las suant daox rux net,

内莎寿到汝虐。

Neb seax shoux daox rux nus.

奈到纵那纵苟，

Naix daox zongs nat zongs goud,

寿到纵玛纵得。

Shoux daox zongs max zongs det.

出见纠八纠麻，

Chud jianb jiul biab jiul mab,

纠苟纠够。

Jiul geud jiub goux.

（出见炯八炯麻，炯苟炯够。）

（Chud jianb jongs biab jongs mab, jongb geud jongb goux.）

苟拢侬尼帕竹岭豆几内，

Gued liongs yid nil pad zhus liuongt dout jid neib,

照抗浓竹林且吉虐。

Zhaox kangx niongx zhus liongs quex jib nub.

（苟拢侬尼帕竹岭豆布目，

（Gued liongs yid nil pad zhus liuongt dout jid neib,

照抗浓竹林且则厄。）

Zhaox kangx niongx zhus liongs quex zeux giel.）

　　凡间不做长心，凡尘不敢大胆。

　　信士算得好天，户主择得好日。

　　喊得哥兄老弟，叫来叔爷伯子。

　　做成九编九篾，九块九条。

（做成七编七篾，七块七条。）①
拿来表示要敬最古的白天女车祖，
许祭最老的白日男车神。
（拿来表示要敬最古的晚上女车祖，
许祭最老的黑夜男车神。）

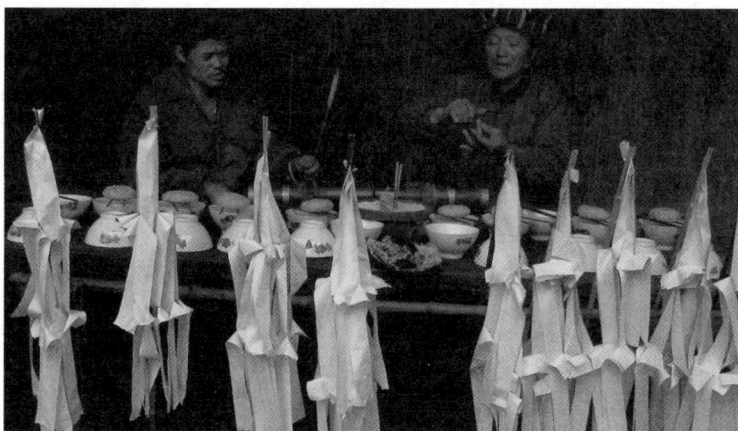

敬日月车祖神的祭坛（石开林摄）

（三）敬雷神

阿火——阿火哇！

Ab huod—ab huod wead！

列够欧然浪萨，

Leb geub out rab nangd sead，

列扑欧龙浪度。

Leb pud out longs nangd dux.

列理欧从浪公，

Leb lid out congb nangd gongt，

列岔欧炯浪几。

Leb cheax out jiongb nangd jid.

欧然浪萨列够窝够，

Out rab nangd sead leb geub aot gout，

欧龙浪度列扑背柳。

Out longb nangd dux leb pub bid liud.

就共亚猛，

Jux giongx yeax mengb，

就先亚挂。

Jux xiant yeax gueax.

那林拢单，

Liax liongb longb dand，

那休拢送。

Liax xut longb songx.

内腊排到汝内，

Neb leab paib daox rux net，

寿到汝虐。

Sheux daox rux niub.

排到那迷谷迷内，

Paib daox liax mib guob mib net，

陀罗告写，

Tuob luob ghaob xied，

告走蒙热（告走蒙忙）。

Ghaox zout mengb reib（Ghaob zout mengb mangx）．

阿标林休，

Ad bioud liongs xut，

产豆儿没窝汝意记松斗，

Cant dout jid meb aot rux yid jib songx doub，

拢林爷吾，

Longb liongs yeub wut，

阿竹共让，

Ad zhus giongx rangx，

吧就儿没窝汝以达穷炯，

Beax jux jid meb aot rux yit dat qiongx jiongb，

拢送比兵。

Longb songx bid biongb．

冬豆儿修苟萨，

Dongt dout jid jid xiud goud sead，

冬腊几修苟章。

Dongt leab jid xiud goud zhuangb．

冬豆你虫，

Dongt dout nit chongx，

冬腊炯拿。

Dongt leab jiongx neab．

　　神韵——

　　要唱两首的歌，要讲两轮的话。

　　要理两层的根，要寻两道的基。

　　两首的歌要唱缘起，两轮的话要说源头。

　　旧岁已去，新年已过。

　　大月来到，小月来临。

　　信士算得好天，择得好日。

　　算得某月某旬某日，

日吉时良,清早良旦(夜晚良旦)。

一家大小,

千年没烧纸团糠香,在此敬神的门前,

一屋老幼,

百载没焚蜂蜡糠烟,在这祭祖的门外。

凡间没起口嘴,凡尘没起口舌。

凡间居稳,凡尘坐实。

他拢窝汝意记松斗,

Teax nongd aot rux yid jib songx doub,

窝汝衣打穷炯。

Aot rux yit dat qiongx jiongb.

拢单打得哨吾,

Longb dand dat deb saot wut,

拢送吉秋送龙。   (地楼托香碗诀)

Longb songx jib quix songx longb.

几味苟萨苟章,

Jid wenb goud sad goud zhuangb,

几味吉都吉弟。

敬雷神仪式中的雷神旗

Jid wenb jib dud jib dix.

几味能空服虐，

Jid wenb nongb kongt fud niub,

几味吉走吉从。

Jid wenb jib zeb jid congx.

尼味——

Niub wenb—

见楼久理向剖向乜，

Jianb loub jud lid xiangt pout xiangt niax,

楼月久理向内向骂。

Loub yueb jub lid xiangt neid xiangt max.

向剖向乜几没几吉，

Xiangt pout xiangt niax jid meib jid jib,

向内向骂几没吉洽。

Xiangt neid xiangt max jid meib jib qiax.

几没几力竹洞，

Jid meib jid lib zhub dongb,

几没吉卡竹纵。

Jid meib jib kax zhub zongb.

几没几共猛竹，

Jid meib jib gongx mengb zhub,

弄照吉卡猛吹。

Niongd zhaob jib kax mengb chuid.

叉扛加风报标拢片，

Chad gangb jiad fengt bob bioud liongb piant,

当汉加记报标拢用。

Dangb hanx jid gix bob bioud liongb yongs.

加绒报竹吉洽几柔，

Jiad rongb bob zhub jib qiat jid roub,

加棍报吹吉走吉从。

Jiad gunt bob chuid jib zed jib congx.

扛内到猛单久，

Gangb neib daox mengb dand jiud,

内叉到豆单得。

Neib chad daox dout dand deib.

昂内叉见音兄嘎休，

Angb neit chad jianb wut xiongd giat xuit，

昂弄叉到记弄然得。

Angb niongx chad daox jib nongx ranb deit.

　　　今天焚这蜂蜡宝香，烧这纸团糠烟。
　　　来到屋檐之下，来临阶檐之下。
　　　不为是非口嘴，不为赌咒誓盟。
　　　不为弱肉强食，不为零乱狼藉。
　　　只为——
　　　很久不料家中先祖，多日不理家内先人。
　　　家中先祖没有保佑，家内先人没有保护。
　　　没有守好大门，忘了把守小门。
　　　没有守好楼门，忘了把守房门。
　　　才让瘟疫吹进家中，时气这才涌进家内。
　　　凶神进家捣乱破坏，恶鬼进户胡作非为。
　　　信士染疾在体，家人得病在身。
　　　夏季得了热疾侵体，冬季得了冷病侵身。

他拢窝汝意记松斗，

Teax nongd aot rux yid jib songx doub，

窝汝衣打穷炯。

Aot rux yit dat qiongx jiongb.

拢单打得哨吾，

Longb dand dat deb saot wut，

拢送吉秋送龙。　　　　　　　　　　　　　（地楼托香碗诀）

Longb songx jib quix songx longb.

几味苟萨苟章，

Jid wenb goud sad goud zhuangb，

几味吉都吉弟。

Jid wenb jib dud jib dix.

几味能空服虐，

Jid wenb nongb kongt fud niub,

几味吉走吉从。

Jid wenb jib zeb jid congx.

尼味——

Niub wenb—

度竹兵公几照汝虐。 （出掌诀）

Dub zhub biongt gongt jid zhaob rux niub.

内腊就闹猛单瓦吹告斗，

Neib lab jud liaot mengb dand wab chuid gaot dout,

否莎就叫会送瓦绒比兵。 （田园诀）

Woub sax jud jiaob huix songx wab rongb bid biongb.

猛单纠录乙苟，

Mengb dand jiub lub yib goud,

会送谷叉图公。 （路道诀）

Huix songx guob chad tub gongt.

猛单几得后散，

Mengb dand jid deib houx sant,

会送吉秋喂茶。 （山地诀）

Huix songx jib qiux weib cax.

窝内格偏几穷苟拢见苟猛豆， （上扬诀）

Aot neit gix pint jid qiongb goud liongb jianb goud mengt dout,

窝忙格偏吉勇苟拢见公猛炯。 （下扬诀）

Aob mangb gix piangt jib yongd goud liongb jianb gongt mengb jiongx.

见苟各合麻如，

Jianb goud get het mab rub,

见公告号麻照。 （肿胀诀）

Jianb gongt gaob haox mab zhaox.

标友要卡，

Bioub youb yaox kax,

标卡要绒。

Boub kax yaox rongb.

见苟求兰，

Jianb goud qiux lanb,

见公求常。 （旋掌心诀）

Jianb gongt qiux changb.

见苟猛起,

Jianb goud mengt qit,

见公猛写。

Jianb gongt mengt xied.

见苟猛鲁,

Jianb goud mengt nut,

见公嘎穷……

Jianb gongt giab qiongx...

见苟虫柔麻不几久,

Jianb goud chongx rout mab bub jib jub,

虫闹麻共几娘。 （挑担诀）

Chongx liaot mab gongx jib niangb.

阿内冬斩, 腊冬几斩。

Ab neit dongt zaib, lab dongt jib zaib.

阿虐冬汝, 腊冬几汝。

Ab niub dongt rux, lab dongt jib rux.

内腊汝目几毕几咱,

Neib lab rux mub jib bib jib zad,

内莎汝梅几咱几干。 （闭眼诀）

Neib sax rux meib jib zad jib ganb.

今天焚这蜂蜡宝香, 烧这纸团糠烟。

来到屋檐之下, 来临阶檐之下。

不为是非口嘴, 不为赌咒誓盟。

不为弱肉强食, 不为零乱狼藉。

只为——

信士家人出门没碰好天, 户主眷属行路没遇好日。

动脚行至菜地之中, 举步走到园圃之内。

行至九条路途, 走到十岔路道。

行至耕作田里, 走到耕种地头。

白天风刮才来得疾在体，黄昏风吹这才染病在身。

得疾浮肿浮胖，染病浮起浮胀。

身上少力，体内少气。

得疾闷胸，染病在肺。

得疾痛肠，染病痛肚。

得疾咳血，染病屙痢……

一天盼好，也不见好。

二日盼愈，也不见愈。

凡间好目也看不准，凡尘好眼也看不明。

内腊儿咱苟老，

Neib lab jid zad goud niaos,

内莎儿干公会。

Neib sax jid ganb gongt huix.

想豆儿穷理起，

Xiangd dout jid qiongb lid kid,

想假儿到掰出。

Xiangd jiad jid daox baid chud.

照嘎楼豆儿没咱休，

Zhaob giax loub dout jid meib zad xuit,

照江楼爷儿没咱汝。　　　　　　　　　　　　（反复旋掌诀）

Zhaob jiangx loub yeb jid meib zad rux.

比乃锐那久魄，

Bit leit ruit nat jut peib,

便图锐苟久抓。

Biat tub ruit goud jut zhuad.

内叉梅到潮粮照儿斗标，

Neib chax meit dox zaox liangb zhaob jid doub bioud,

哈到潮香照儿柔纵。　　　　　　　　　　　　（出掌诀）

Had daox zaox xiangt zhaob jid rout zongx.

苟猛沙吾乖奶纵寿，

Ged mengb sad wut gweit leit zongx shet,

窝潮乖卡秋得。　　　　　　　　　　　　　　（照看祖师诀）

Aob zaox gweit kax qiux deit.

产棍几周，

Cant gunt jid zhuot,

吧母几干。

Bax mud jit ganb.

腊尼干埋"炯奶汝内，   （祖神诀）

Lab nib ganb maib "jiongb leit rux net,

炯图汝卡"。

Jiongb tux rux keax".

吉苟让服，

Jib geud rangt fub,

吉秋让龙。

Jib quix rangt nongb.

叉扛加绒拢占，

Chead gangb jiad rongb longb zhuanb,

加棍拢奈。

Jiad ghunt longb naix.

白目白常冬豆，

Beib mub beib changb dongt dout,

袍梅袍闹冬腊。

Pox meib pox laox dongt lab.

吉苟报标让服，

Jib goub bob bioud rangb fub,

吉秋报竹让龙。

Jib qiux bob zhub rangb longb.

叉扛加绒拢占，

Chad gangb jiad rongb liongb zhanb,

照汉加棍拢奈。   （绞锁诀）

Zhaob hanx jiad gunt liongb naix.

人们不见路走，不明道行。

没处打理，没法解除。

医治多日没有见好，治疗累月没有痊愈。

四位草药哥无方，五个草药弟无法。

信士这才取得香米从家中来，拿得白米从家内来。

去照水碗大师坛头，去看米占小师坛尾。

千神不出，百鬼不见。

只见你们"七个好人，七位好众"。

转目视察凡间，转眼望下凡尘。

不给信士做主，不予主家保护。

才让鬼魅来缠，方使凶煞来侵。

冬豆几干几得，

Dongt dout jid gand jid deib,

冬腊几没吉吹。

Dongt lab jid meib jib chuid.

度标几出林善，

Dud bioud jid chud liuongb shait,

度竹几出林写。

Dud zhub jid chud liuongb xied.

内腊算到汝内，

Neib lab suant daox rux neit,

寿到汝虐。

Shet daox rux niub.

奈到纵那纵苟，

Naix daox zongb nat zongb goud,

寿到纵玛纵得。 （出掌诀）

Shet daox zongb max zongb deit.

出见怕拢依尼，

Chud jianb pat liongb yib nib,

怕图照抗。 （木板诀）

Pat tub zhaob kangx.

禾达依尼，

Aot dab yid nib,

禾这照抗。 （一翻一扑破碗诀）

Aob zheix zhaob kangx.

松斗依尼，

Songx doub yib nib,

穷炯照抗。 （香碗诀）

Qingx jiongb zhaob kangx.

苟拢依尼炯奶汝内，

Jiongb leit rux net jiongb tux rux keax,

炯图汝卡。

Jiongb tux rux keax.

凡间不敢抵触，凡尘不敢抵抗。

户主不做长心，家长不敢大胆。

请人算得好天，择得好日。

喊得哥兄老弟，叫来叔爷伯子。

做成木板标良，木片许愿。

破碗标良，片碗许愿。

糠烟标良，蜡香许愿。

拿来表示要敬七个好人，许祭七位好众。

（四）求雨

阿火——阿火哈。

Ab huod—ab huod heab.

阿苟洞冲，

Ab geub dongb qongt,

产豆儿没窝汝意记送斗，

Cant dout jid meb aot rux yid jib songx doub,

拢林格苟苟瓜，

Longb liongs gil geub geub guad,

苟林苟善。

Geub liongs geub shait.

阿让补玛，

Ad rangb bud mieab,

吧就儿没窝汝以达穷炯，

Beax jux jid meb aot rux yit dat qiongx jiongb,

拢林格苟苟兰，

Longb liongs gil geub geub lanb,

苟太苟照。

Geub tait geub zhaox.

拢林格绒苟林，

Longb liongs gil rongb geub liongs,

拢送格苟苟兰。

Longb songx gil geub geub lanb.

冬豆儿休苟莎，

Dongt dout jid xiud goud sead,

冬腊儿休苟章。

Dongt leab jid xiud goud zhuangb.

冬豆你虫，

Dongt dout nil chongx,

冬腊炯拿。

Dongt leab jiongx neab.

　　洞冲一村，千年没有烧这纸团糠香，
　　在这苟瓜之顶，大山峻岭。
　　补玛一寨，百岁没有烧这蜂蜡糠烟，
　　在这峻岭之尖，峻岭高山。
　　来到大岭之顶，来临峻岭之尖。
　　凡间没起是非，凡尘没有口舌。
　　凡间居稳，凡尘坐实。

几冬囊内几没汝起，

Jil dongt nangd neb jid meb rux qit,

几板囊总几没汝写。

Jit banb nangd zongb jid meb rux xied.

出悄对内，

Chud qiaot dix net,

出加对那。

Chud jiad dix liax.

出悄对内对那，

Chud qiaot dix net dix liax,

出加对风对记。

Chud jiad dix fengt dix gix.

出悄对剖对乜，

Chud qiaot dix pout dix nias,

出加对内对骂。

Chud jiad dix ned dix max.

出悄对事对录，

Chud qiaot dix sil dix lub,

出加对虾对理。

Chud jiad xiad dix lid.

窝拔加起加写，

Aot pead jiad qit jiad xied,

窝浓加弄加然。

Aob niongx jiad nongt jiad rab.

冬内加度加树，

Dongt neb jiad dux jiad shux,

冬总加哈加篓。

Dongt zongb jiad head jiad loub.

打便达起几江达起，

Dat biat dab kid jid jiangb dab qid,

打豆达起几空达写。

Dat dout dab kid jid kongx dab xied.

  凡间的人心肠不好，凡尘的人心胸狭窄。

  诽谤太阳，埋怨月亮。

  诽谤三光日月，埋怨风云雾气。

  不孝祖公祖婆，不孝爷娘父母。

  对事不讲公道，对理不讲公平。

  女人起心不良，男人胡作非为。

  大家乱讲乱说，大众乱作乱为。

  上天这才心里不爽，大地这才心内不悦。

打便几江达起，

Dad biat jid jiangb dab qil,

打豆几空达写。

Dad dout jid kongx dab xied.

打便达起江汉灾松，

Dad biat dab kid jiangx hanx zait songt,

打豆达起江汉吧难。

Dad dout dab kid jiangx hanx beax nanx.

出汉灾松苟窝冬豆，

Chud hanx zaid songt geud aox dongt dout,

兵汉吧难苟窝冬腊。

Biongb hanx beax nanx geud aox dongt leab.

见者楼豆，

Jiab zheib loub dout,

冬豆浪内腊你几见。

Dongt dout nangd neb leab nil jid jianb.

见囊楼爷，

Jianb nangd loub yueb,

冬腊囊总莎炯几到。

Dongt leab nangd zongb seax jiongx jid daox.

上天心中不爽，大地心内不悦。

上天这才发下灾星，大地这才出现大难。

放下灾星祸害人间，出现灾难祸害凡尘。

干旱日久，凡间黎民也受不了。

久旱不雨，凡尘百姓也熬不住。

他弄窝汝意记送斗，

Teax nongd aot rux yid jib songx doub,

拢林苟林苟善。

Longb liongs geub liongs geub shait.

忙弄窝汝以达穷炯，

Mangx nongd aot rux yit dat qiongx jiongb,

拢林苟太苟照。

Longb liongs geub tait geub zhaox.

尼味猛豆抓内，

Nib weib mengb dout zhuab net,

剖得猛就抓囊。

Bout deb mengb jux zhuab nangb.

巴者巴见楼豆，

Bead zheib bead jianb loub dout,

巴囊卡见楼虐。

Bead nangb kead jianb loub nub.

吾拿几达，

Wus leab jid dab,

拢莎几两。

Longb seax jid liab.

巴豆昂柔，

Bead dout gheab rout，

巴夯昂共。

Bead hangb gheab gongx.

受散巴散，

Shoud sant bead sant，

受茶巴茶。

Shoud ceax bead ceax.

受散莎周，

Shoud sant seax zhoub，

受茶莎苦。

Shoud ceax seax kud.

喳豆喳柔，

Cheab dout cheab rout，

喳路喳腊。

Cheab lux cheab leab.

苦录苦走，

Kud lub kud coub，

巴散巴茶。

Beab sant beab ceax.

包柔腊不几娘窝包，

Beud reud bus jid ningb aob baod，

里包腊兵几娘窝弄。

Lil beub leab biongb jid niangb nongx.

格豆昂内，

Giel dout gheab net，

格夯昂共。

Giet hangb gheab gongx.

吾服莎腊几斗，

Wut fub seax leab jid doub，

吾茶莎腊几到。

Wut ceab seax leab jid daox.

抓吾抓你比排，

Zhuad wut zhuad nil bil paib,

达拢达猛照告。

Dab nongb dab mengd zhaox ghaox.

剖冬腊你几见，

Bout dongt leab nil jid jianb,

剖得腊炯几到。

Bout deb leab jiongx jid daox.

今日烧起蜂蜡糠香，在这大山之顶。

今天烧起纸团火烟，在这大岭之上。

因为我地岁大干久，我处岁长旱重。

暴晒日久，干旱太长。

雨也不下，露也不降。

晒土裂岩，晒地裂坪。

晒禾枯禾，晒苗枯苗。

晒禾也枯，晒苗也坏。

裂土裂岩，裂田裂地。

枯叶枯草，坏禾坏苗。

玉米也壮不起筒，稻谷也出不起穗。

热土焦地，热地焦坪。

水吃也都没有，水洗也都没得。

甘露降去他方，雨水下到别地。

我地也居不安，我处也坐不成。

浪样达起几苟相量几让，

Nangd yangd dab kid jid geub shangd liangb jid rangb,

无吹相量家竹。

Wub chuid shangd liangb jiat zhus.

几扑洞列西耸，

Jid pub dong bleb xid songt,

吉岔洞列笑度。

Jib cheax dong bleb xiaox dus.

他拢最约苟让浪内。

Twax nongd zuib yod geub rangb nangd neb.

无吹浪纵。

Wub chuid nangd zongb.

到比图内，

Daox bid tux net,

追主不浪。

Zhux zhus bub nangb.

求单格苟，

Quix dand gil geub,

求送格绒。

Quix songx gil rongb.

浓到琶绒琶耸，

Niongb daox beax rongb beax songt,

琶林琶章，

Beax liongs beax zhuangb,

书虐琶汝。

Shut nub beax rux.

出见格岭白吾白补，

Chud jianb gib liongt beid wut beid bub,

格穷白补白冬。

Gib qiongx beid bub beid dongt.

公色纠如，

Gongd seid jiub rub,

傩然纠柔。

Niub rb jiub reub.

酒窝酒吹，

Jiud aot jiud chuid,

酒八酒汝。

Jiud biab jiud rux.

格苟最走，

Gil geub zuib zeud,

莎最莎走。

Seax zuib seax zeud.

格绒仇楼，

Giel rongb cheub loub，

莎走莎板。

Seax zeud seax banb.

这样才来村寨商量，村寨众人商量。

商议要敬雷祖，商量要祭雷爷。

今日齐聚村中之人，寨内之众。

头顶烈日，背晒太阳。

上到山顶，上达岭尖。

买得祭雷祭龙的猪，大猪肥猪，供猪好猪。

做成绿旗满山满水，红旗满坪满地。

糍粑九堆，糯供九柱。

烧酒烤酒，甜酒好酒。

山顶齐备，皆齐皆备，

岭尖齐全，皆齐皆全。

（五）接龙

阿比林休，
Ad bioud liongx xiut，
产豆几没窝汝意记送斗，
Chant dout jid mieb aod rub yid jid songb dout，
陇林虫崩。
Longd liongx chongb pengd.
吧就几没窝汝以打穷炯，
Bab jiub jid mieb aod rub yid dad qiongb jiongb，
陇送虫兄。
Longd songb chongb xiongd.
冬豆几休勾莎，
Dongt dout jid xiex goud sead，
冬腊几休勾章。
Dongt lad jid xiex goud zhangd.
冬豆你虫，
Dongt dout nid chongb，
冬腊炯拿。
Dongt lad jongb lad.

　　一家大小，
　　千年没烧蜂蜡糠香，在这堂屋之中。
　　百年没烧纸团糠烟，在这中堂之内。
　　凡尘没有纠纷，凡间没有争讼。
　　凡间清吉，凡尘平安。

尼味吉标出甲几没汝甲，
Nid wieb jid bioud chub jiad jis miex rub jiad，
出尼几没汝尼。

Chub niex jid mieb rub niex.

出甲告奶儿没到见，

Chub jiad gaox niet jid miex daob jianb,

出尼告牛儿没到嘎。

Chub niex gaox niub jid miex daob gab.

要汉见银吉比，

Yaob haib jianb ghongx jid bioud,

要汉嘎格吉竹。

Yaob haib gad giex jid zhux.

首狗拿儿见狗，

Shoud gous lab jid jianb gous,

首爬儿没汝爬。

Shoud pab jid miex rub pab.

首狗拿照狗连，

Shoud gous lab zhaob gous lianb,

首爬拿照爬最。

Shoud pab lad zhaob pab zuib.

首狗狗拿儿林，

Shoud gous gous lab jid liongx,

首爬爬拿久壮。

Shoud pab pab lab jid zhangb.

尼古儿没白中，

Nid gut jid miex biad zhongb,

油忙儿没白吹。

Yud mangb jid miex biad cuis.

尼古儿没见忙，

Nid gut jid miex jiand mangb,

油忙儿没见强。

Yud mangb jid miex jiand qiangb.

剖楼洽拿儿见，

Poub loun qiab lab jid jianb,

吧弄洽拿儿章。

Biab nongb qiab lab jid zhangs.

吉比几没汝汉归楼归弄，

Jid bioud jid miex rub haib guid loub guod nongb,

几竹几没汝汉归楼归咱。

Jid zhub jid miex rub haib guod loub guid zab.

归楼几没白纵白热，

Guid loub jid miex biad zongb biad red,

归弄几没白突白桶。

Guid nongb jid miex biad put biad tongx.

够就洽拿要够，

Gout jub qiab lad yaob gout,

吧就洽拿要吧。

Biat jub qiab lad yaob biat.

够就要汉窝胎，

Gout jub yaob haib aod tues,

吧就要汉麻龙。

Biat jub yaob haib mad nongx.

只为家下产业不兴，家业不旺。

创家之日财运不佳，立业之时财气不旺。

缺钱少谷少米，缺财少金少银。

养狗狗也不大，养猪猪也不肥。

养狗只是瘦狗，养猪只是骨架。

水牯没有满栏，牛群没有满圈。

水牯没有成帮，黄牛没有成群。

播谷恐也不生，播米怕也不长。

家中没有谷神米神，家内没有糯神粘神。

存谷没有满仓，存米没有满库。

年头缺粮少米，年尾缺穿少食。

年头少这吃喝，年尾缺这衣粮。

阿比林休，

Ad bioud liongx xiut,

阿柱共让。

Ad zhub gongx rangx.

列扛出甲见甲，

Lieb gangb chub giat jianb giat，

出尼见尼。

Chub niex jianb niex.

吾见腊拢，

Eud jianb lad longd，

吾嘎拿到。

Wud gad lad daob.

得银陇笔陇包，

Dex ghongx longs bid longs bhed，

嘎格陇楼陇归。

Gad giex longs loub longs guib.

首尼扛林，

Shoud nid gangb liongx，

首油扛状。

Shoud yud gangb zhangb.

首狗扛见，

Shoud goud gangb jianb，

首爬扛章。

Shoud pab gangb zhangb.

归楼列扛白纵白热，

Guid loub lieb gangb biad zhongb biad reb，

归弄列扛白突白桶。

Guid nongb lieb gangb biad tub biad tongb.

冬豆几出林闪，

Dongt dout jid chub liongx shant，

冬腊几出林写。

Dongt lad jid chub liongx xied.

　　一家大小，一屋老幼。
　　要送创家成家，立业成业。
　　白财进家，百宝进户。

银儿来生来养，金子来养来育。
　　水牯自大，黄牯自长。
　　养猪自肥，养狗自壮。
　　谷种要送满仓，米神要送满库。

冬豆几出林闪，

Dongt dout jid chub liongx shant,

冬腊几出林写。

Dongt lad jid chub liongx xied.

内叉充到先松，

Niex ca chong daob xianb songd,

奈到外郎。

Nand daob waib langb.

卡数卡打，

Kab sut kab dad,

盘奶寿牛。

Paib niex shoud niub.

盘到打绒长比郎奶，

Paib daob dad rongx changs bioud nangb niet,

寿到达潮长斗郎牛。

Shoub daob dad ceb changes doub nengb niub.

陀罗告写，

Tob loub gaox xies,

告走猛热。

Gaox zhoub mengb reb.

　　户主不做长心大胆，信士不做三心二意。
　　这才请得先生，请得师傅。
　　择得吉日，选得良辰。
　　择得龙神归宫之期，算得福神归殿之日。
　　日吉时良，天地开昌。

奈到纵那纵勾，

Nanb daob zhongb nat zhongb goud,

寿到纵骂纵得。

Shoub daob zhongb mab zhongb det.

堵到告陇，

Dud daob gaox longd,

怕见告桥。

Pat jianb gaox qiaob.

浓到头果头乖，

Niongb daob toud gout toud guet,

浓到头岭头穷。

Niongb daob toud liongd toud qiongb.

扎见比绒，

Zhab jianb bioud rongx,

就汝比潮。

Jiub rub bioud ceb.

江你虫崩，

Jiangb nid chongb pengb,

将照虫兄。

Jiangb zhaob chongb xiongd.

喂斗得寿，

Wed doud dex shout,

剖弄告得。

Pout nongb gaox dex.

再紧出见急岭白吾白补，

Zaid ghongd chub jianb gix liongd biad wud biad bub,

急穷白补白洞。

Gix qiongb biad bub biad dongb.

勾陇几如标绒，

Goud longd jis rub bioud rongx,

吉柔标潮。

Jid roub bioud ceb.

再斗吧秋见乖头奶，

Zaid doud biat qieb jianb guet toud lied,

吧秋牙洋头浪。

Biat qieb yad yangx toud langd.

洽你吧方，

Qiab nid biat fangd,

休照照告。

Xied zhaob zhaob gaox.

再斗白绒发见容，

Zaid doud biad rongx jianb rongx,

白潮见干。

Biad ceb jianb giat.

绒剖绒娘，

Rongx pout rongx niax,

绒内绒骂。

Rongx niex rongx mab.

绒得绒嘎，

Rongx det rongx gad,

白录白然。

Biad nux biad rab.

　　喊得房族人等，叫得哥兄老弟。
　　砍得竹子，破成篾条。
　　买得白纸黑纸，买得红纸黄纸。
　　扎成龙宫，建成龙堂。
　　摆在堂屋，放在中堂。
　　我等师父，吾等师郎，
　　又再剪成绿旗满天，红族龙旗满地。
　　拿来插在两边，竖在五面。
　　还有五提长钱龙纸，五串长钱财帛。
　　插在五方，立在五位。
　　还有龙粑五路，福粑五街。
　　龙公龙母，龙娘龙爷。
　　龙子龙孙，龙粑糯食。

接龙堂的摆设（石国鑫摄）

（六）招新亡魂入祖籍

阿标林休，

Ad bioud liongs xut,

产豆几没窝汝意记松斗，

Cant dout jid meb aot rux yib jib songx doub,

首龙闹考达告竹鲁，

Sout nongb laox kaod dab ghaox zhus lux,

阿竹共让，

Ad zhus giongx rangx,

吧就几没窝汝以达穷炯，

Beax jux jid meb aot rux yit dat qiongx jiongb,

首龙闹考达告竹嘴。

Sout nongb laox kaod dab ghaox zhus zuid.

内途提果呕擂，

Neb tux tib geut oud hlib,

比途香录香瓜。

Bit tux xiangt lub xiangt guat.

兄忙阿涌，

Xiongt mangb ad yongd,

拢忙阿够。

Longb mangb ad goux.

禾达香傩，

Aob dab xiangt nus,

禾这香瓜。

Aob zheux xiangt guat.

神韵——

一家大小，

千年没烧纸团糠香，铁刀钢锄大门之边，[①]

一屋老幼，

百载没焚蜂蜡糠烟，铁刀钢锄边门之内。

人戴白布孝服，头插菖蒲桃枝。②

生竹一节，柝竹一筒。

菖蒲水盘，桃叶水碗。

[注]　①铁刀钢锄：指在去了木把的铁锄或镰刀上焚烧蜂蜡纸团糖香以敬奉神灵的香。

②人戴白布孝服，头插菖蒲桃枝：招新亡魂入祖籍时，巴代要头戴七尺的白帕子，头上还要插几片菖蒲叶或桃叶以保身辟邪。

冬豆几修苟萨，

Dongt dout jid xiud goud sead,

冬腊几修苟章。

Dongt leas jid xiud goud zhuangb.

冬豆你虫，

Dongt dout nil chongx,

冬腊炯拿。

Dongt leas jiongx neab.

内腊兵苟几照汝内，

Neb leas biongb goud jid zhaob rux net,

兵公几照汝虐。

Biongb gongt jid zhaob rux mus.

猛单瓦吹告斗，

Mengb dand weab chuid ghaot dout,

会送瓦绒比兵。

Huix songx weab rongs bid biongb.

猛单纠录乙苟，

Mengb dand jiub lub yib goud,

会送谷叉图公。

Huix songx guob chead tux gongt.

猛单几得后散，

Mengb dand jid deb hout sant,

会送吉秋喂茶。

Huix songx jib quix web ceax.

窝内格偏儿穷苟拢见苟猛豆，

Aot net gix piant jid qiongb geud longb jianb goud mengt dout，

窝忙格偏吉勇苟拢见公猛炯。

Aot mangx gix piant jib yongd geud longb jianb gongt mengt jiongx.

见苟各合麻如，

Jianb goud guob huob mab rub，

见公告号麻照。

Jianb gongt ghaox haox mab zhaob.

标友要卡，

Bioud youd yaox keax，

标卡要绒。

Bioud keax yaox rongb.

见苟求兰，

Jianb geud quix lanb，

见公求常。

Jianb gongt quix changb.

见苟猛起，

Jianb geud mengt qit，

见公猛写。

Jianb gongt mengt xied.

见苟猛鲁，

Jianb goud mengt nut，

见公嘎穷……

Jianb gngt gead qongd...

见苟虫柔麻不几久，

Jianb goud chongx rout mab pub jid jub，

虫闹麻共几娘。

Chongx laox mab giongx jid niangb.

阿内冬斩，

Ad net dongt zaib，

腊冬几斩。

Leas dongt jid zaib.

阿虐冬汝，

Ad nus dongt rux，

腊冬几汝。

Leas dongt jid rux.

内腊汝目几毕几咱，

Neb leas rux mus jid bid jid zead，

内莎汝梅几咱几干。

Neb seax rux meb jid zead jid ganb.

  凡间居稳，凡尘坐实。

  信士家人，出门没碰好天，行路没遇好日。

  行至菜地之中，走到园圃之内。

  行至九条路途，走到十岔路道。

  行至耕作田里，走到耕种地头。

  白天风刮才来得疾在体，

  黄昏风吹这才染病在身。

  得疾浮肿浮胖，染病浮起浮胀。

  身上少力，体内少气。

  得疾闷胸，染病在肺。

  得疾痛肠，染病痛肚。

  得疾咳血，染病屙痢……

  一天盼好，也不见好。

  一日盼愈，也不见愈。

  凡间好目不能得知，凡尘好眼不能得见。

内腊梅到潮粮照几斗标，

Neb leas met daox zaox liangb zhaob jid doub bioud，

哈到潮香照几柔纵。

Head daox zaox xiangt zhaob jid roub zongb.

苟猛沙吾乖奶纵寿，

Goud mengb sheax wut gweit leit zongb sheut，

窝潮乖卡秋得。

Aob zaox gweit keax quix deb.

产棍几周，

Cant ghunt jid zhoub,

吧母几干。

Beax mub jid ganb.

尼干林豆吉哈且首竹豆，

Nil liongl dout jib head quex sout zhus dout,

林且吉哈且闹康内。

Liongt qued jib head quex laox kangd neb.

几且猛狗竹豆，

Jid qued mengb guoud zhus dout,

几且猛琶康内。

Jid qued mengb beax kangb neb.

且照否浪归先麻你冬豆，

Qued zhaob woub nangd guil xiand mab nil dongt dout,

且照否浪归木麻炯冬腊

Qued zhaob woub nangd guil mub mab jiongx dongt leas.

   信士取得香米从家中来，
   拿得白米从家内来。
   去照水碗大师坛头，
   去看米占小师坛尾。
   千神不出，百鬼不见。
   只见林豆规律法则神放下的大限秤，
   林且准则神放下的大限钩。[1]
   不称凡尘的大狗，不钩凡间的大猪。
   称去了他(她)的凡间气息，
   钩去了他(她)的凡尘生命。

  ［注］　①林豆规律法则神、林且准则神：苗语称宇宙间最大的规律法则为"林豆"，宇宙间最大的准则为"林且"。人的生老病死与其他生灵的生老病死一样，都要受到这规律法则和准则的控制，是躲不开的，故称"林豆的秤，林且的钩"。

否浪标归召棍且猛，

Woub nangd bioud guil zhaob ghunt quet mengb，

且月召绒且猛。

Quex yueb zhaob rongb quet mengb.

标归油风油记，

Bioub guil youb fengt youb jid，

且月几图吉用。

Qued yueb jid tub jib yongx.

标归几没油久，

Bioub guil jid meb youb jiud，

且月几没油得。

Qued yueb jid meb youb deb.

窝鸟标先要卡，

Zaot niaob bioub xiand yaox keax，

图久标卡要绒。

Tub jiud bioub keax yaox rongs.

否叉奶先比包，

Woub chead leit xiand bid beub，

奶木比篓。

Leit mub bid loud.

久先比包，

Jub xiand bid beub，

久木比篓。

Jub xiand bid loud.

莎先比包，

Seax xiand bid beub，

莎木比篓。

Seax mub bid loud.

莎先洞久，

Seax xiand dongb jub，

莎木洞达。

Seax mub dongb dab.

他（她）的三魂被鬼称去，七魂被神称去。

三魂飘风飘气，七魂飞上飞下。

三魂不在肉体，七魂不附肉身。

嘴唇弱气少气，身体弱力少气。

他（她）才短气床头，短息床尾。

完气床头，了息床尾。

断气床头，断息床尾。

断气死了，断息死亡。

几吼声昂白标，

Jib hout shongt ghat beid bioud,

吉话声研白竹。

Jib huax shongt yuanb beid zhus.

冲豆冲斗几北苟虐，

Chongx dout chongx doub jid beid goud nus,

奈斗奈内几怕苟达。

Naix doub naix neb jid peat goud dab.

窝头莎先扛猛，

Aot toub seax xiand gangb mengb,

窝抗莎木扛会。

Aot kangx seax mub gangb huix.

几吼猛庆几竹打豆，

Jib hout mengb qiongd jid zhus deat dout,

吉话猛炮几竹打便。

Jib huax mengb paox jid zhus dat biat.

纠金色头告几加莎，

Jiub gingb seid toub ghaox jiad sead,

谷金闹然告几加章。

Guob gingb laox rab ghaox jid jiad zhuangb.

浪样怕猛产豆，

Nangb yangb peax mengb cant dout,

阿散挂猛万就。

Ad sant guax mengb wanx jux.

哭号之声满屋，哀号之声满门。

牵手牵臂分别凡间，喊爹喊娘分离凡尘。

烧那落气钱纸送去，焚那落气钱纸送别。

放响地铳震地，响那火炮震天。

九尺长矛报不了仇，十丈尖刃雪不了恨。

这样别去千年，如此永别万载。

度标否浪内林吉标，

Dud bioud woub nangd ned liongs jib bioud,

度竹否浪内共几竹。

Dud zhus woub nangd ned giongx jid zhus.

度标否浪阿剖吉标，

Dud bioud woub nangd at pout jib bioud,

度竹内浪阿公吉竹。

Dud zhus ned nangd ad gongt jid zhus.

度标否浪阿乜吉标，

Dud bioud woub nangd ad nias jib bioud,

度竹内浪阿婆吉竹。

Dud zhus neb nangd ad pob jid zhus.

度标否浪阿加吉标，

Dud bioud woub nangd ad jiat jib bioud,

度竹内浪阿骂吉竹。

Dud zhus neb nangd ad max jid zhus.

度标否浪阿娘吉标，

Dud biud woub nangd ad niangb jib bioud,

度竹内浪阿内吉竹。

Dud zhus neb nangd ab ned jid zhus.

度标否浪阿那吉标，

Dud bioud woub nangd ad nat jib bioud,

度竹内浪阿哥吉竹。

Dud zhus neb nangd ad geud jid zhus.

度标否浪得林吉标，

Dud bioud woub nangd det liongs jib bioud,

度竹内浪得章吉竹。

Dux zhus neb nangd det zhuangb jid zhus.

度标否浪得龙吉标，

Dud bioud woub nangd det longb jib bioud，

度竹内浪达嫂吉竹。

Dud zhus neb nangd dab saod jid zhus.

单内麻悄几白，

Dand net mab qiaot jid beit，

单虐麻加吉他。

Dand nus mab jiad jib tead.

窝松单标单斗，

Aot songt dand bioud dand deub，

窝他单纵单秋。

Aot teax dand zongb dand quix.

走召窝内昂公，

Zoub zhaob aot net gheab gongt，

走汉窝虐昂苟。

Zoub hanx aot nus gheab goud.

走召窝内麻寿几通，

Zoub zhaob aot net mab sheut jid tongt，

走召窝虐麻会几当。

Zoub zhaob aob nus mab huix jid dangx.

寿单内苟透绒，

Sheut dand ned goud tout rongb，

会送内公透便。

Huix songx ned gongt tout biat.

弄几腊赌几归，

Nongx jid leas dud jid guil，

吉鲁腊怕几当。

Jib nub leas peat jid dangb.

腊召窝松单得拢炯，

Leas zhaob aot songt dand deb longb jiongx，

莎召窝他单秋拢楼。

Seax zhaob aot teax dand quix longb loub.

主家他的家中大人，主人他的家内老人。
主家他的家中祖父，主人他的家内阿公。
主家他的家中奶奶，主人他的家内阿婆。
主家他的家中父亲，主人他的家内老爹。
主家他的家中母亲，主人他的家内阿娘。
主家他的家中老大，主人他的家内儿子。
主家他的家中儿媳，主人他的家内大嫂。①
到了分离的日子，到了永别的时刻。
无常到家到户，阎王到宅到屋。
碰到路窄难通，遇到路断难行。
碰到分别难以跳过，遇到永别难以躲逃。
行到人生尽头，走到人生尽路。
怎么也推不掉，无力回天逃脱。
被那无常鬼来牵走，被那阎王鬼来捉去。

［注］　①以上句中，若是其家中哪个死亡就讲哪个。

没理拿苟腊扑几通，
Meb lid neab geud pub jid tongt,
没味拿绒腊怕几当。
Meb weid neab rongb leas peat jid dangx.
纠紧色头告几加萨，
Jiub giongd seid toub ghaib jid jiab seax,
谷紧色善告几加章。
Guob giongd seid shait ghaob jid jiab zhuangb.
麻林猛乖腊赌几归，
Mab liongs mengb gweit leas dud jid guib,
麻岭猛度腊怕几当。
Mab liongs mengb dub leas peat jid dangx.
几怕求猛冬绒，
Jid peat quix mengb dongt rongb,

吉江求闹冬棍。

Jib jiangb quix laox dongt ghunt.

几怕列猛产柔，

Jid peat leb mengb cant roub,

几江列猛万就。

Jid jiangb leb mengb wanx jux.

有理如山也讲不通，有据如岭也说不到。

九尺长枪报不了冤，十丈梭镖报不了仇。

大官大员也躲不开，大富大贵也逃不脱。

分开要上阴间，分别要走黄泉。

分开分去千载，分别别去万年。

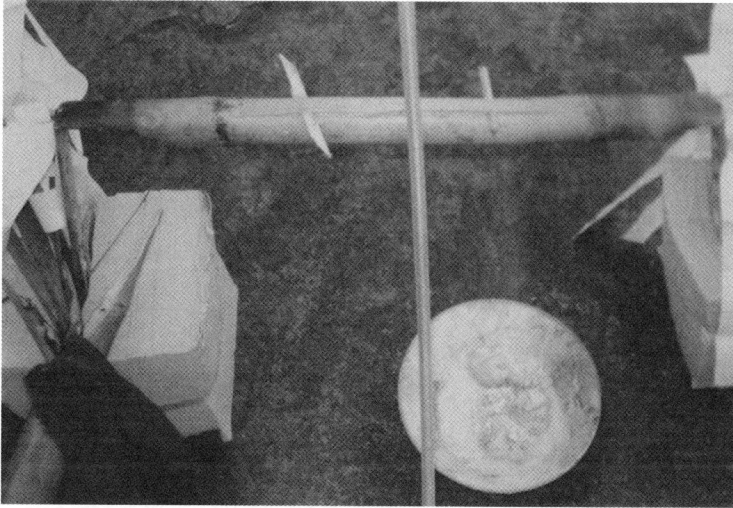

招新亡魂入祖籍仪式中巴代所敲的小竹栋(石开林摄)

（七）敬家祖

吉哟——亚——夫——夫窝——夫窝—夫窝。

Jid yox—yad—fud—fud aob—fud aob—fud aob.

他拢窝汝意记松斗，

Tab nongd aot rub yib jid songb dout，

窝汝衣打穷炯。　　　　　　　　　　　　（香炉碗诀）

Aot rub yib dab qiongx jong.

拢单几得酒格，

Longd dad jid ded jiub giex，

拢送吉秋出列。　　　　　　　　　　　（地楼托香碗诀）

Longd songb jid qiex chux lieb.

几味苟萨苟章，

Jub weib goud sad goud zhangx，

几味吉都吉弟。

Jub weib jid doub jid dib.

几味能空服虐，

Jub weib nongd kongt hud niud，

几味吉走吉从。

Jub weib jid zoux jid congb.

尼味——

Nib weib—

内腊苟能几穷几得酒格，

Niex lax goud nongd jid qiongx jid ded jiub giex，

苟到吉话吉秋出列。

Goud daob jid huab jid qiex chux lieb.

洽埋香剖香娘腊你几见，

Qiad manx xiangt pout xiangt niax lax nib jid jiab，

洽埋香内香骂腊炯几到。

Qiad manx xiangt nieb xiangt mab lax jongb jid daob.

洽埋寿阄乙热内补，

Qiad manx shoux laob yib red niex bud,

洽埋便阄依然内冬。

Qiad manx biad laob yib rab nieb dongt.

今天焚这蜂蜡宝香，烧这纸团糠烟。
来到地楼板上，来临地楼坛中。
不为是非口嘴，不为赌咒誓盟。
不为弱肉强食，不为零乱狼藉。
只为——
人们用刀砍着火塘祖壁，
用斧惊动火炉神位。
恐你们祖先也居不安，
怕你们祖宗也坐不成。
恐你们跑去他乡别土，
怕你们走去他处别地。

吉标内浪向剖向娘，

Jix bioud nieb nangx xiangt pioux xiangt niax,

几竹内浪向内向玛。

Jix zhux nieb nangx xiangt nieb xiangt mab.

埋你几没出突，

Manb nit jix meib chub tux,

埋炯几没出太。

Manb jongb jix meib chub tiab.

叉扛加绒包标，

Chad gangb jiad rongx baox bioud,

当汉加棍包竹。

Dangb haid jiad gunt baox zhux.

几穷苟拢见苟猛豆，

Jix qongx goux longd jianx goux mongx dout,

吉涌苟拢见公猛炯。

Jid yongx goux longd jianx gongb mongx jongb.

加格单标单斗，

Jiad giet dand bioud dand doud，

加怪单纵单秋。

Jiad guab dand zongx dand zoub.

吉标些财，

Jid bioud xieb caix，

吉竹袍嘎……

Jid zhux piaob ax...

［注］ 以上什么原因就讲什么话，以下为共同的部分。

洽埋向剖向娘腊你几见，

Qiad manx xiangt pout xiangt niax lax nib jid jiab，

洽埋向内向玛腊炯几到。

Qiad manx xiangt nieb xiangt mab lax jongb jid daob.

洽埋寿嘎乙热内补，

Qiad manx shoux laob yib red niex bud，

便猛以然内冬。

Biad mengx yib rab nieb dongt.

　　　　主家人的祖公祖婆，主人家的祖母祖父。
　　　　你们居来没守好家，你们坐来没把好门。
　　　　才让邪魔进家，才让妖鬼进户。
　　　　作祟才来得病在体，作祸才来染疾在身。
　　　　凶兆出现在家，怪异显现在户。
　　　　家中失财，户内破耗……①
　　　　恐你们祖公祖婆也坐不安，
　　　　怕你们祖母祖父也坐不住。
　　　　恐你们跑去他方，怕你们走去他处。

敬家祖仪式中摆在火炉后中柱下的供品（石开森摄）

（八）椎牛

阿约——阿哈！

Ad yox—ad had！

几高傩就麻你大苟，

Jid gaod nux jiut mad nit dad goud，

几高傩休麻炯大竹。

Jid gaod nux xiut mad jong dad zhub.

那纠拢单，

Nat jiux longd dand，

那谷拢送。

Nat guox longd songb.

归楼长拢白标白斗，

Guid loux zhangs longd biad bioud biad doud，

归弄长拢白纵白秋。

Guid nongb zhangs longd biad zongb biad qieb.

照白欧奶补奶热杂够豆，

Zhaob biad out liet but liet rax zab goud dout，

照白欧图补图热板比兵。

Zhaob biad out tub but tub rax biad bid biongx，

打豆他崩他中，

Dad dout tad bengd tad zhongb，

打便他高他特。

Dad biat tad gaod tad teb.

奶楼汝见奶恩，

Liet loux rub jianb liet ghongx，

奶弄汝加奶格。

Liet nongb rub jiad liet giex.

神韵——

备得芭蕉叶从那大山来，备得葛藤叶在那大门边。①
九月来到，十月来临。
谷神回来满家满宅，米神回来满房满屋。
装满两个三个粮仓，盛满两间三间米库。
仓底扎得满满，库顶装得实实。
米粒好似银珠，谷粒如同金粒。

[注] ①芭蕉叶、葛藤叶：在椎牛大典中，按古例要用芭蕉叶铺在筛盘内，上摆甜酒碗供神，因此要准备芭蕉叶。葛藤叶实际上是指葛藤，此祭祀要求用葛藤与棕索来捆牛，如此祖神才领受。

傩陇告舍纵豆拢久，
Nux longd gaod shed zongx dout longd jud,
傩图告沙纵腊拢板。
Nux tub gaox shad zongx lad longd biab.
内浪吉标得恩拢笔拢包，
Niex nangd jid bioud dex ghongx longd bid longd bheb,
嘎格拢楼拢归。
Gad giex longd loub longd guib.
得忙西吾笑斗莎江打起，
Dex mangb xid wud xiaob doud sead jiangb dad qit,
度忙西补笑冬莎江达写。
Dub mangb xid bub xiaob dongt sead jiangb dad xies.

竹叶已经落下铺地，树叶已经落完铺坪。①
主人家中银儿来生来育，金孙来养来发。
信士户主喜在心中，东家主人悦在心内。

[注] ①竹叶落下铺地，树叶落完铺坪：指秋末冬初时节，树叶已经落完了，这里所指的是九、十月份的时间。

冬豆几休苟莎，
Dongt dout jid xiud goud sead,

冬腊几休苟丈。

Dongt lad jid xiud goud zhangb.

冬豆你虫，

Dongt dout nid chongb,

冬腊炯拿。

Dongt lad jongb nad.

阿柔内腊几娘补豆浪格浪怪，

Ad roub niex lad jid niangb but dout nangd giex nangd guaib,

几娘补就加皮加细。

Jid niangb bub jiud jiad pib jiad xid.

内腊兵苟几照汝内，

Niex lad biongb goud jid zhaob rub niet,

兵公几照汝虐。

Biongb gongx jid zhaob rub niub.

猛单瓦吹告斗，

Mengd dand wad cuid gaox dous,

会送瓦绒比兵。

Huib songb wad rongx bid biongx.

猛单纠录乙苟，

Mengd dand jiux nux yid goud,

会送谷叉图公。

Huib songb guox cad tub gongt.

猛单几得后散，

Mengd dand jid dex houb sait,

会送吉秋喂茶。

Huib songb jid qieb wed cas.

窝内格偏几穷苟拢见苟猛豆，

Aod niex gibe pian jid qiongb goud longd jianb goud mengd dout,

窝忙格偏吉勇苟拢见公猛炯。

Aod mangb gied pianb jid yongb goud longd jianb gongt mengd jongb.

见苟各合麻如，

Jianb goud ged hed mad rub,

见公告号麻照。

Jianb gongt gaox haob mab zhaob.

标友要卡，

Bioud youd yaob kad，

标卡要绒。

Nioud kad yaob rongx.

见苟求兰，

Jianb goud qiub lanx，

见公求常。

Jianb gongt qiub zhangb.

见苟猛起，

Jianb goud mengd qid，

见公猛写。

Jianb gongt mengd xied.

见苟猛鲁，

Jianb goud mengd lud，

见公嘎穷……

Jianb gongb gad qiongb...

见苟虫柔麻不几久，

Jianb goud chongb rout mab bub jid jud，

虫闹麻共几娘。

Chongb laob mab gongb jid niangb.

阿内冬斩，

Ad niet dongt zhand，

腊冬几斩。

Lad dongt jid zhand.

阿虐冬汝，

Ad niub dongt rub，

腊冬几汝。

Lad dongt jid rub.

内腊汝目几毕几咱，

Nieb lad rub muux jid bid jid zab，

内莎汝梅几咱几干。

Niet sead rub miex jid zab jid giab.

凡间没起口嘴，凡尘没起诉讼。

凡间居稳，凡尘坐实。

信士家人出门没碰好天，行路没遇好日。

行至菜地之中，走到园圃之内。

行至九条路途，走到十岔路道。

行至耕作田里，走到耕种地头。

白天风刮才来得疾在体，黄昏风吹这才染病在身。

得疾浮肿浮胖，染病浮起浮胀。

身上少力，体内少气。

得疾闷胸，染病在肺。

得疾痛肠，染病痛肚。

得疾咳血，染病屙痢……

一天盼好，也不见好。

一日盼愈，也不见愈。

凡间好目不能得知，

凡尘好眼不能得见。

内腊梅到潮粮照几斗标，

Niex lad miex daob chaob liangb zhaob jid doud bioud,

哈到潮香照几柔纵。

Hab daob chaob xiangb zhaob jid roux zongx.

苟猛沙吾乖奶纵寿，

Goud mengd sead wud guax liet zongx shout,

窝潮乖卡秋得。

Aod chaob guat kad qieb dex.

产棍几周，

Chanx ghunt jid zhouub,

吧母几干。

Bab mux jid giab.

腊尼干埋——

Lad nit giab manb—

林豆棍见，

Liongx dout ghunt jianb,

林且棍嘎。

Liongx qieb ghunt gad.

白木白长冬豆，

Biad mux biad zhangs dongt dout,

袍梅袍长冬腊。

Paob miex paob zhangs dongt lad.

吉苟让服，

Jid goud rangb hub,

吉秋让龙。

Jid qieb rangb nongx.

叉扛加绒拢占，

Cad kangb jiad rongx longd zhand,

加棍拢奈。

Jiad ghunt longd nanb.

　　　信士取得香米从家中来，拿得白米从家内来。
　　　去照水碗大师坛头，去看米占小师坛尾。
　　　千神不出，百鬼不见。
　　　只见你们——"林豆棍见，林且棍嘎"。①
　　　转目转望凡间，转眼转望凡尘。②
　　　不给做主，不予保护。
　　　才让鬼魅来缠，方使凶煞来侵。

[注]　①林豆棍见，林且棍嘎：即大祖神的神名称号。

冬豆几出林善，

Dongt dout jid chub liongx shait,

冬腊几出林写。

Dongd lad jid chub longx xies.

内腊算到汝内，

Niex lad suanb daob rub niet,

寿到汝虐。

Shoub daob rub niub.

奈到纵那纵苟，

Nand daob zongx nat zongx goud，

寿到纵玛纵得。

Shoub daob zongx mab zongx det.

冬豆依尼闹埋莎到先头，

Dongt dout yid nit laob manb sead daob xianb toud，

冬腊照抗闹埋莎到木汝。

Dongt lad zhaob kangb laob manb sead daob mux rub.

凡间不做长心，凡尘不敢大胆。

信士算得好天，择得好日。

喊得哥兄老弟，叫来叔爷伯子。

凡间对你们标良也得长气，凡尘向你们许愿也得好福。

[注]　①标良、许愿：指标示心灵中的一种良好愿望。按照本地传统习俗，在许椎牛祭愿的时候，要在一个银项圈或一副手圈上套一条红丝绸布带，巴代雄举行许愿仪式之后，其将作为许愿的标志物，收藏于衣柜或木箱里面才算许愿了。到椎牛时由巴代雄通过祭仪将此布带解开才算了愿。

椎牛场景（周建华摄）

（九）隔化生子

阿吉腰——阿好好——阿好好。

Ad jib yaod—ab haod haod—ab haod haod.

列够欧然浪萨，

Leb geub out rab nangd sead，

列扑欧龙浪度。

Lb pub out longb nangd.

列理欧从浪公，

Leb lid out congb nangb gongt，

列岔欧炯浪几。

Leb cheax out jiongb nangd jid.

欧然浪萨列够窝够，

Out rab nangd sead leb geub aot gout，

欧龙浪度列扑背柳。

Out longb nangb dux leb pub bid loud.

就共亚猛，

Jux giongx yeax mengb，

就先亚挂。

Jux xiand yeax guax.

那林拢单，

Liax liongs longb dand，

那休拢送。

Liax xut longb songx.

他陇莎尼那迷谷迷内，

Teax nongd eax nib liax mib guob mib net，

陀罗告写，

Tuob luob ghaob xied，

告走蒙内（告走蒙忙"）。

Ghaob zeud mengb net（Ghaob zeud mengb mangx）.

神韵——

要唱两首的歌，要讲两轮的话。

要理两层的根，要寻两道的基。

两首的歌要唱缘起，两轮的话要说源头。

旧岁已去，新年已过。

大月来到，小月来临。

今日便是某月某旬某日，

日时皆晦，白日无光(夜晚昏暗)。

阿标林休，

Ad bioud liongs xut,

产豆几没窝汝意记松斗，

Cant dout jid meb aot rux yib jib songx doub,

首龙闹考达告竹鲁，

Sout nongb laox kaod dab ghaox zhus lux,

阿竹共让，

Ad zhus giongx rangx,

吧就几没窝汝以达穷炯，

Beax jux jid meb aot rux yit dat qiongx jiongb,

首龙闹考达告竹嘴。

Sout nongb laox kaod dab ghaox zhus zuid.

内途提果呕擂，

Neb tux tib geut oud hlib,

比途香录香瓜。

Bit tux xiangt lub xiangt guat.

兄忙阿涌，

Xiongt mangb ad yongd,

拢忙阿够。

Longb mangb ad goux.

禾达香傩，

Aob dab xiangt nus,

禾这香瓜。

Aob zheux xiangt guat.

一家大小，
千年没烧纸团糠香，铁刀钢锄大门之边，
一屋老幼，
百载没焚蜂蜡糠烟，铁刀钢锄边门之内。
人戴白布孝服，头插菖蒲桃枝。
生竹一节，枿竹一筒。
菖蒲水盘，桃叶水碗。

冬豆几修苟萨，

Dongt dout jid xiud goud sead,

冬腊几修苟章。

Dongt leas jid xiud goud zhuangb.

冬豆你虫，

Dongt dout nil chongx,

冬腊炯拿。

Dongt leas jiongx neab.

度标阿奶得休，

Dus bout as let died xut,

度竹阿图嘎让。

Dus zhud as tud gas rangb.

几分否囊汝内冬豆，

Jis huengd Woud nangs rub neis dongb dout,

几秀否囊汝骂冬腊。

Jis xioud Woud nangs rub mab dongb las.

阿柔干否产恩吧格，

As roud gans Woud Bous shand engb pas geix,

阿气干否产见吧嘎。

As qib gans Woud shand jianb pas ghuad.

否腊几江大起，

Woud lab jis jiangb dab xis,

否叉几愿达写。

Woud chab jis yanb dab xis.

列没扛到叉茶，

Lies meib gangb daod chab zhas,

列岔扛到叉愿。

Lies chab gangb daod chab yant.

否叉秋兄苟拢出汉得休，

Woud chab qioud xiongs gous longd chub hanb deb xius,

否腊报标苟拢出汉得让。

Woud lab daob boux gous longd chub haib deb rangt.

叉拢苟扛内酷，

Chas longd ges gangb nes kus,

叉闹苟扛内迷。

Chas laod ges gangb nes mib.

梅久干将否腊列猛，

Meib jious gant jiangs Woud las lies mongs,

岔到干无否莎列会。

Chab daob guans wud bous suab lies huis.

列猛长求冬绒，

Lies mongb changb quoub dongx rongt,

列会长闹冬棍。

Lies huid changb naob dongx ghunt.

凡间没有事端，凡尘没有争讼。
凡间安居，凡尘坐实。
主家的一个小儿，主人的一位小孩。
分离他的人间慈母，分别他的世间严父。
过去欠他千银百金，以前欠他千钱百财，
他也心中不服，他也肚内不愿。
要索送得才了，要取送了才完。
他才投生来家做那小儿，他也投胎到户做那小孩。
才来让人关怀，才来让人关爱。
索完欠账他便要走，讨了欠账他便要去。
要走回去阴间，要转回归黄泉。

内腊梅到潮粮照几斗标，

Neb leas met daox zaox liangb zhaob jid doub bioud,

哈到潮香照几柔纵。

Head daox zaox xiangt zhaob jid roub zongb.

苟猛沙吾乖奶纵寿，

Goud mengb sheax wut gweit leit zongb sheut,

窝潮乖卡秋得。

Aob zaox gweit keax quix deb.

产棍几周，

Cant ghunt jid zhoub，

吧母几干。

Beax mub jid ganb.

尼干林豆吉哈且首竹豆，

Nil liongl dout jib head quex sout zhus dout,

林且吉哈且闹康内。

Liongt qued jib head quex laox kangd neb.

几且猛狗竹豆，

Jid qued mengb guoud zhus dout，

几且猛琶康内。

Jid qued mengb beax kangb neb.

且照否浪归先麻你冬豆，

Qued zhaob woub nangd guil xiand mab nil dongt dout,

且照否浪归木麻焖冬腊。

Qued zhaob woub nangd guil mub mab jiongx dongt leas.

信士取得香米从家中来，拿得白米从家内来。
去照水碗大师坛头，去看米占小师坛尾。
千神不出，百鬼不见。
只见林豆规律法则神放下的大限秤，
林且准则神放下的大限钩。
不称凡尘的大狗，不钩凡间的大猪。
称去了他(她)的凡间气息，
钩去了他(她)的凡尘生命。

否浪标归召棍且猛，

Woub nangd bioud guil zhaob ghunt quet mengb，

且月召绒且猛。

Quex yueb zhaob rongb quet mengb.

标归油风油记，

Bioub guil youb fengt youb jid，

且月几图吉用。

Qued yueb jid tub jib yongx.

标归几没油久，

Bioub guil jid meb youb jiud，

且月几没油得。

Qued yueb jid meb youb deb.

窝鸟标先要卡，

Zaot niaob bioub xiand yaox keax，

图久标卡要绒。

Tub jiud bioub keax yaox rongs.

否叉奶先比包，

Woub chead leit xiand bid beub，

奶木比篓。

Leit mub bid loud.

久先比包，

Jub xiand bid beub，

久木比篓。

Jub xiand bid loud.

莎先比包，

Seax xiand bid beub，

莎木比篓。

Seax mub bid loud.

莎先洞久，

Seax xiand dongb jub，

莎木洞达。

Seax mub dongb dab.

他(她)的三魂被鬼称去，

七魂被神称去。

三魂飘风飘气，七魂飞上飞下。

三魂不在肉体，七魂不附肉身。

嘴唇弱气少气，身体弱力少气。

他(她)才短气床头，短息床尾。

完气床头，了息床尾。

断气床头，断息床尾。

断气死了，断息死亡。

几吼声昂白标，

Jib hout shongt ghat beid bioud,

吉话声研白竹。

Jib huax shongt yuanb beid zhus.

冲豆冲斗几北苟虐，

Chongx dout chongx doub jid beid goud nus,

奈斗奈内几怕苟达。

Naix doub naix neb jid peat goud dab.

窝头莎先扛猛，

Aot toub seax xiand gangb mengb,

窝抗莎木扛会。

Aot kangx seax mub gangb huix.

几吼猛庆几竹打豆，

Jib hout mengb qiongd jid zhus deat dout,

吉话猛炮几竹打便。

Jib huax mengb paox jid zhus dat biat.

纠金色头告几加莎，

Jiub gingb seid toub ghaox jiad sead,

谷金闹然告几加章。

Guob gingb laox rab ghaox jid jiad zhuangb.

浪样怕猛产豆，

Nangb yangb peax mengb cant dout,

阿散挂猛万就。

Ad sant guax mengb wanx jux.

> 哭号之声满屋，哀号之声满门。
> 牵手牵臂分别凡间，喊爹喊娘分离凡尘。
> 烧那落气钱纸送去，焚那落气钱纸送别。
> 放响地铳震地，响那火炮震天。
> 九尺长矛报不了仇，
> 十丈尖刃雪不了恨。
> 这样别去千年，如此永别万载。

没理拿苟腊扑几通，

Meb lid neab geud pub jid tongt,

没味拿绒腊怕几当。

Meb weid neab rongb leas peat jid dangx.

纠紧色头告几加萨，

Jiub giongd seid toub ghaib jid jiab seax,

谷紧色善告几加章。

Guob giongd seid shait ghaob jid jiab zhuangb.

麻林猛乖腊赌几归，

Mab liongs mengb gweit leas dud jid guib,

麻岭猛度腊怕几当。

Mab liongs mengb dub leas peat jid dangx.

几怕求猛冬绒，

Jid peat quix mengb dongt rongb,

吉江求闹冬棍。

Jib jiangb quix laox dongt ghunt.

几怕列猛产柔，

Jid peat leb mengb cant roub,

几江列猛万就。

Jid jiangb leb mengb wanx jux.

> 有理如山也讲不通，有据如岭也说不到。
> 九尺长枪报不了冤，十丈梭镖报不了仇。

大官大员也躲不开，大富大贵也逃不脱。

分开要上阴间，分别要走黄泉。

分开分去千载，分别别去万年。

隔化生子仪式的摆设场景

六

算内、摆棍·Suand niub baid gunt·择日、设坛

【简述】

择日与设坛是苗师祭祀必须要做的首要大事。在实际运作中，选择祭祀日期的基本原则有二，即喜和忌这两个方面。喜是好的一面，比如天德贵人、月德贵人、福德星、福禄星、神在日等。忌是差的一面，比如鬼隔日、神隔日、老君百事忌、扬公忌、神号日等。在神辞用"选得好天，择得好日，选得某月某日，某某吉时"来表达择日之意。设坛指的是设置祭祀神坛。设坛的内容大体包括场地（在什么地方）、摆些什么东西等，由巴代用神辞向祖神陈述具体的内容。

> 依尼拔浪竹岭，
> Yid nib piax nangb zhub liuongt,
> 照抗浓浪竹共。　　　　　　　　　　　　（双大指祖神诀）
> Zhaob kangx niongx nangb zhub gongx.
> 依尼汝哟阿先，
> Yid nib rux yod ab xiand,
> 抗汝件阿气。
> Kangx rux jianb ab qix.
> 依尼几没麻召，
> Yid nib jid meib mab zhaob,
> 照抗几没麻周。
> Zhaox kangx jid meib mab zhoud.
> 依尼内列拢共拢两，

Yid nib neib lieb liongb gongb liongb liangb,

照抗内列拢西拢笑。

Zhaox kangx neib lieb liongb xid liongb xianx.

那就拢单，

Liax jiub liongb dand,

那就拢送。

Liax jiub liongb songx.

内腊排到汝内，

Neib lab paib daox rux neit,

寿到汝虐。 （掐指纹诀）

Shex daox rux niub.

排到那就迷谷迷内，

Paib daox liax jiub mib guob mib neit.

陀罗告写，告走蒙热(告走蒙忙)。

Tuon luob gaod xied, gaod zeb mengb reib (gaod zeb mengb mangx).

叩了最古的女，许了最老的男。

叩了病情好了半分，许了疾厄退了半步。

叩了不能拖延，许了即要还愿。

叩了便要来迎来请，许了便要来敬来还。

某季来到，某月来临。

信士算得好天，择得好日。

算得某月某旬某日，日吉时良，

清早良旦(夜晚良旦)。

汉拢莎尼棍那棍苟，

Hanx nongd sax nib gunt nat gunt goud,

半拢腊尼棍骂棍得。 （五指诀）

Banx nongd lab nib gunt max gunt deit.

刚棍莎尼柔剖浪哈，

Gangt gunt sax nib roub pout nangb has,

削猛莎民柔娘浪屡。

Xiox mengb sax nib roub niax nangb loub.

内腊奈到纵那纵苟，

Neib lab naix daox zongb nat zongb goud，

寿到纵玛纵得。

Shet daox zongb max zongb deit.

嘎到几北竹岭，

Giad daox jid beib zhub liuongb，

吉走告肥竹共。　　　　　　　　　　　　　　（出掌诀）

Jib zed gaod feib zhub gongx.

几江长苟，

Jid jiangb changb goud，

吉共长公。　　　　　　　　　　　　　　　（入掌诀）

Jib gongx changb gongt.

长单大得哨吾，长送吉秋送龙。　　　　　　（顿掌诀）

Changb dand dax deit saot wut，changb songx jib qiux songx longb.

偷到吾斩茶齐，吾龙飘明。　　　　　　　　（清洗诀）

Tet daox wut zaib cat qit，wut longb pueb miongb.

茶齐尖尖，飘明忙忙。

Cat qit juanb juanb，pueb miongb mangb mangb.

几北竹岭，苟拢江林打纵刚棍，　　　　　　（顿掌诀）

Jib beid zhub liuongt，goud liongb jiangx liuongb dad zongb gangt gunt，

吉走告肥竹共，

Jib zeb gaod feib zhub gongx，

苟拢江照吉秋学猛。

Goud liongb jiangx zhaob jib qiux xuob mengb.

　　　　敬祖是哥兄老弟的事，祭神是叔爷伯子的活。
　　　　这是祖宗留下的习惯，爷娘定下的规矩。
　　　　于是主人喊来哥兄老弟，叫来叔爷伯子。
　　　　借得祭祖的供桌，敬神的供案。
　　　　抬得回转，搬得回来。
　　　　转到屋檐之下，回到门外坪场。
　　　　舀得清水洗遍，泉水洗净。
　　　　洗得明明，擦得亮亮。

祭祖的供桌，拿来摆在祭祖堂中，
敬神的供案，拿来放在敬神堂内。①

[注] ①祭祖堂中、敬神堂内：指大门后面向地楼板一边的堂屋一角。

得忙西吾笑斗，
Deit mangb xit wut xiaox deb,
度忙西补笑冬。
Dux mangb xit bub xiaox dongt.
内叉让达几如，
Neib chax rangb dab jid rub,
让这几柔。
Rangb zheid jid roub.
内拿没到炯奶达齐这汝，
Neib nab meib daox jiongx leit dab qit zheix rux,
炯图达恩泻格。   （碗诀）
Jiongb tub dat engb xiex gieb.
偷到吾斩茶齐，
Tet daox wut zaib cat qit,
吾龙飘明。   （清洗诀）
Wut longb puet miongb.
茶齐尖尖，
Cat qit juanb juanb,
飘明忙忙。
Pueb miongb mangb mangb.
达齐这汝，
Dab qit zheix rux,
苟拢江林吉弄几北竹岭。   （摆碗诀）
Goud liongb jiangx liuongb jib nongd jib beid zhub liuongb.
达恩泻格，
Dab engb xied gieb,
苟拢江照吉弄吉走告肥竹共。   （顿掌诀）
Goud liongb jiangx zhaob jib nongd jib zeb gaod feib zhub gongx.

凡间敬祖的信士，凡尘祭神的户主。

人们这才找盘来堆，寻碗来聚。

人们取得七只好碗净碗，七个金碗银碗。

舀得清水洗好，泉水洗净。

洗得明明，擦得亮亮。

好碗净碗，拿来摆在祭祖桌上。

金碗银碗，拿来放在敬神案中。①

[注]　①放在敬神案中：在实际操作中是将碗反扣在桌子上，要等请到元祖神来时才翻开斟酒。

刚棍列出纠得窝拢立为，

Gangt gunt lieb chud jiub deit aob liongb lib weib,

削猛到岔纠谷窝桥良王。　　　　　　　　（叉指诀）

Xiaox mengt daox chax jiub guob aob qiaob liangb wangb.

列出见恩头果，

Lieb chud jianb engb teb guet,

列没见抗头浪。

Lieb meit jianb kangx teb nangb.

达起出见出尼，

Dab kid chud jianb chud nib,

达起出汝出虫。

Dab kid chud rux chud chongx.

内腊几修能茶一照几斗标，　　　　　　　（刀诀）

Neib lab jid xiud nongb cant yib zhaox jid doub bioud,

窝秀到然照几柔纵。

Aot xiut daox rab zhaox jid roub zongb.

几茶苟猛几茶吉弄柔茶告斗，　　　　　　（磨刀诀）

Jit cat goud mengb jit cat jib nongd rout cat gaot dout,

吉然苟猛吉然吉弄柔然比兵。

Jib rab goud mengb jib rab jib nongd rout rab bid biongt.

猛单告就，会送告孺。　　　　　　　　　（出掌诀）

Mengb dand gaod jub, huix songx gaod rux.

绍陇便告斗补，

Shaot liongs biat gaox doub bub，

岔图照告然冬。 （砍竹诀）

Chax tub zhaob gaox rab dongt.

都陇几没几穷告浪斗补，

Dub liongs jid meib jid qiongb gaox nangb doub bub，

岔图几没吉话禾绒棍冬。

Chax tub jid meib jib huax aob rongb gunt dongt.

几江长苟，

Jid jiangb changb goud，

吉共长冬。 （抬竹诀、入掌诀）

Jib gongx changb dongt.

够陇照豆，

Gout liongs zhaob dout，

便陇照追。

Biat liongs zhaob zhuix.

长单打得哨吾，

Changb dand dat deib saot wut，

长送吉秋送龙。 （顿掌诀）

Changb songx jib qiux songx longb.

内腊意陇格格，

Neib lab yit liongs giet giet，

喂乔嘎嘎。 （破篾块诀）

Weib qiaob giax giax.

出见纠得谷陇立为，

Chud jianb jiub deib guob liongs lib wenb，

纠竹谷乔良王。

Jiub zhub guob qiaob liangb wangb.

喂斗得寿，

Weib doub deib shet，

产见头果， （剪纸诀）

Cat jianb teb guet，

江林纠得谷陇立为，

Jiangx liuongb jiub deib guob liongs lib weib,

江照纠竹谷乔良王。

Jiangx zhaob jiub zhub guob qiaob liangb wangb.

查大斗标，

Chax dat doub bioud,

丧偷柔纵。

Sangd tet rout zongx.

内腊没到提周炮节，

Neib lab meit daox tib zhoud paox jieb,

提尖炝抓。

Tib juanb paox zhuab.

阿告苟拢炮单达告竹鲁，　　　　　　　　　　　　　（盖布诀）

Ab gaox goud liongb paox dand dab gaox zhub lu,

阿告苟拢炮送达告竹嘴。

Ab gaox goud liongb paox songx dab gaox zhub zuid.

敬奉要做九块竹条篾块，祭祀要有九根竹条篾条。

要造银钱白纸，要有金币冥钱。

这才做成做好，做好做实。

于是人们找得柴刀从家中来，寻得快刀从家里来。

先在磨岩上面磨好，先在磨石上面磨快。

行至山坡，走到竹林。

寻竹五面山头，找木六面山尾。

砍竹没有惊动五方山脉，伐木没有惊扰六处土地。

抬得回转，扛得回来。

竹根在前，竹尾在后。

转到屋檐底下，回到门外坪场。

人们削去竹丫，劈破竹竿。

劈成九块十块竹块，破成九根十根篾条。

我本弟子，剪成纸束，

穿在九块十块竹块，套在九根十根篾条。

揭开衣箱，打开衣柜。

人们取得丝绸布缎，

一边盖到地楼一头，一头铺到大门一边。^①

[注] ①地楼一头，大门一边：把布铺在设置于边门后挂纸束的木架上面，这样布的一头便接在地楼上，另一头则任其吊挂在大门边。

猛纵内腊就见，
Mengb zongb neib lab jiub jianb,
再斗列就得纵。
Zaix doub lieb jiub deit congb.
猛秋内莎出汝，
Mengb qiux neib sax chud rux,
再斗列出得秋。
Zai doub lieb chud deit qiux.
得纵就你告纵，
Deib zongb jiub nit gaod zongb,
得秋江照比秋。　　　　　　　　　　　　　（顿掌诀）
Deit qiux jiangb zhaob bid qiux.
标奶江林告纵，
Bioud leib jiangb liuongb gaod zongb,
标告江照比秋。　　　　　　　　　　　　　（倒扑的凳子）
Bioud gaod jiangb zhaob bid qiux.
矮果江林告纵，
Ait guet jiangb liuongb gaod zongb,
庆放江照比秋。　　　　　　　　　　　　　（大鼎和水罐）
Qut fangx jiangb zhaob bid qiux.
呕达江林告纵，
Out dab jiangb liuongb gaod zongb,
呕这江照比秋。　　　　　　　　　　　　　（倒扑的两碗）
Out zheix jiangb zhaob bid qiux.
禾拔闹吾高缪，
Aob piad laox wut gaob mioub,
禾浓求补让昂。
Aob niongx qiux bub rangb angb.

高缪洞补,

Gaob mioub dongb bub,

让昂洞到。

Rangb angb dongb daox.

内拿没到昂斩缪米,

Neib liab meit daox angb zaib mioub mid,

苟拢江林吉弄几北竹岭, 　　　　　　　　　　　（顿掌诀）

GJoud liongb jiangb liuongb jib nongd jid beit zhub liuongb,

江照吉弄吉走禾肥竹共。

Jiangx zhaob jib nongd jib zeb aob feib zhub gongx.

　　主坛人们设成, 还要设置副坛。

　　大殿人们设好, 还要设置副殿。

　　副坛设在地楼, 副殿设在地板。

　　神屋设在地楼, 小坛设在地板。①

　　大鼎摆在地楼, 水罐放在地板。

　　两盘摆在地楼, 两碗放在地板。

　　女人下河捞鱼, 男人上山撵肉。

　　捞鱼也得, 撵肉也获。

　　人们取得猎肉鲤鱼,

　　拿来摆在祭祖桌上, 陈在敬神案中。

　　［注］　①神屋、小坛：指设置在地楼板上的福坛。一般的设置方法为放倒一个有靠背的凳子, 在上面盖上女人的古装花裙即可。也有用篾条扎成方篓式样的, 但也必须盖上古装花裙才行。

得纵就见攸攸,

Deit zongb jiub jianb youd youd,

猛纵就见沙沙。

Mengb zongb jiub jianb shax shax.

得纵就汝汝见标恩,

Deit zongb jiub rux rux jianb bioud engb,

猛纵就汝汝加得格。

Mengb zongb jiub rux rux jiad deib giet.

列浓爬林爬章，

Lieb niongx pad liuongb pad zhuangb,

列岔书虐爬汝。

Lieb chax shud niub pad rux.

内腊将得猛见乙热内补，　　　　　　　　　　　　（出掌诀）

Neib lab jiangx deit mengb jianb yid reib neib bub,

将度乙嘎猛加以然内冬。

Jiangx dux yid giad mengb jiad yit rab neib dongt.

内腊不见白久。

Neib lab bub jianb beid jiud.

不嘎白得。

Bub giax beid deib.

猛单羊强羊枪，

Mengb dand yangb jiangx yangb qiangd,

会送羊干羊屋。　　　　　　　　　　　　　　　　（旋掌诀）

Huix songx yangb gand yangb wud.

几洞金鸡莎江，

Jid dongb giuongt gid sax jiangb,

吉内买卖莎空。

Jib neib maix maib sax kongt.

斗抓吉良见恩嘎格，

Doub zhuab jib liab jianb engb giax giet,

斗尼吉良兄狗那爬。　　　　　　　　　　　　　（游中指诀）

Doub nit jib liab xiongd guoud liax pax.

沙翁告豆，

Shad wengt gaod dout,

沙梦比兵。

Sha mengx bid biongb.

斗篓告豆，

Doub noub gaod dout,

斗冲比兵。

Doub chongx bid biongb.

斗篓几照内浪爬古爬鲁，

Doub noud jid zhaob neib nangd pax gub pax nub,

斗冲几照内浪爬忙爬强。

Doub chongx jid zhaob neib nangd pax mangb pax jiangx.

斗篓拿照阿舍麻盐，

Doub noub liax zhaob ad shed mab yuanb,

斗冲拿照阿向麻养。

Doub chongx liax zhaob ad xiangd mab yangb.

斗篓拿照阿舍麻走，

Doub noub liax zhaob ad shet mab zed,

斗冲拿照阿向麻送。

Doub chongx liax zhaob ad xiangd mab songx.

几江长苟，

Jid jiangb changb goud,

吉共长公。   （入掌诀）

Jib gongx changb gongt.

长单打得哨吾，

Changb dand dat deib saot wut,

长送吉秋送龙。

Chang songx jib qiux songx longb.

内腊出见巴忙连狗，

Neib lab chud jianb biat mangb lianb guoud,

图忙连爬。   （捆猪诀）

Tux mangb lian piax.

巴忙连狗，

Biat mamngb lianb guoud,

苟秋内浪巴冲斗标，

Goud quid neib nangb biat chongx doub bioud,

图忙连爬，

Tux mangb lianb piax,

苟秋内浪图共记竹。

Goud quid neib nangb tux gongx jid zhub.

阿标林休——

Ab bioud liuongb xut—

产豆几斗巴冲斗标，

Cant dout jid doub biat chongx doub bioud，

吧就几斗图共记竹。

Bax jux jid doub tux gongx jid zhub.

茶他猛久，

Cat tax meng jiud，

弟然猛半。

Dix rab mengb banb.

娘莎娘猛产豆，

Niangb sax niangb mengb cant dout，

娘状娘猛吧就。 （封锁诀）

Niangb zhuangb niangb mengb bax jux.

声昂单豆，

Shongt angb dand dout，

弄奈单内。

Niongx naix dand neib.

声昂苟秋内浪声梦吉标，

Shongt angb goud qiux neib nangb shongt mengt jib bioud，

弄奈苟秋内浪声达记竹。

Niongx naix goud qiux neib nangb shongt dab jid zhub.

阿标林休——

Ab bioud liuongb xut—

产豆几斗声梦吉标，

Cant dout jid doub shongt mengt jib bioud，

吧就几斗声达记竹。

Bax jux jid doub shongt dab jid zhub.

查他猛久你娘产豆，

Chax tax mengb jiud nit niangb cant dout，

弟然猛半炯汝吧就。

Dix rab mengb banb jiongx rux bax jux.

阿偶琶林琶章，

Ab oud bax liuongb bax zhuangb，

阿炯书虐琶汝。

Ab jiongx shud niub bax rux.

书格转嘎虫兵，

Shud gieb zhuanb giax chongx biongb,

书康奈腊虫兄。　　　　　　　　　　　　（顿掌诀）

Shud kangx naix lab chongx xiongd.

冬豆列岔最走，

Dongt dout lieb chax zuib zeb,

内岔莎最莎走。

Neib chax sax zuib sax zeb.

冬腊列岔最板，

Dongt lab lieb chax zuib banb,

内岔莎走莎板。

Neib chax sax zeb sax banb.

　　小坛设得好好，大坛摆得齐齐。
　　小屋起好好似银屋，大坛设好好似金堂。
　　要买一头大猪肥猪，要寻一头活猪好猪。
　　于是主人带得大钱要走远方，拿得大款要去远处。
　　收钱在身，拿款在手。
　　行至交易场中，走到贸易市内。
　　探听经纪也喜，打问买卖也爱。
　　左手交去金银钱财，右手牵得卖猪绳索。
　　眼看在前，目望在先。
　　眼看不着种猪娘猪，目望不是帮猪群猪。
　　眼看见是一头剩猪，目望见是一头余猪。
　　眼看正好一头供猪，目望正是一只祭猪。
　　赶着回转，牵着回来。
　　转到屋檐底下，回到滴水坪场。
　　人们做成木棒捆狗，木杠捆猪。①
　　木棒捆狗，拿抵户主抬丧杠子，
　　木杠捆猪，拿抵信士抬丧杠木。
　　一家大小，

千年没有抬丧杠子，百载没有抬丧杠木。

祥和清泰，安康吉利。

猪叫到堂，猪喊到殿。

叫声拿抵病哼之灾，喊声拿抵哭丧之祸。

一家大小，

千年没有病哼之灾，百载没有哭丧之祸。

祥和清泰，安康吉利。

一头大猪肥猪，一只供猪好猪。

捆在堂屋之中，锁在中堂之内。

凡供要找齐备，也都皆齐皆备。

凡仪要寻齐全，也都皆齐皆全。

[注]　①木棒捆狗，木杠捆猪：指把供猪的四脚捆住之后，再穿上一根木棒，然后用两根木桩将脚固定在堂屋地面上。此句中的狗是为了语言对仗而说的。

祭坛前主持仪式的巴代

七
嘎几北 · Giad jit beib · 借供桌

【简述】

苗师在祭祀中提起供桌时，大多数会表述成是借用的。这种表述的内涵有二：其一，供桌是借来的，不能久用，送神之后必须得还，因而也暗示神灵，不能久住，到时得赶快走；其二，主家并不富裕，连供桌都得和别人家借，求神怜悯，保佑户主能富裕起来。同时，也说明古代苗民并不富有，许多人家连饭桌都没有。借供桌神辞大体包括：喊来房族人等，去村上借桌子，抬回来，用清水洗净擦干，摆在敬神的地方。

内腊就闹会送几苟，
Neib lab jud liaot huix songx jid geb，
内莎就叫会送几让。
Neib sax jud jiaob huix songx jid rangb.
几苟龙内嘎到几北，
Jid geb longb neib giad daox jid beib，
几让龙内嘎到吉走。
Jib rangb longb neib giad daox jib zed.
嘎到几北刚棍，
Giad daox jib beid gangt gunt，
嘎到吉走削猛。
Giad daox jib zed xiox mengb.
长单茶齐点点，
Changb dand cant qit dianx dianx，

长送漂明忙忙。

Changb songx pueb miongb mangb mangb.

几北刚棍江林窝纵，

Jid neib gangt gunt jiangx liuongb aot zongt，

吉走刚绒江照窝秋。

Jib zed gangt rongb jiangx zhaob aob qiux.

  人们抬脚走到村中，大家举步行到寨内。
  村中与人借得桌子，寨内和人借得几案。
  借得敬神供桌，借来祭祖神案。
  回来洗得清洁，转来抹得干净。
  敬神供桌摆在堂中，祭祖神案摆在堂内。

纵那纵苟叉闹几苟，

Zongb nat zongb goud chad laox jid geb，

纵骂纵得会闹几让。

Zongb max zongb deit huix laox jid rangb.

叉闹几苟嘎到几北竹林，

Chad laox jid geb giad daox jid beib zhub liuongb，

会闹几让嘎到吉标窝肥竹共。

Huix laox jid rangb giad daox jib bioud aob feib zhub gongx.

几江长拢单得，

Jid jiangb changb liongb dand deib，

吉共长拢单秋。

Jib gongx changb liongb dand qiux.

偷到吾斩苟茶，

Tet daox wut zaib goud cat，

岔到吾龙苟向。

Chax daox wut nongb ged xiangx.

茶齐点点亚齐亚汝，

Cat qit dianb dianb yax qit yax rux，

向明忙忙亚汝亚面。

Xiangx miongb mangb mangb yax rux yax mianb.

江林大纵扛棍扛虫，

Jiangx liuongb dat zongb gangb gunt gangb chongx,

江照吉秋削猛扛拿。

Jiangx zhaob jib qiux xiox mengb gangb nab.

　　房族人等行到村中，叔伯父子走进寨内。

　　行到村中借得敬神桌子，走进寨内借来了祭祖的神案。

　　抬着回到家中，扛着转到家内。

　　舀得井水来洗，用那泉井来抹。

　　洗得又清又洁又好，抹得又干又净又明。

　　摆在敬神堂中得稳，摆在祭祖堂内得当。

几北吉走嘎猛苟让，

Jid beib jib zed giad mengb goud rangb,

得够猛肥嘎猛加竹。

Deib gout mengb feib giad mengb jiat zhub.

内叉抱苟嘎到几北吉走，

Meib chax baob goud giad daox jid beib jib zed,

内莎抱让嘎到得够猛肥。

Neib sax baob rangb giad daox deit gout mengb feib.

嘎到几江长苟，

Giad daox jid jiangb changb goud,

嘎然吉共长公。

Giad ranx jib gongx changb gongt.

江林达纵刚棍，

Jiangx liuongb dat zongb gangt gunt,

江召吉秋削猛。

Jiangx zhaob jib qiux xiox mengb.

召篓内腊苟固吾充苟茶，

Zhaob noub neib lab goud gub wut congt goud cat,

召追内莎苟汉吾龙苟向。

Zhaob zhuix neib sax goud hanx wut nongb goud xiangx.

茶齐茶汝向汝，

Cat qit cat rux xiangx rux,

茶叫茶面向面。

Cab jiaob cab mianb xiangx mianb.

祭祖神桌从村中借来，长凳短凳从寨内借来。

主家入村借来祭祖神桌，主人进寨借来长凳短凳。

借得抬着回转，借到扛着回来。

摆到祭祖堂中，摆在敬神堂内。

前面人们用那井水来洗，后面人们用这泉水来抹。

洗洁洗净抹净，抹净擦光抹光。

几北偷楼，

Jid beib toud loub,

吉走偷嘴。

Jib zeb toud zuid.

几北告豆，

Jid beib gaot dout,

吉走比兵。

Jib zed bid biongb.

几北刚棍，

Jid beib gangt gunt,

吉走削猛。

Jib zed xiox mengb.

几北斗耸，

Jid beib doub songx,

吉走斗绒。

Jib zed doub rongb.

几北猛酒，

Jid beib mengb jiud,

吉走猛列。

Jib zed mengb liex.

几北猛莎，

Jid beib mengb sat,

吉走猛肥。

Jib zed mengb feib.

北北竹林，

Beib beib zhub liuongb，

吉走窝肥竹共。

Jib zed aot feib zhub gongx.

几北拔恩，

Jid beib bab engb，

吉走拔格。

Jib zed bab gieb.

　　大坛供桌，小坛供案。
　　祭祖供桌，敬神供案。
　　雷神供桌，龙神供案。
　　大祖供桌，大宗供案。
　　大桌大几，大椅大凳。
　　元祖大桌，供奉元神大案。
　　银盘大桌，金盘大案。

敬雷神的祭坛

八
太达太这 · Tait dab tait zhex · 摆供碗具

【简述】

从村上借回了供桌，摆在敬神的地方，然后要去厨房取碗。苗家收碗的"碗柜"又叫"碗窝"，是用竹子编制的一个中间凸、沿边凹的圆形竹篮子，挂在灶房内，将碗反扣在上面，一来保持碗干，二来灰尘杂物不落碗内，比现在的碗柜科学多了。摆供碗供具的神辞如：取碗来摆，取盘来放；人们取得×只×只好碗净碗，取得×块×块金盘银盘来放。描写碗、盘时采用了对举手法，并非仅指碗或盘子；×只、×块是按照敬神规矩所需要用的具体数字。

度标不见白久，

Dud bioud bub jianb beid jiud，

度竹不嘎白得。

Dux zhub bub giax beid deib.

猛单几强吉抢，

Mengb dand jid qiangb jib qiangd，

会送几干吉无。

Huix songx jid ganb jib wub.

浓到炯奶乙奶汝达，

Niongl daox jiongb leit yib leit rux dab，

浓到乙洞就洞汝这。

Niongl daox yib dongb jiub dongb rux zhex.

汝达达齐这汝，

Rux dab dab qit zhex rux，

汝这他恩这格。

Rux zhex tax engb zhex gieb.

长拢茶齐点点，

Changb liongb cab qit dianx dianx,

莎腊向明忙忙。

Sax lab xiangx miongb mangb mangb.

内腊梅到炯奶乙奶他恩，

Neib lab meit daox jingb leit yib leit tax engb,

内莎冲到乙图纠图这格。

Neib sax chongx daox yib tub jiub tub zhex gieb.

摆照吉弄几白，

Baid zhaob jib nongd jib beid,

江林吉弄吉走。

Jiangx liuongb jib nongx jib zedv.

> 主家拿钱在手，主人收币在身。
> 来到集市之中，走入街市之内。
> 买得七只八只好碗，购得八筒九筒好盘。
> 好碗碗净碗好，好盘银盘金盘。
> 回来洗得干净，也都抹得光亮。
> 人们取得七只八只金碗，主家拿得八只九只银碗。
> 摆在祭祖桌中，放在敬神桌上。

梅达苟太，

Meit dab ged tait,

梅这苟照。

Meit zhex ged zhaox.

内腊闹柔梅到达恩，

Neib lab laox rout meit daox dat engb,

内莎布格梅到这格。

Neib sax bub gieb meit daox zhex gieb.

炯奶他齐这汝，

Jiongb leit tax qit zhex rux,

乙图达恩这格。

Yib tub dab engb zhex gieb.

偷到吾斩茶齐点点，

Tet daox wut zaib cab qit dianx dianx,

到汝孝梅漂汝忙忙。

Daox rux xiaox meib pueb miongb mangb mangb.

炯奶达齐这汝摆照几北几图，

Jiongb leit dat qit zhex rux band zhaob jid beib jid tub,

乙图达恩达格摆送吉走吉弄。

Yib tub dab engb dab gieb band songx jib zed jib niongx.

  取碗来摆，拿盘来放。

  主家碗篮取得银碗，主人碗柜拿得金盘。

  七只净碗好碗，八只金碗银碗。

  舀得井水洗得干净，拿好毛巾擦得光亮。

  七只净碗好碗放在供桌之中，八只金碗银碗摆到神案之上。

洗剖笑乜列到汝达，

Xid pout xiaox nias lieb daox rux dad,

洗内孝骂列梅汝这。

Xid neib xiaox max lieb meit rub zhex.

汝达梅照柔拢，

Rux dad meit zhaob rout liongs,

汝达梅照格图。

Rux dad meit zhaob gieb tub.

内腊梅到汝达照几柔拢，

Neib lab meit daox rux dab zhaob jid roub liongb,

内莎梅到汝这照几格图。

Neib sax meit daox rux zhex zhaob jid gieb tux.

梅到炯奶几炯，

Meit daox jiongb leit jib jiongx,

梅然乙图吉龙。

Meit ranb yib tub jib liongs.

点点莎腊茶齐漂汝，

Dianx dianx sax lab cat qit pueb rux,

窝这莎腊茶汝漂明。

Sax zhex sax lab cat rux pueb miongb.

江林吉弄几北刚棍，

Jiangb liuongb jib niongx jid beib gangt gunt,

江照吉弄吉走削猛。

Jiangb zhaob jib niongx jib zed xiox mengb.

　　敬奉祖宗要拿好盘，祭奉祖神要取好碗。

　　好盘取出竹篮，好碗取出碗柜。

　　主家取得好盘从竹篮来，主人拿得好碗从木柜来。

　　取得七只一起，拿得八只一齐。

　　只只也都洗净擦好，碗盘也都洗好擦亮。

　　摆在祭祖神桌之中，放在祭宗神案之上。

九
岔拢、怕条、出头·Chax liuongd、pat qiaox、chub teb·砍竹、破篾、剪纸

【简述】

砍竹、破篾、剪纸都是设置坛场所必须要做的事情，这些作法在术语上都叫作"物化神境"，即通过用具体的物件来营造敬神时庄严肃穆的神秘气氛，从而达到"祭神如神在"、使人产生出"毕恭毕敬"之心、使伤痛的心灵得到抚慰和疾病得到减除之目的。

在祭祀中，上山砍竹时，人的心境要保持虔诚。选竹时要选择上等好材料，砍时要倒向东方，象征吉祥。抬回时要根部在前，尾部在后。破篾、剪纸都要小心认真去做才行。苗师所剪出来的纸束，术语叫作"长钱纸"，好像古铜钱穿成一串一串。阳间人用铜钱，阴间魂灵用纸钱，其形状大体上是相同的，因而，剪纸又可称为"祷造阴钱"。

刚棍列出纠得窝拢立为，

Gangt gunt lieb chud jiub deit aob liongb lib weib,

削猛到岔纠谷窝桥炯王。　　　　　　　　　　　　（又指诀）

Xiaox mengt daox chax jiub guob aob qiaob liangb wangb.

列出见恩头果，

Lieb chud jianb engb teb guet,

列没见抗头浪。

Lieb meit jianb kangx teb nangb.

达起出见出尼，

Dab kid chud jianb chud nib,

达起出汝出虫。

Dab kid chud rux chud chongx.

内腊几修能茶一照几斗标，　　　　　　　　　　　　（刀诀）

Neib lab jid xiud nongb cant yib zhaox jid doub bioud,

窝秀到然照几柔纵。

Aot xiut daox rab zhaox jid roub zongb.

几茶苟猛几茶吉弄柔茶告斗，　　　　　　　　　　　（磨刀诀）

Jit cat goud mengb jit cat jib nongd rout cat gaot dout,

吉然苟猛吉然吉弄柔然比兵。

Jib rab goud mengb jib rab jib nongd rout rab bid biongt.

猛单告就，会送告孺。　　　　　　　　　　　　　　（出掌诀）

Mengb dand gaod jub, huix songx gaod rux.

绍陇便告斗补，

Shaot liongs biat gaox doub bub,

岔图照告然冬。　　　　　　　　　　　　　　　　　（砍竹诀）

Chax tub zhaob gaox rab dongt.

都陇几没几穷告浪斗补，

Dub liongs jid meib jid qiongb gaox nangb doub bub,

岔图几没吉话禾绒棍冬。

Chax tub jid meib jib huax aob rongb gunt dongt.

几江长苟，

Jid jiangb changb goud,

吉共长冬。　　　　　　　　　　　　　　　　（抬竹诀、入掌诀）

Jib gongx changb dongt.

够陇照豆，

Gout liongs zhaob dout,

便陇照追。

Biat liongs zhaob zhuix.

长单打得哨吾，

Changb dand dat deib saot wut,

长送吉秋送龙。　　　　　　　　　　　　　　　　（顿掌诀）

Changb songx jib qiux songx longb.

内腊意陇格格，

Neib lab yit liongs giet giet,

喂乔嘎嘎。 （破篾块诀）

Weib qiaob giax giax.

出见纠得谷陇立为，

Chud jianb jiub deib guob liongs lib wenb,

纠竹谷乔炯王。

Jiub zhub guob qiaob liangb wangb.

喂斗得寿，

Weib doub deib shet,

产见头果， （剪纸诀）

Cat jianb teb guet,

江林纠得谷陇立为，

Jiangx liuongb jiub deib guob liongs lib weib,

江照纠竹谷乔炯王。

Jiangx zhaob jiub zhub guob qiaob liangb wangb.

查大斗标，

Chax dat doub bioud,

丧偷柔纵。

Sangd tet rout zongx.

内腊没到提炯炮节，

Neib lab meit daox tib zhoud paox jieb,

提尖炝抓。

Tib juanb paox zhuab.

阿告苟拢炮单达告竹鲁， （盖布诀）

Ab gaox goud liongb paox dand dab gaox zhub lu,

阿告苟拢炮送达告竹嘴。

Ab gaox goud liongb paox songx dab gaox zhub zuid.

敬奉要做九块竹片篾块，祭祀要有九根竹条篾条。

要造银钱白纸，要有金币冥钱。

这才做成做好，做好做实。

于是人们找得柴刀从家中来，寻得快刀从家里来。

先在磨岩上面磨好，先在磨石上面磨快。

行至山坡，走到竹林。

寻竹五面山头，找木六面山尾。

砍竹没有惊动五方山脉，伐木没有惊扰六处土地。

抬得回转，扛得回来。

竹根在前，竹尾在后。

转到屋檐底下，回到门外坪场。

人们削去竹丫，劈破竹竿。

劈成九块十块竹块，破成九根十根篾条。

我本弟子，剪成纸束，

穿在九块十块竹块，套在九根十根篾条。

揭开衣箱，打开衣柜。

人们取得丝绸布缎，

一边盖到地楼一头，一头铺到大门一边。

总那总苟岔到得拢，

Zngb nat zongb goud chax daox deit liongb,

总骂总得都到得图。

Zongb max zongb deit hud daox deit tux.

得拢丧见面汝，

Deitb liongb sangd jianb mianb rux,

得图丧汝面良。

Deit tu sangd rux mianb liab.

怕见得块，

Pad jianb deit kuand,

抽见得条。

Chud jianb deit tiaob.

喂斗得寿，

Weib doub deib shet,

斗抓冲到齐洞齐恩。

Doub zhuab chongx daox qit dongb qit engb.

剖弄告得，

Pout niongd gaot deib,

斗尼冲到齐首齐闹。

Doub nib chongx daox qit sout qit liaox.

嘎见产录头果见恩，

Giad jianb cant lub teb guet jianb engb,

嘎汝吧录头忙嘎格。

Giad rux bax lub teb mangb giad gieb.

出见纠得谷拢力为，

Chub jianb jiub deib guob liongb lib wenb,

出见纠竹谷条良王。

Chud jianb jiub zhub guob tiaob liangb wangb.

　　　房族人等砍得竹子，叔伯兄弟找得木条。
　　　竹子削得光滑，木条削得光面。
　　　劈成篾块，削成篾条。
　　　师郎弟子，左手拿得金剪银剪。
　　　弟子师人，右手拿得铜剪铁剪。
　　　剪成千张白纸钱串，剪成百张冥币钱形。
　　　做成九竿长钱纸帛，做成十竿长钱纸币。

内腊斗抓冲到能茶，

Neib lab doub zhuab chongx daox niongb cat,

内莎斗尼冲到木然。

Neib sax doub nit chongx daox mub rab.

求单帮孺告伞汝拢，

Qiux dand bangx rud gaot sait rux liongd,

会送帮处告岔汝图。

Huix songx bangx chux gaot chad rux tux.

扣到阿得麻单，

Koud daox ad deib mab dand,

都到阿得麻面。

Dud daox ad deib mab mianb.

几江长单打得哨吾，

Jid jiangb changb dand dat deib saot wut,

吉共长送吉秋送龙。

Jib gongb changb songx jib qiux songx longb.

怕见纠嘎谷嘎汝拢，

Pat jianb jiub giab guob giab rux liongd，

出见纠竹谷竹汝桥。

Chud jianb jiub zhub guob zhub rux qiaox.

得寿出见产恩头果，

Deit shet chud jianb cant engb teb guet，

弄得出汝吧格头浪。

Niongx dit chud rux bax gieb teb nangb.

江林纠得谷拢立为，

Jiangb liuongb jiub deib guob liongd lib wenb，

江照纠竹谷桥良王。

Jiangb zhaob jiub zhub guob qiaox liangb wangb.

江林打总刚棍，

Jiangb liuongb dat zongb gangt gunt，

江照吉秋削猛。

Jiangb zhaob jib qiux xiox mengb.

祭雷神、敬龙神的雷龙祭旗（石开林摄）

主家左手拿得快刀，主人右手拿得快镰。
上到山坡去找好竹，走到山上去寻好木。
砍得一根直的，找得一根好的。
扛在肩上抬回家中，抬着竹子回到家内。
劈成九块十块篾块，破成九根十根篾条。
弟子剪成长钱冥币，师郎剪成长串冥钱。
扣在九块篾片竿头，夹在九根篾条竿上。
摆在祭祀堂中，插在敬祖堂内。

十
浓爬 · Niuongb bax · 买供猪

【简述】

　　祭祀敬神所用的供猪不是自家养的，而是去市场上买来的。即使实际所用的供猪是自家养的，在敬神的时候也必须说成是买来的。这种讲法暗示神灵：主家没有猪，是到市场买来的，神灵不要以为主人养猪供奉他们，不能几时想供几时就得的，以后也不能随时求供。

　　买猪时，先要指着低价格的讲价，若讲不成便往稍高点的价格去讲，要从低价往高价去买才行，就是不能从高价往低价去买，因为这样做神灵不会满意。古人认为举头三尺有神灵，没有神灵不知道的事。

　　供猪是用来替户主抵灾的，其叫声代替主家的哀号，其受死也象征着主家的灾星八难灾除。

　　　　得纵就见悠悠，
　　　　Deit zongb jiub jianb youd youd,
　　　　猛纵就见沙沙。
　　　　Mengb zongb jiub jianb shax shax.
　　　　得纵就汝汝见标恩，
　　　　Deit zongb jiub rux rux jianb bioud engb,
　　　　猛纵就汝汝加得格。
　　　　Mengb zongb jiub rux rux jiad deib giet.
　　　　列浓爬林爬章，
　　　　Lieb niongx pad liuongb pad zhuangb,
　　　　列岔书虐爬汝。

Lieb chax shud niub pad rux.

内腊将得猛见乙热内补，　　　　　　　　　　　　　　　（出掌诀）

Neib lab jiangx deit mengb jianb yid reib neib bub，

将度乙嘎猛加以然内冬。

Jiangx dux yid giad mengb jiad yit rab neib dongt.

内腊不见白久。

Neib lab bub jianb beid jiud.

不嘎白得。

Bub giax beid deib.

猛单羊强羊枪，

Mengb dand yangb jiangx yangb qiangd，

会送羊干羊屋。　　　　　　　　　　　　　　　　　　　（旋掌诀）

Huix songx yangb gand yangb wud.

几洞金鸡莎江，

Jid dongb giuongt gid sax jiangb，

吉内买卖莎空。

Jib neib maix maib sax kongt.

斗抓吉炯见恩嘎格，

Doub zhuab jib liab jianb engb giax giet，

斗尼吉炯兄狗那爬。　　　　　　　　　　　　　　　　　（游中指诀）

Doub nit jib liab xiongd guoud liax pax.

沙翁告豆，

Shad wengt gaod dout，

沙梦比兵。

Sha mengx bid biongb.

斗篓告豆，

Doub noub gaod dout，

斗冲比兵。

Doub chongx bid biongb.

斗篓几照内浪爬古爬鲁，

Doub noud jid zhaob neib nangd pax gub pax nub，

斗冲几照内浪爬忙爬强。

Doub chongx jid zhaob neib nangd pax mangb pax jiangx.

斗篓拿照阿舍麻盐，

Doub noub liax zhaob ad shed mab yuanb，

斗冲拿照阿向麻养。

Doub chongx liax zhaob ad xiangd mab yangb.

斗篓拿照阿舍麻走，

Doub noub liax zhaob ad shet mab zed，

斗冲拿照阿向麻送。

Doub chongx liax zhaob ad xiangd mab songx.

几江长苟，

Jid jiangb changb goud，

吉共长公。　　　　　　　　　　　　　　（入掌诀）

Jib gongx changb gongt.

长单打得哨吾，

Changb dand dat deib saot wut，

长送吉秋送龙。

Chang songx jib qiux songx longb.

内腊出见巴忙连狗，

Neib lab chud jianb biat mangb lianb guoud，

图忙连爬。　　　　　　　　　　　　　　（捆猪诀）

Tux mangb lian piax.

巴忙连狗，

Biat mamngb lianb guoud，

苟秋内浪巴冲斗标，

Goud quid neib nangb biat chongx doub bioud，

图忙连爬，

Tux mangb lianb piax，

苟秋内浪图共记竹。

Goud quid neib nangb tux gongx jid zhub.

阿标林休——

Ab bioud liuongb xut—

产豆几斗巴冲斗标，

Cant dout jid doub biat chongx doub bioud，

吧就几斗图共记竹。

Bax jux jid doub tux gongx jid zhub.

茶他猛久，

Cat tax meng jiud，

弟然猛半。

Dix rab mengb banb.

娘莎娘猛产豆，

Niangb sax niangb mengb cant dout，

娘状娘猛吧就。　　　　　　　　　　　　　　（封锁诀）

Niangb zhuangb niangb mengb bax jux.

声昂单豆，

Shongt angb dand dout，

弄奈单内。

Niongx naix dand neib.

声昂苟秋内浪声梦吉标，

Shongt angb goud qiux neib nangb shongt mengt jib bioud，

弄奈苟秋内浪声达记竹。

Niongx naix goud qiux neib nangb shongt dab jid zhub.

阿标林休——

Ab bioud liuongb xut—

产豆几斗声梦吉标，

Cant dout jid doub shongt mengt jib bioud，

吧就几斗声达记竹。

Bax jux jid doub shongt dab jid zhub.

查他猛久你娘产豆，

Chax tax mengb jiud nit niangb cant dout，

弟然猛半炯汝吧就。

Dix rab mengb banb jiongx rux bax jux.

阿偶琶林琶章，

Ab oud bax liuongb bax zhuangb，

阿炯书虐琶汝。

Ab jiongx shud niub bax rux.

书格转嘎虫兵，

Shud gieb zhuanb giax chongx biongb，

书康奈腊虫兄。　　　　　　　　　　　　（顿掌诀）

Shud kangx naix lab chongx xiongd.

冬豆列岔最走，

Dongt dout lieb chax zuib zeb,

内岔莎最莎走。

Neib chax sax zuib sax zeb.

冬腊列岔最板，

Dongt lab lieb chax zuib banb,

内岔莎走莎板。

Neib chax sax zeb sax banb.

小坛设得好好，大坛摆得齐齐。

小屋起好好似银屋，大坛设好好似金堂。

要买一头大猪肥猪，要寻一头活猪好猪。

于是主人带得大钱要走远方，拿得大款要去远处。

收钱在身，拿款在手。

行至交易场中，走到贸易市内。

探听经纪也喜，打问买卖也爱。

左手交去金银钱财，右手牵得卖猪绳索。

眼看在前，目望在先。

眼看不着种猪娘猪，目望不是帮猪群猪。

眼看见是一头剩猪，目望见是一头余猪。

眼看正好一头供猪，目望正是一只祭猪。

赶着回转，牵着回来。

转到屋檐底下，回到滴水坪场。

人们做成木棒捆狗，木杠捆猪。

木棒捆狗，拿抵户主抬丧杠子，

木杠捆猪，拿抵信士抬丧杠木。

一家大小，

千年没有抬丧杠子，百载没有抬丧杠木。

祥和清泰，安康吉利。

猪叫到堂，猪喊到殿。

叫声拿抵病哼之灾，喊声拿抵哭丧之祸。

一家大小，
千年没有病哼之灾，百载没有哭丧之祸。
祥和清泰，安康吉利。
一头大猪肥猪，一只供猪好猪。
捆在堂屋之中，锁在中堂之内。
凡供要找齐备，也都皆齐皆备。
凡仪要寻齐全，也都皆齐皆全。

列浓爬林爬章，
Lieb niongb bax liuongb bax zhuangb，
列岔书虐爬汝。
Lieb chax shud niub bax rux.
爬林爬章列报记强猛浓，
Bax liuongb bax zhuangb lieb baob jid qiangb mengb niongb，
书虐爬汝列闹吉抢猛岔。
Shud niub bax rux lieb laox jid qiangb mengb chax.
见恩见照中拢麻林，
Jianx engb jianx zhaob zhongd mab liuongb，
嘎格见你中图麻汝。
Giad gieb jianx nit zhongb tub mab rux.
见你得打，
Jianx nit deit dab，
然召得桶。
Rad zhaob deit tongx.
布打内腊梅到见恩，
Bub dab neib lab meit daox jianx engb，
布桶内莎冲到嘎格。
Bud tongx neib sax chongx daox giad gieb.
中拢麻林梅到猛见，
Zhongb liongd mab liuongb meit daox mengb jianx，
中图麻汝冲到猛嘎。
Zhongb tux mab rux chongx daox mengb giax.
就闹猛单几强，

Jud liaot mengb dand jib qiangx,

就叫会送吉抢。

Jud jiaob huix songx jib qiangd.

浓到阿偶麻走,

Niongb daox ad oub mab zoud,

岔到阿偶麻送。

Chax daox ad oub mab songx.

要买大猪肥猪,要购供猪好猪。

大猪肥猪要到集市去买,供猪好猪要到市场去购。

银钱摆在竹筒之中,金钱藏在钱筒之内。

收在金箱,藏在银柜。

主家开箱取得银钱,主人开柜取得金币。

竹筒之中取得大钱,筒钱之内取得钱币。

动脚走到集市,举步走进市场。

买得一头祭猪,购得一头供猪。

瓦否长拢,

Wab woub changb longb,

记否长送。

Jix woub changb songx.

转召比周,

Zhuanb zhaob bid zhed,

奈你比占。

Naix nit bid zhanb.

搂然见汉吾恩吾格,

Loux rab jianb hanx wut engb wut gieb,

楼嘎见汉补见补嘎。

Loux giax jianb hanx bud jianb bud giax.

苟否几洞先头麻林,

Goud woub jid dongb xiand teb mab liuongb,

苟否吉良木汝麻头。

Goud woub jib liab mub rux mab toub.

赶它回转，牵着回来。

捆在门外，绚在门前。

屙尿是进金水银水，拉屎成那大财大宝。

用它来换延年益寿，用它来换长命富贵。

敬雷神的供猪（石金津摄）

十一
充巴代 · Congd bad deit · 请巴代

【简述】

　　请师郎就是请巴代。巴代，是苗族特有的原始名词，其"巴"者，为阳性、为上、为主、为刚、为主流之意；"代"者，为儿、为下、为从、为传承接代之意，两字合为苗族主流文化的传承者。巴代是古代苗族祭祀仪式、习俗仪式、各种社会活动仪式这三大仪式的主持者，更是苗族主流文化的传承者。因为三大仪式的主持者叫作巴代，故其所传承、主导、影响的苗族主流文化又被称为巴代文化，巴代也就自然而然地成为集古代苗族的哲学家、法学家、军事家、思想家、社会活动家、天文学家、地理学家、心理学家、医学家等诸家精华于一身的上层文化人，自古以来一直受到苗族人民的信任、崇敬和尊重。

　　神辞讲述户主从村上请来巴代，巴代应请后从其家祖坛拿来了在祭祀中要用的道具法器，从家中出发，来到户主家里，把这些道具法器摆在敬神的地方。

　　通过这些陈述，人们知道巴代是被请才来的，正如俗话所说的那样："有请才能行教，无请不来行教。"来要有请，去要有送，巴代才有分量和价值。

　　刚棍列岔得寿告见，
　　Gangt gunt lieb chax deib shex gaox jianb,
　　冬腊列岔弄得送嘎。
　　Dongt lab lieb chax niongx deib songx giax.
　　告见单得叉起你茶，
　　Gaod jianb dand deib chad qib nib cat,

送嘎单秋达起炯汝。

Songx giax dand quid dab qix jiongx rux.

度标否叉几查，

Dub bioud woub chax jid chab,

度竹内叉吉内。

Dud zhub neib chax jid neib.

几查列岔柔剖得寿，

Jib chax lieb chax roub pout deib shout,

吉内列岔柔乜告得。

Jib neib lieb chax roub niuab gaot deib.

几查内叉到度麻单，

Jib chax neib chad daox dux mab danb,

吉内内莎到耸麻中。

Jib neib neib sax daox songb mab zhongd.

报标难到喂斗得寿，

Baob bioud nanb daox weib doub deib shout,

报竹充到剖弄告得。

Baob zhub congd daox pout niongd gaod deit.

充喂得寿候否告见，

Congb weib deib shet houx woub gaod jianb,

难弄告得候否送嘎。

Nanx nongd gaod deib houx woub songx giax.

喂腊追主不拢棍空，

Weib lab zhuix zhub bub liongb gunt kongt,

剖叉窝斗冲白加四。

Pout chad aot doub chongx beid jid six.

拢单否浪吉标几豆，

Liongb dand woub nangb bioud jib deb,

坐送否浪扳纵板秋。

Jiongx songx woub nangb band zongb band quix.

祭祖要寻弟子主持，仪式要找师郎主祭。

交钱得到才能清吉，度纸得达才能平安。

信士才去查访，主家才来查问。

查访家祖的坛头，查问先人的香火。

查访他们才得真话，查问才得真信。

进到我家前来奉请，来到我屋前来奉迎。

奉请我来帮他主祭，奉迎我来帮他主持。

我才背上背起祖师，我才手拿法器道具。

来到他的家中宅中，坐进他的家内屋内。

吉哟——亚——夫——夫窝——夫窝——夫窝。

Jib yod—yab—fud—fud od—dud od—fud od.

列够得寿浪萨，

Lieb geb deib shout nangb sad,

列扑弄代浪度。

Lieb pub niongx daix nangb dux.

列理巴代浪公，

Lieb lid bad deit nangb gongt,

列岔巴寿浪几。

Lieb chax bad shout nangb jid.

得寿浪萨列够麻充巴代，

Deib shout nangb sad lieb ged mab congd bat deit,

弄代浪度列扑麻然棍空。

Niongx deit nangb dux lieb pub mab rad gunt kongt.

神韵——

要唱"得寿"的歌，要讲"弄代"的话。

要理"巴代"的根，要寻"巴寿"的基。

"得寿"的歌要唱去喊巴代，"弄代"的话要说去请祖师。[1]

[注] ①得寿、弄代、巴代、巴寿都是"巴代雄"的苗语称谓。

冬豆列内告见，

Dongt dout lieb neib gaot jianb,

冬腊列内送嘎。

（祖师诀）

Dong lab lieb neib songx giax.

告见列汉鸟茶，

Gaod jianb lieb hanx niaob cat，

送嘎列汉弄然。

Songx giax lieb hanx nongx rab.

茶鸟剖你告苟，

Cat niaob bout nit gaod geb，

然弄剖炯比让。　　　　　　　　　　（出掌诀）

Rab nongx bout jiongx bid rangb.

内腊报标奈到喂斗得寿，

Neib lab baob bioud naib daox weib doub deib shout，

报竹奈到剖弄告得。

Baob zhub naib daox bout nongx gaot deit.

喂斗得寿——

Weib doub deib shout—

没到意记送斗，

Meit daox yib jid songx doub，

以达穷炯。　　　　　　　　　　　　（香碗诀）

Yib dab qiongb jiongx.

勇陇穷雄，

Yongx liongl qiongb xiongt，

禾走抗闹，

Aob zeb gangb naob，

穷梅雄棍。　　　　　　（竹柝、铜铃、竹筶诀）

Qiongb meib xiongt gunt.

照休纵寿吉标，

Zhaob xiut zongb shet jib bioud，

照闹秋得记竹。

Zhaob laox quid deib jid zhub.

补热声棍，

But reb shongt gunt，

拢单内浪达告竹鲁，　　　　　　　　（入掌诀）

Liongb dand neib nangd dab gaod zhub lut，

补然弄猛，

But rab nongx mengb,

拢送内浪达告竹嘴。 （顿掌诀）

Liongb songx neib nangd dab gaod zhub zuid.

意记送斗， （香碗诀）

Yib jid songx doub,

以达穷炯。

Yit dat qiongx jiongb.

勇陇穷雄，

Yongd liongl qiongb xiongt,

禾走抗闹，

Aob zeb gangb naob,

穷梅雄棍。 （旋掌诀）

Qiongb meib xiongt gunt.

江林打纵刚棍，江照吉秋学猛。 （顿掌诀）

Jingb liuongb dat zongb gangt gunt,

江照吉秋学猛。

Jiangb zhaob jib qiux xuob mengb.

凡间要人敬祖，凡尘要人主持。

敬祖要那能说之人，主持要那会讲之士。

能说我居村中，会讲我坐寨内。

信士到家来请我本弟子，进屋来迎我这师郎。

我本弟子，取得纸团宝香，蜂蜡糠烟，

竹柝神筒，问事骨卦，蚩尤神铃。①

离开家中祖坛，离别家内师殿。

三咏神腔，来到信士敬祖场中。

三吟神韵，来临户主祭神堂内。

纸团宝香，蜂蜡糠烟。

竹柝神筒，问事骨卦，招请神铃。

摆在祭祖场中，放在敬神堂内。

[注]　①竹柝神筒、问事骨卦、蚩尤神铃：苗师巴代雄在吃猪祭祀中所

用的道具法器。

得寿喂你几苟，
Deib shout weib nit jid geb,
弄得剖炯几让。
Niongx deib bout jiongx jib rangb.
喂你喂浪萨够斗标，
Weib nit weib nangb sad goud doub bioud,
剖炯剖浪萨肥柔纵。
Bout jiongx bout nangb sad feib rout zongx.
喂你萨够喂腊你差，
Weib nit sad gout weib lab nit cat,
剖炯萨肥剖莎炯汝。
Bout jiongx sad feib bout sad jiongx rux.
昂内喂出苟伞苟茶，
Angb neib weib chud goud sait goud zax,
昂弄剖嘎苟斗苟炯。
Angb niongx bout giax goud deib goud jiongb.
首得腊气葡剖葡乜，
Shoud deit lab qix pux bout pux nial,
首嘎莎去葡内葡骂。
Shoud giad sax qux pux neid pux max.
首得腊气得寿告见，
Shoud deit lab qix deib shout gaod jianb,
首嘎莎气弄得送嘎。
Shoud giad qix niongx deit songx giax.
腊尼窝鲁麻刚，
Lab nib aot lux mab gangt,
莎尼窝松麻不。
Sax nib aox songd mab bub.

弟子我住村中，师郎我居寨内。
我住我的安乐家堂，我居我的清净家殿。

我住家堂很是清吉，我居家殿十分平安。

夏季我务农耕田，冬季我事打柴割草。

养儿也可承根接祖，育孙也可传宗接代。

养儿也可传承主持，育孙也可传接主祭。

都是继承祖艺，也是传承祖教。

告见列理告够，

Gaod jianb lieb lid gaod goud,

送嘎列岔背柳。

Songx giax lieb chax beid liud.

列理剖乜浪得，

Lieb lid pout niab nangb deib,

列会内骂浪苟。

Lieb huix neid max nangb goud.

内腊儿查扛到充白，

Neib lab jid chab gangb daox congt beib,

内莎吉内扛到公儿。

Neib sax jib neib gangb daox gongt jid.

度标达起单标单斗，

Dub bioud dab qix dand bioud dand deb,

度内否叉单纵单秋。

Dux neib woub chad dand zongb dand qiux.

单标拢充喂斗得寿告见，

Dand bioud liongb congd weib doub deib shet gaod jianb,

单纵拢奈剖弄告得送嘎，

Dand zongb liongb naib bout niongd gaod deib songx giax,

喂莎竹洞久扣，

Weib sax zhub dongb jut ket,

剖腊竹纵久压。

Bout lab zhub zongb jut yad.

窝斗儿没儿庆，

Aod doub jid meib jit qet,

巴鸟儿雄吉吹。

Bad niaob jid xiongt jib chuix.

不鸟洞拢候否告见，

But niaob dongb liongb houx woub gaod jianb，

不弄洞空候否送嘎。

Bub niongx dongb kongt houx woub songx giax.

主持要理根基，主祭要找源头。

要理祖宗坛头，要请父母香火。

他们查访才得清楚，通过访问才得明白。

主家这才到家到户，主人他才到屋到宅。

到家来请我去给他主持，到户来迎我去给他主祭。

我也大门没关，小门也都没闭。

言词没有推诿，嘴舌没有推辞。

嘴上答应帮他主持，口中应承帮他主祭。

达用告见列将棍空，

Dab yongx gaod jianb lieb jiangb gunt kongt，

候内送嘎列将棍得。

Houx neib songx giax lieb jiangb gunt deib.

棍空斗你纵寿吉标，

Gunt kongt doub nit zongb shet jib bioud，

棍得斗炯秋得几竹。

Gunt deit doub jiongx quix deib jid zhub.

喂斗得寿窝汝松斗，

Weib doub deib shet aot rux songd doub，

剖弄告得窝汝穷炯。

Bout niongd gaod deib aot rux qiongb jiongx.

然鸟产娥棍空莎江，

Rab niaob chant oub gunt kongt sax jiangb，

弄奈吧图棍得莎空。

Niongx naib bax tub gunt deib sax kongt.

喂斗得寿，

Weib doub deib shet，

斗抓没到意记送斗，

Doub meib daox baox yib jit songx doub,

剖弄告得，

Bout niongd gaod deib,

斗尼没到以达穷炯。

Doub nib meib daox yit dat qiongb jiongx.

勇陇穷雄，

Yongd liongl qiongx xiongt,

禾走抗闹，

Aob zeb gangb naob,

背巧穷梅，

Beit qiaot qiongd meib,

窝边雄棍。

Aob biand xiongt gunt.

苟扛度标候不，

Ged gangb dud bioud houx bub,

叉扛度内候共。

Chat gangb dud neib houx gongx.

拢单否浪吉标几斗，

Liongb dand eoub nangb jid bioud jid deb,

炯送否浪几纵吉秋。

Jiongx songx eoub nangb jid zongb jid qiux.

答应主持先要奉请祖师出动，去帮主祭先要奉迎宗师出坛。

祖师坐在家中祖坛，宗师坐在屋内祖殿。

弟子烧起蜂蜡糠香，师郎燃起纸团火烟。

奉请千位祖师出坛也肯，奉迎百位宗师出动也应。

吾本弟子，左手拿得蜂蜡糠香，

我这师郎，右手拿得纸团火烟。

竹筒竹析，问卜神卦。

布条神铃，击析竹棒。

取送主家背起，拿送主人抬去。

来到主人家中，坐到主家屋内。

吉哟——亚——夫——夫窝——夫窝——夫窝。

Jib yod—yab—fud—fud od—fud od—fud od.

列够补然浪萨，

Lieb geb but rab nangb sad，

列扑补龙浪度。

Lieb pub but longb nangb dux.

列理补从浪公，

Lieb lid but congb nang gongt，

列岔补炯浪几。

Lieb chax but jiongb nangb jid.

补然浪萨列够麻充巴代，

But rab nangb sad lieb geb mab congd bad deit，

补龙浪度列扑麻然棍空。

But longb nangb dux lieb pub mab rab gunt kongt.

神韵——

要唱三首的歌，要讲三轮的话。

要理三层的根，要寻三道的基。

三首的歌要唱去喊巴代，三轮的话要说去请祖师。

冬豆列内告见，

Dongt dout lieb neib gaod jianb，

冬腊列内送嘎。

Dongt lab lieb neib songx giax.

告见列汉鸟茶，

Gaod jianb lieb hanx niaob cat，

送嘎列汉弄然。

Songx giax lieb hanx niongx rab.

茶鸟剖你告苟，

Cat niaob bout nit gaob geb，

然弄剖炯比让。

Rab niongx bout jiongx bid rangb.

得寿剖你几苟几让，

Deib shet bout nit jid geb jid rangb,

弄得剖炯比家比竹。

Niongx deib bout jiongx bid jiad bid zhub.

内腊报标奈到喂斗得寿,

Neib lab baob bioud naib daox weib doub deib shet,

报竹奈到剖弄告得。

Baob zhub naib daox bout niongx gaod deib.

喂斗得寿——

Weib doub deib shet—

达起不鸟洞拢。

Dab kid bub niaob dongb liongb.

剖弄告得——

Bou niongx gaod deib—

达起将弄洞候。

Dab kid jiangx niongx dongb houx.

没到意记送斗,

Meit daox yid jib songx doub,

棍空埋腊油猛意记松斗。

Gunt kongt maib lab youb mengb yid jib songx doub.

共到以达穷炯,

Gongx daox yit dat qiongx jiongb,

棍得埋莎油猛以达穷炯。

Gunt deib maib sax youb mengb yit dat qiongx jiongb.

勇陇穷雄、禾走抗闹,

Yongd liongl qiongx xiongt aot zed kangx naob,

背巧穷梅、窝边雄棍。

Beit qiaot qiongx meib aot biand xiongt gunt.

得寿不汉产娥棍空,

Deib shet bub hanx chant oub gunt kongt,

弄得吉龙吧图棍得。

Niongx deib jib longb bax tub gunt deib.

照休纵寿吉标,

Zhaob xiut zongb she jib bioud,

照闹秋得记竹。

Zhaob laox qiux deib jid zhub.

补热声棍，

But reib shongt gunt，

拢单内浪打纵周昂。

Liongb dand neib nangb dat zongt zhout angb.

补然弄猛，

But rab niongx mengb，

拢送内浪吉秋照拿。

Liongb songx neib nangd jib qiux zhaox nab.

意记送斗，

Yid jit songx doub，

以达穷炯。

Yit dab qiongx jongb.

勇陇穷雄，

Yongd liongl qiongx xiongt，

禾走抗闹，

Aod zeb kangb naob，

穷梅雄棍。

Qiongx meib xiongt gunt.

江林打纵周昂，

Jiangb liuongb zongb zhoub angb，

江照吉秋照拿。

Jiangb zhaob jib qiux zhaob nab.

凡间要人敬祖，凡尘要人主持。

敬祖要那能说之人，主持要那会讲之士。

能说我居村中，会讲我坐寨内。

弟子我在村中寨中，师郎我住寨中寨内。

信士到家来请我本弟子，进屋来迎我这师郎。

我本弟子，

开口应允来帮，

我这师郎，

发话答应来做。

取得纸团宝香，祖师跟着纸团宝香。

拿得蜂蜡糠烟，宗师和起蜂蜡糠烟。

竹桥神筒，问事骨卦，招请神铃。

弟子请来千位祖师，师郎带来百位宗师。

离开家中祖坛，离别家内师殿。

三咏神腔，来到信士祭祖场中。

三吟神韵，来临户主敬神堂内。

纸团宝香，蜂蜡糠烟。

竹桥神筒，问事骨卦，招请神铃。

摆在祭祖场中，放在敬神堂内。

告见列岔巴鸟麻茶，

Gaod jianb lieb chax bad niaob mab ciat,

送嘎列岔嘎弄麻然。

Songx giax lieb chax giad nongd mab rab.

列充巴代追主麻不，

Lieb congd bad deit zhuix zhub mab pub,

列岔巴寿窝松麻刚。

Lieb chax bad shet aot songd mab gangt.

追主麻不葵汝产娥棍空，

Zhuix zhub mab pud kuix rux chant oub gunt kongt,

窝松麻刚傩汝吧图棍得。

Aob songd mab gangt nub rux bax tux gunt deit.

麻用内列报标拢充，

Mab yongx neib lieb baob bioud liongb congd,

麻奈内列闹竹拢奈。

Mab naib neib lieb laox zhub liongb naix.

没充达起猛出，

Meib congd dab kid mengb chud,

久奈久猛吉柔。

Jut naix jut mengb jib rex.

几没扑那扑苟，

Jit meib pud nat pud goud,

几雄扑骂扑得。

Jit xiongt pub max pub deit.

充单达起猛候，

Congd dand dab kid mengb houx,

奈单达起猛出。

Baix dand dab kid mengb chub.

　　主持要找能说会讲，主祭要找伶牙俐齿。
　　要请巴代深有资历，要请巴寿身有资格。
　　深有资历上有千位祖师，身有资格后有百位宗师。
　　用上他们进家来请，用着他们进屋来迎。
　　有请才能去做，无请不能拢边。
　　不论哥兄老弟，不讲叔伯父子。
　　有请才能去帮，有奉才能去做。

度标单标单斗，

Dud bioud dand bioud dand deb,

度内单纵单秋。

Dud neib dand zongb dand qiux.

不鸟拢充喂斗得寿，

Bub niaob liongb congd weib doub deib shet,

不弄拢奈剖弄告得。

Bub nongx liongb naix bout niongx gaod deib.

公平大豆打便，

Gongt piongb dad dout dad biat,

公平棍空棍得。

Gongt piongb gunt kongt gunt deib.

内充达起拢单几图，

Neib congd dab kix liongb dand jid tub,

没奈达起炯送吉浪。

Meib naix dab kid jiongx songx jib niangb.

苟篓休白葵忙告见，

Goud noub xiut beid kiub mang gaod jianb,
苟追炯白傩忙送嘎。
Goud zhuix jiongx beid nub mangb songx giax.

主人进到家中，主家来到屋内。
开口来请我本弟子，言说来迎我这师郎。
天地可以为证，祖师可以为凭。
有请才能来到这里，有迎才能来临此间。
前头站满了主持的祖师，后面坐满了加持的宗师。

十二
充棍空 · Congd gunt kuongt · 请祖师

【简述】

    巴代行教是有祖师的，师教徒受，口传心授，师徒相传，代代传承，直到如今。涿鹿之战后，因为苗族战败迁徙、四散逃亡、没有文字、不通王化、封闭保守等因素，基于历史条件的限制与束缚，为了民族的生存和发展，苗族先人便以巴代所主持的三大仪式为本民族的显性文化表象，来传承苗族文化的原生基因、本根元素、全准信息等，这些只可意会不可言传的隐性文化实质，使苗族形成了显性文化表象和隐性文化实质这二元文化结构。巴代在传授教法时有很多的规矩，比如品行不正者不传，女性不传，六耳不传，录写不传，等等。其中的六耳不传指有六只耳朵在场不传，即有第三者在场就不传教法，只能一对一地传，可见这隐性文化实质之贵重。

    苗师巴代不设法号，可直呼其名，是非常实在，朴实无华的"自我"真性体现，我就是我，无须遮掩，行不改名，坐不更姓。

    巴代受请来到主家后，把法器道具摆在敬神的地方，然后焚烧蜡香，再请本坛历代祖师前来加持仪式。

就——   （祖师诀）

Jiux—

几长窝汝意记耸斗，

Jid changb aot rux yid jib songx doub,

得寿列充葵汝产娥棍空。

Deit shet lieb congd kiub rux chant eb gunt kongt.

几长窝汝侬达穷炯，

Jid changb aot rux yit dat qiongx jiongb,

弄得列然傩汝吧图棍得。 （祖师诀）

Niongx deit lieb rab nub rux bax tux gunt deib.

棍空斗你纵寿吉标，

Gunt kongt doub nit zongb shex jib bioud,

弄得斗炯秋得记竹。

Niongx deit doub jiongx qiux deib jid zhub.

列苟送斗猛充，

Lieb ged songt doub mengb congd,

列共穷炯猛然。 （香碗诀）

Lieb gongx qiongx jiongx mengb rab.

几长窝汝意记送斗，

Jid changb aot rux yid jib songx doub,

几长然鸟葵汝产鹅棍空。

Jid changb rab niaob kiub rux chant eb gunt kongt.

几长窝汝以打穷炯，

Jid changb aot rux yit dab qiongx jiongx,

几长弄奈录汝吧图棍得。

Jid changb niongx naib lub rux bax tux gunt deit.

窝汝意记松斗，

Aot rux yid jid songx doub,

柔汝依打穷炯。 （香碗诀）

Roub rux yit dat qiongx jiongb.

产棍几没然鸟，

Chanx gunt jid meib ranb niaob,

吧母几没弄奈。

Bax mud jid meib nongd naix.

神韵——
　　诚心焚烧蜂蜡糠香，弟子要请尊敬的千位宗师，
　　诚意焚燃纸团火烟，师郎要请尊贵的百位祖师。
　　宗师坐在家中祖坛，祖师坐在家内祖殿。
　　要烧宝香去请，要用香烟去迎。

虔诚焚烧纸团宝香，虔诚奉请弟子的千位宗师。
虔诚烧起蜂蜡宝烟，虔诚奉迎师郎的百位祖师。
焚烧蜂蜡糠火，纸团宝香。
焚烧蜂蜡糠火，纸团宝香。
千神没有来请，百祖没有来迎。

就—— （祖师诀）
Jiux—
喂列然鸟便告斗补，
Weib lieb rab niaob biat gaod doub bub,
再列弄奈照告然冬。
Zaix lieb longb naix zhaox gaox rab dongt.
阿剖斗补告补，
Ad pout doub bub gaod bub,
阿乜斗冬告绒。
Ad nias doub dongt gaod rongb.
虐西拢立几苟总剖，
Nub xit liongb lib jid zongd pout,
虐夏拢立几让总乜。
Nub xiat liongb lib jid rangb zongb nias.
阿苟内浪剖绒，
Ad geb neib nangd pout rongb,
阿让总浪剖棍。
Ad rangb zongt nangb pout gunt.
总剖斗白阿苟，
Zongt pout deb beid ad geb,
总乜发白阿让。
Zongt nias fat beid ab rangb.
再斗吉标内浪向剖向乜，
Zaix doub jib bioud neib nangd xiangt pout xiangt nias,
吉高度内几竹向内向骂。
Jid gaod dub neib jid zhub xiangt neib xiangt max.
几纵棍缪得忙吉子，

Jid zongb gunt mioub deit mangbjib zid,

吉秋棍昂度忙吉录。

Jib qiux gunt angb dux mangb jib lub.

再斗得寿产俄棍空，

Zaix doub deit shet chant eb gunt kongt,

吉高录汝吧图棍得。

Jib gaod lub rux bax tux gunt deit.

喂浪补产葵莽告见，

Weib nangd but chant kiub mangx gaod jianb,

喂列抓葡几最吉走，

Weib lieb zhuab pux jid zuib jib zoub,

剖浪补吧雎忙送嘎，

Bout nangd but bax niub mangb songx gax,

莎列寿葡吉走吉板。

Shat lieb shet pux jid zoub jib banb.

就——   （祖师诀）

Jiux—

油喂声然埋腊拢单几图，

Youb weib shongt rab maib lab liongb dand jid tub,

告剖弄奈埋莎炯单吉浪。

Gaob bout nangb naix maib sax jiongx dand jib nangb.

拢单拢斗得寿告见，

Liongb dand liongb dout deib shet gaot jianb,

拢送拢弄告得送嘎。

Liongb songx liongb nongb gaot deit songx giax.

告见几扛几白纠录乙苟，

Gaot jianb jid gangb jid beib jiub lub yib ged,

送嘎几扛热然谷叉图公。

Songx giax jid gangb reib rab guob chad tux gongt.

告见列扛莎单，

Gaot jianb lieb gangb sax dand,

送嘎列扛莎送。

Songx giax lieb gangb sax songx.

斗你得寿苟娄苟追，

Doub bit deib shet goud neb goud zhuix,

炯弄告得把抓把尼。

Jiongx nangb gaot deit bad zhuab bad nib.

剖扑列扛麻见，

Bout pud lieb gangb mab jianb,

喂岔列扛麻尼。

Weib chanx lieb gangb mab nib.

剖扑列扛莎中，

Bout pud lieb gangb sax zhongd,

喂岔列扛莎见。

Weib chax lieb gangb sax jianb.

神韵——
我要奉请五方土地，还要奉迎六路龙神，
管辖本地老祖公，管理本处老祖婆。
古代来立本村的开始祖，古时来立本寨的开始人。
一村人的总祖，一寨人的总婆。
总祖发满一村，总婆育满一寨。
还有主家人的祖公祖婆，和起主人一家的先母先父。
鱼神司鱼能手郎子，肉神司肉办供郎君，
还有弟子的千位宗师，和起师郎百位祖师。
弟子的三千交钱祖师，我也查名齐来齐到。
师郎的三百度纸宗师，我也点字齐到齐临。
神韵——
闻我奉请你们来到这里，应我奉迎你们来临此间。
来到要和弟子主持，来临要与师郎主祭。
主持不要主歪主偏，主祭不要主坏主乱。
主持要送得准，主祭要送得灵。
祖师你们随前随后，宗师你们随左随右。
我讲就要得应，我说就要灵验。
我讲就要成功，我说就要准数。

就—— （祖师诀）

Jiux—

几长窝汝意记耸斗，

Jid changb aot rux yid jib songx doub,

得寿列充葵汝产娥棍空。

Deit shet lieb congd kiub rux chant eb gunt kongt.

几长窝汝依达穷炯，

Jid changb aot rux yit dat qiongx jiongb,

弄得列然傩汝吧图棍得。 （祖师诀）

Niongx deit lieb rab nub rux bax tux gunt deib.

棍空斗你纵寿吉标，

Gunt kongt doub nit zongb shex jib bioud,

弄得斗炯秋得记竹。

Niongx deit doub jiongx qiux deib jid zhub.

列苟送斗猛充，

Lieb ged songt doub mengb congd,

列共穷炯猛然。 （香碗诀）

Lieb gongx qiongx jiongx mengb rab.

几长窝汝意记送斗，

Jid changb aot rux yid jib songx doub,

几长然鸟葵汝产鹅棍空。

Jid changb rab niaob kiub rux chant eb gunt kongt.

几长窝汝以打穷炯，

Jid changb aot rux yit dab qiongx jiongx,

几长弄奈录汝吧图棍得。

Jid changb niongx naib lub rux bax tux gunt deit.

窝汝意记松斗，

Aot rux yid jid songx doub,

柔汝依打穷炯。 （香碗诀）

Roub rux yit dat qiongx jiongb.

产棍几没然鸟，

Chanx gunt jid meib ranb niaob,

吧母几没弄奈。

Bax mud jid meib nongd naix.

列拢然鸟—— （各官口的祖师诀）

Leib liongb rad niaob—

然鸟太棍共米、

Rab niaob tait gunt gongx mid、

公加、首关、四贵，　　　　　　（巳官、辰官、酉官、寅官诀）

Gongd jiad、shoud guand、sid giux，

太棍米章、巴高、国峰、明鸿、　（午官、戌官、巳官、卯官诀）

Taix gunt mit zhuangd、bad gaod、guob fengd、mingb hongx、

太棍仕贵、后保。　　　　　　　（巳官、申官诀）

Tait gunt shid giux、houx baod.

苟太光珍、勇贤、　　　　　　　（申官、戌官诀）

Goud taix guangd zhengd、yongd xianb、

光三、老七、跃恩。　　　　　　（卯官、巳官、申官诀）

Guangd sand、laod qib、yiex engd.

苟太席乙、江远、林花、老苟、　（未官、卯官、子官、午官诀）

Goud taib xib yix、jiangd yand、linb huad、laod goud、

共四、老弄、　　　　　　　　　（辰官、寅官诀）

Gongx six laod nongt、

千由、天才、炯容、同兰。　　　（丑官、巳官、酉官、亥官诀）

Qiand youb、tianb caib、jiongx rongb、tongb lan.

苟太强贵、龙贵、　　　　　　　（亥官、丑官诀）

Goud taib qiangb giux、longb giux、

光合、冬顺、得水。　　　　　　（卯官、申官、未官诀）

Guangd hob、dongd shunx、deib shiut.

苟剖双全、苟剖长先。　　　　　（未官、午官诀）

Goud bout shuangd quanb、goud bout changb xiand.

苟打二哥、那那……　　　　　　（酉官、辰官诀）

Goud dad erx ged、nat nat...

补谷阿柔告寿，

But guot ad roub gaot shet，

补谷欧柔告德。

But guob out roub gaot deit.

补产葵忙告见，

Butchanx kiub mangb gaot jianb,

补吧录忙送嘎，

But bad lub mangb songx giax,

抓葡几最吉走。

Zhuad pux jid ziub jib zoub.

寿葡吉走吉板。

Shoux pux jid zoub jib banb.

浪喂声然照修打便郎得，

Nangb weib shongt rad zhaob xiud dat biat liangd deib,

照闹打绒郎秋。

Zhaob laox dad rongb liangb quix.

照修纵寿吉标，

Zhaob xiut zongb shet jib bioud,

照闹秋得记竹。　　　　　　　　　　　　　（降神诀）

Zhaob laox quid deib jid zhub.

照修补谷补涌提仲，

Zhaob xiud but guob but yongd tib zongb,

照闹补谷补肥图岭。　　　　　　　　　　　（下降布条诀）

Zhaob laox but guob but fenb tub linb.

照修达香，照闹达穷。

Zhaob xiut dab xiangd zhaob laox dab qiongx.

就——

Jiux—

补热声棍，

But reb shongt gunt,

拢单打纵刚棍。　　　　　　　　　　　　　（坐坛诀）

Liongb dand dad gangb gunt.

补然弄猛，

But rad nongd mengb,

拢送吉秋削猛。　　　　　　　　　　　　　（坐殿诀）

Liongb songx jib quid xiox mengb.

拢单你瓦意记送斗，

Liongb dand nit wab yit jid songx doub,

炯龙以打穷炯。   （香炉诀）

Jiongx longb yit dat qiongx jiongx.

你瓦喂斗得寿，

Nit wab weib doub deib shoux,

炯龙剖弄告得。   （绕祖诀）

Jiongx longb boub nongd gaot deit.

几达然鸟埋列嘎修，

Jid dab rad niaox maib leib giad xiut,

吉炯达奈埋列嘎闹。

Jib jiongx dab naix maib leib giad laox.

神韵——
诚心焚烧蜂蜡糠香，弟子要请尊敬的千位宗师，
诚意焚燃纸团火烟，师郎要请尊贵的百位祖师。
宗师坐在家中祖坛，祖师坐在家内祖殿。
要烧宝香去请，要用香烟去迎。
虔诚焚烧纸团宝香，虔诚奉请弟子的千位祖师。
虔诚烧起蜂蜡宝烟，虔诚奉迎师郎的百位宗师。
焚烧蜂蜡糠火，纸团宝香。
焚烧蜂蜡糠火，纸团宝香。
千神没有来请，百祖没有来迎。
要来奉请——
祖太共米、共甲、仕官、首贵，
明章、巴高、
国锋、明鸿、仕贵、后宝。
祖太光朱、勇贤、光三、老七、跃恩。
祖太席玉、江远、林华、老苟、共四、老弄、
千有、天财、进荣、腾兰。
祖太强贵、隆贵、光合、冬顺、得水。
叔公双全、祖公长先。
外祖大大、二哥……
三十一代祖师，三十二代弟子。

三千祖师交钱，查名皆齐皆遍，

三百度纸宗师，点字皆遍皆全。

闻我奉请暂离上天大堂，听我奉迎暂别天宫大殿。

暂离家中祖坛，暂别家内师殿。

暂离三十三块布条，暂别三十三块布幔。

离别香炉，暂别香碗。

神韵——

三咏神腔，来到信士祭祖场中，

三吟神韵，来临户主敬神堂内。

来到安享纸团宝香，来临安受蜂蜡糠烟。

拥护吾本弟子，守护我这师郎。

同日有请你们莫起，同时有奉你们莫去。

就——   （祖师诀）

Jiux—

内没见恩头果，

Neib meib jianb engb tel guet,

见抗头浪。

Jianb kangx tel nangb.

几窝尼头尼抗，

Jid aot nib tel nib kangx,

窝拢尼见尼嘎。

Aot liongb nib jianb nib giax.

到见苟猛几白，

Daox jianb goud mengb jid beit,

到嘎苟猛吉炯。

Daox giax goud mengb jib jiongb.

修照埋浪热洞热恩，

Xiut zhaob maib nangb reb dongb reb engb,

见照埋浪热光热量。

Jianb zhaob maib nangb reb guangd reb liangx.

埋列拢斗得寿告见，

Maib leib liongb dout deib shoux gaod jianb,

莎列拢弄告得送嘎。

Sax leib liongb nongt gaod deib songx giax.

斗抓埋你，

Doub zhuab maib nit,

斗尼埋炯。

Doub nit maib jiongx.

告见扛单，

Gaod jianb gangb dand,

送嘎扛送。

Songx giax gangb songx.

列休喂斗得寿，

Leib xiut weib doub deit shet,

归先归得。

Giud xiand giud deit.

候然剖弄告得，

Houx rad boub nongd gaod deit,

归木归嘎。   （莲华诀）

Giud mub giud giad.

休照阿谷欧奶酷绒麻冬几图，

Xiud zhaob ad guob out leit kud rongb mab dongt jid tub,

然照阿谷欧奶酷便麻汝吉浪。   （藏身诀）

Rad zhaob ad guob out leit kud biat mab rux jid nangb.

神韵——

　主人有钱纸冥币，纸帛冥钱。

　不烧是纸是帛，烧了是钱是财。

　得财拿去共分，得钱拿去共用。

　收在金仓银仓，入在金库银库。

　你们要和弟子交钱，都要与吾师郎度纸。[①]

　拥在左边，护在右旁。

　交钱得到，度纸得达。

　收起我的正魂本命，三魂七魄。

　收在一十二个深洞之中，藏在一十二个好洞之内。

就——　　　　　　　　　　　　　　　　　（祖师诀）

Jiux—

几长窝汝意记耸斗，

Jid changb aot rux yid jib songx doub,

得寿列充葵汝产娥棍空。

Deit shet lieb congd kiub rux chant eb gunt kongt.

几长窝汝侬达穷炯，

Jid changb aot rux yit dat qiongx jiongb,

弄得列拢然鸟催汝吧图棍得。　　　　　（祖师诀）

Niongx deit lieb liongb rab niaob nub rux bax tux gunt deib.

然鸟补谷阿柔告寿，

Rab niaob but guot ad roub gaot shet,

补谷欧柔告德。

But guob out roub gaot deit.

补产葵忙告见，

Butchanx kiub mangb gaot jianb,

补吧录忙送嘎，

But bad lub mangb songx giax,

抓葡几最吉走。

Zhuad pux jid ziub jib zoub.

寿葡吉走吉板。

Shoux pux jid zoub jib banb.

神韵——

诚心焚烧蜂蜡糠香，弟子要请尊敬的千位宗师，

诚意焚燃纸团火烟，师郎要请尊贵的百位祖师。

三十一代祖师，三十二代弟子。

三千祖师交钱，查名皆齐皆遍，

三百度纸宗师，点字皆遍皆全。

就——　　　　　　　　　　　　　　　　　（祖师诀）

Jiux—

然鸟绒魁龙贵洞庆，

Rab niaob rongb kiub longb guix dongd qinx,

弄奈成久长先补玛。

Longb naix chenb jiud changb xiand bub mual.

休鸟喂然埋浪,

Xut niaob weib maib nangb,

然弄喂奈埋洞。

Rab longb weib naix maib dongx.

得寿架格腊咱,

Deit shet jid giet lab zad,

弄得查梅腊干。

Nongd deit chab meib lab ganb.

棍空斗你喂浪打篓,

Gunt kongt doub nit weib nangb dat let,

棍得斗炯喂浪达比。

Gunt deit doub jiongx weib nangd dab.

斗你喂浪达起几图,

Doub nit weib nangb dab kid jid tub,

斗炯喂浪达写吉郎。

Doub jiongx weib nangd dab xie jib nangb.

埋自尼剖,

Maib zix nib bout,

剖自尼埋,

Bout zit nib maib,

埋尼喂浪打楼达起,

Maib nib weib nangb dat let dat qit,

喂尼埋浪吉久几得。

Weib nib maib nangd jib jud jid deib.

埋告穷向闹达,

Maib gaob qiongx xiangt laox dab,

埋油穷头拢单。

Maib youb qiongx teb liongb dand.

拢单号弄几图,

Liongb dand haox nongd jid tub,

拢送号炯吉浪。

Liongb songx haox jiongx jib niangb.

几油喂浪声棍扛见，

Jid yub weib nangd shongt gunt gangb jianb,

吉候喂浪弄母扛拿。

Jib houx weib nangd niongx mux gangb nab.

喂拢告见莎单，

Weib liongb gaot jianb sax dand,

喂拢送嘎莎送。

Weib liongb songx giad sax songx.

喂扑产固莎见，

Weib pud chant gut sax jianb,

喂出吧汉莎尼。

Weib chux bax hanx sax nib.

神韵——

烧起银钱冥纸，焚起冥币钱财。

烧起蜂蜡糠香，焚起纸团火烟。

千神没有乱请，百祖没有乱奉。

焚香要来奉请，烧纸要来奉迎。

奉请绒魁龙贵洞冲，奉迎成久长先洞寨。

我讲你们得听，我说你们得闻。

弟子闭眼观想，师郎抬眼观看。

祖师都在我的脑海，祖师坐在我的脑门。

祖师在我心念之中，宗师在我意念之内。

你们就是我们，我们就是你们。

你们就是我们的心脑神魂，我们就是你们的身体骨肉。

你们纵那香烟飘到，你们随那烟雾降临。

来到我们中间，来临我们之内。

帮助我的神腔娓娓，帮助我的神辞朗朗。

我今主持也准，我来主祭也灵。

我说千种也应，我做百样也验。

就——   （祖师诀）

Jiux—

吉斗吉追莎尼棍得。

Jib deb jib zhuix sax nib gunt deib.

几客几娄莎尼棍空，

Jid kied jib neb sax nib gunt kongt,

客猛把抓，

Kied mengb bad zhuax,

休最出踏。

Xut zuib chud tax.

客猛巴尼，

Kied mengb bab nib,

休最提提。

Xut zuib tib tib.

棍空候喂出空，

Gunt kongt houx weib chud kongt,

棍得候喂出卡。

Gunt deit houx weib chub kat.

棍空候喂出林，

Gunt kongt houx weib chud liuongb,

棍得候喂出雄。

Gunt deit houx weib chud xiongb.

棍空列拢出见出尼，

Gunt kongt lieb liongb chud jianb chud nib,

棍得列拢出中出汝。

Gunt deit lieb liongb chud zhongd chud rux.

棍空候喂吉蓄西包打鸟吉弄扛虫，

Gunt kongt houx weib jib xud xid bet dat niaob jib nangb chongx,

棍得候喂吉蓄那嘎达梅吉弄扛拿。

Gunt deit houx weib jib xud nab giax dab meib jib nongb gangb nab.

棍空出见出中，

Gunt kongt chud jianb chud zhongd,

棍得出中出汝。

Gunt deit chud zhongd chud rux.

神韵——
往前看去都是祖师，往后看去都是宗师。
看向左边，站齐成排，
看向右边，站齐成团。
祖师帮我神诀，宗师帮我神咒。
祖师帮我做大，宗师帮我做强。
祖师要来做成做到，宗师要来做准做好。
祖师要帮加持仪式程序送稳，
宗师要帮护持法事仪式送当。
祖师做成做准，宗师做准做到。

就——　　　　　　　　　　　　　　　　　　（祖师诀）
Jiux—
窝汝见恩头果，
Aot rux jianb engb teb guet,
窝约见抗头浪。
Aot yod jianb kangx teb nangb.
窝汝意几耸斗，
Aot rux yit jid songx doub,
柔汝以达穷炯。
Roub rux yit dab qiongx jiongb.
产棍几没然鸟，
Chant gunt jid meib rab niaob,
吧母几没拢奈。
Bax mub jid meib liongb naix.
窝向列拢然鸟，
Aot xiangt lieb liongb rab niaob,
窝头列拢弄奈。
Aot teb lieb liongb niongb naix.
然鸟绒魁龙贵洞庆，
Rab niaob rongb kiub longb guix dongd qinx,

弄奈成久长先补玛。

Longb naix chenb jiud changb xiand bub mual.

休鸟喂然埋浪，

Xut niaob weib maib nangb,

然弄喂奈埋洞。

Rab longb weib naix maib dongx.

得寿架格腊咱，

Deit shet jid giet lab zad,

弄得查梅腊干。

Nongd deit chab meib lab ganb.

棍空斗你喂浪打篓，

Gunt kongt doub nit weib nangb dat let,

棍得斗炯喂浪达比。

Gunt deit doub jiongx weib nangd dab.

斗你喂浪达起几图，

Doub nit weib nangb dab kid jid tub,

斗炯喂浪达写吉郎。

Doub jiongx weib nangd dab xie jib nangb.

埋自尼剖，

Maib zix nib bout,

剖自尼埋，

Bout zit nib maib,

埋尼喂浪打楼达起，

Maib nib weib nangb dat let dat qit,

喂尼埋浪吉久几得。

Weib nib maib nangd jib jud jid deib.

埋告穷向闹达，

Maib gaob qiongx xiangt laox dab,

埋油穷头拢单。

Maib youb qiongx teb liongb dand.

拢单号弄几图，

Liongb dand haox nongd jid tub,

拢送号炯吉浪。

Liongb songx haox jiongx jib niangb.

几油喂浪声棍扛见，

Jid yub weib nangd shongt gunt gangb jianb,

吉候喂浪弄母扛拿。

Jib houx weib nangd niongx mux gangb nab.

喂拢告见莎单，

Weib liongb gaot jianb sax dand,

喂拢送嘎莎送。

Weib liongb songx giad sax songx.

喂扑产固莎见，

Weib pud chant gut sax jianb,

喂出吧汉莎尼。

Weib chux bax hanx sax nib.

神韵——

烧起银钱冥纸，焚起冥币钱财。

烧起蜂蜡糠香，焚起纸团火烟。

千神没有乱请，百祖没有乱奉。

焚香要来奉请，烧纸要来奉迎。

奉请绒魁龙贵洞冲，奉迎成久长先洞寨。

我讲你们得听，我说你们得闻。

弟子闭眼观想，师郎抬眼观看。

祖师都在我的脑海，祖师坐在我的脑门。

祖师在我心念之中，宗师在我意念之内。

你们就是我们，我们就是你们。

你们就是我们的心脑神魂，我们就是你们的身体骨肉。

你们纵那香烟飘到，你们随那烟雾降临。

来到我们中间，来临我们之内。

帮助我的神腔娓娓，帮助我的神辞朗朗。

我今主持也准，我来主祭也灵。

我说千种也应，我做百样也验。

就——

Jiux—

然鸟补产葵忙土冬，

Rab niaob but cant kuib mangbtubdongt，

补吧糯忙叉留。

But bax nub mangb cheaxlius.

补产共格，

But cant gongt gib，

补吧共色。

But bax gongt seid.

补产藏立，

But cant zangx lib，

补吧藏梅。

But bax zangx meib.

补产良能锐锐照篓，

But cant liab nongb ruit ruit zhaob neb，

补吧良同让让照追。

But bax liab tongb tangb rangb zhaob zhuix.

补产不包陇嘎，

But cant bub bet liongs giad，

补吧不嘎图闹。

But bax but giad tux niaob.

照休总寿吉标，

Zhaob xiud zongb shet jib bioud，

照闹秋得记竹。

Zhaob laox qiux deib jid zhub.

拢单吉图，

Liongb dand jid tub，

炯送吉浪。

Jiongx songx jib nangb.

拢单埋候告土，

Liongb dand maib hex gaobtub，

拢送埋候告岔。

Liongb songx maib hex gaob cheax.

神韵——

要来奉请——

三千找魂的宗师，三百寻灾的祖师。

三千抬旗，三百抬标。

三千骑驴，三百骑马。

三千抬刀闪闪在前，三百抬刃赳赳在后。

三千披袍穿甲，三百戴盔戴冠。

从家中祖坛请起，从家内祖殿请下。

来到这里，来临此间。

来到要去寻找死魂，来临要去寻找亡灵。

就——

Jiux—

列猛然鸟得忙抓刚，

Lieb mengb rab niaob deit mangb zhuab gangt,

列猛弄难度忙抓绒。

Lieb mengb nongx naix dux mangb zhub rongb.

补散炯单达纵刚棍，

But sant jiongx dand dab zongb gangt gunt,

剖弄告得，

Pout nongx gaot deib,

补虐炯送吉秋学猛。

But niub jiongx songx jib qiux xuob mengb.

产棍几没然鸟，

Cant gunt jid meib rab niaob,

吧母几没弄奈。

Bax mux jid meib nongx naix.

列拢然鸟——

Lieb liongb rab niaob—

补产葵忙告归，

But cant kuib mangb gaob guit,

补吧糯忙告料。

But bax nub mangb gaob liaox.

补产共格，

But cant gongt gib,

补吧共色。

But bax gongt seid.

补产藏立，

But cant zangx lib,

补吧藏梅。

But bax zangx meib.

补产良能锐锐照篓，

But cant liab nongb ruit ruit zhaob neb,

补吧良同让让照追。

But bax liab tongb tangb rangb zhaob zhuix.

补产不包陇嘎，

But cant bub bet liongs giad,

补吧不嘎图闹。

But bax but giad tux niaob.

照休总寿吉标，

Zhaob xiud zongb shet jib bioud,

照闹秋得记竹。

Zhaob laox qiux deib jid zhub.

拢单吉图，

Liongb dand jid tub,

炯送吉浪。

Jiongx songx jib nangb.

拢单埋候吉牙麻巧，

Liongb dand maib hex jib yad mab qiaot,

拢送埋候吉记麻加。

Liongb songx maib hex jib jix mab jiad.

神韵——

要去奉请祖师威武，要去奉迎宗师威风。

吾本弟子，三番坐到敬神坛中，

我这师郎，三次坐到祭祖堂内。

千神没有来请，百祖没有来迎。

要来奉请——

三千追魂的宗师，三百赎魂的祖师。

三千抬旗，三百抬标。

三千骑驴，三百骑马。

三千抬刀闪闪在前，三百抬刃赳赳在后。

三千披袍穿甲，三百戴盔戴冠。

从家中祖坛请起，从家内祖殿请下。

来到这里，来临此间。

到这你们要驱凶鬼，到此你们要赶恶煞。

吧奈炯那棍柔，

Bax naib jiongx nat gunt roub，

炯苟不穷。

Jiongb goud but qiongx.

炯奶炯中能岭，

Jiongb leit jiongb zhongb nongb liuongt，

炯图炯洽色头。

Jiongb tub jiongb qiad seid toub.

埋你冬板，

Maib nit dongt banb，

埋加首干。

Maib jiab sout gant.

埋炯告绒，

Maib jiongx gaob rongb，

埋加走敏。

Maib jiad zed miongb.

干然柔先，

Gant rab rout xiand，

兰麻柔甲。

Lanb mab roub jiab.

报标斗欺喂庆色容，

Baob bioud doub qud weib qiongt seid rongb，

报竹弄力喂将色猛。

Baob zhub nongx lib weib jiangx seid mengb.

奉请扫邪宗师，杀妖官将。

七个七把绿刀，七位七杆长枪。

你坐平地，你镇妖气。

你坐高岭，你镇邪精。

照见妖鬼，扫除邪魔。

妖在家中要赶灭除，魔在家内要扫灭绝。

巴代的祖师坛 (石开林摄)

十三
乖棍 · Gweit gunt · 灭鬼

【简述】

鬼在苗族人民的心目中是人间灾难祸害的作俑者和代名词，是专门害人的东西，也可以看成是危害人类生存发展的不良因素。因而，苗族人对鬼是恨之入骨的，世世代代的苗师巴代，在祭祀仪式的神辞中，对鬼都是"驱赶再驱赶、灭除再灭除"的，意欲将鬼置于死地而后快。苗族人并不像历代史书典籍所讲的那样崇巫尚鬼、敬鬼信鬼，而是恨鬼赶鬼、驱鬼灭鬼。关于此等说法，我们在神辞中将会说明白，鬼在苗族人的心目中究竟是个什么东西以及人们对鬼的态度和做法。

灭鬼神辞有 12 段、24 段甚至 36 段内容，具体采用多少，巴代在仪式中可根据时间、事态、内容以及户主要求来定。

江哟列候乖棍，

Jiangb yod lieb houx gweit gunt，

江板列候他力。

Jiangb band leib houx tax lib.

要先几没几乖内浪归先归得，

Yaox xiand jid meib jid guweit neib nangb giud xiand giud deit，

要木几没他汉内浪归木归嘎。

Yaox mub jid meib tax hanx neib nangb giut mub giut giad.

内浪先头转嘎虫兰，

Neib nangb xiand toub zhuanb giab chongb lan，

木汝奈拿虫兄。

Mub rux naib nab chongb xiongd.

喜了耍把鬼驱，爱了要把煞隔。
少气没有驱赶信士的生气儿气，
少福没有驱赶户主的洪福孙福。
户主的长气收在身中，福禄藏在体内。

乖久列乖，
Gweit jub lieb gweit,
度久列度。
Dux jub lieb dux.
列乖扛久，
Lieb gweit gangb jub,
列度扛半。
Lieb dux gangb banb.
列乖服吾服召嘎冬尼，
Lieb gweit fud wut fud zhaob giad dongt neib,
服斗服召嘎冬油。
Fud dout fud zhaob giad dongt yub.
斗冲冲召窝边葡，
Doub chongx chongx zhaob aot biand put,
冲边冲召窝边奶。
Chongx biad chongx zhaob aob biad leid.
炯照补浓猛头莎，
Jiongx zhaob but niongb mengb toub sad,
冲到花连哭炯走。
Chongx daox huad lianb kux jiongx zoub.
没内几到内拢酷，
Meib neib jid daox neid liongb kut,
没骂几到骂拢首。
Meib max jib daox max liongb soud.
水学乖告送斗，
Shiut xuob gweit gaob songx doub,

睡梦假通，

Shiut mengx jiad tongt,

度龙穷炯假量。 （镇压诀）

Dux longb qiongb jiongx jiad liax.

乖告送斗几白，

Gweit gaob songx doub jid baib,

度龙穷炯吉袍。 （翻复诀）

Dux longb qiongb jiongx jid paox.

牙首牙林乙热内补，

Yab shout yab linb yib reb neib bub,

牙闹牙嘎以然内冬。 （押送诀）

Yab laox yab giad yit ranb neib dongt.

抓首抓猛乙热内补，

Zhuab shout zhuab mengb yib reb neib bud,

抓闹抓嘎以然内冬。 （叉送诀）

Zhuab laox zhuab giax yib ranb neib dongt.

乖久追拢查他吉标果齐，

Gweit jiud zhiux liongb chab tax jib bioud guot qit,

弟板记竹明汝。 （封锁诀）

Dix band jix zhub mingb rux.

乖久追拢查他几没头莎，

Gweit jub zhuix chab tax jid meib toub sad,

度约弟然茶他几斗便奶。

Dux yod dix rab chax tax jid doub biat leit.

赶了再赶，驱了再驱。

要赶送了，要驱送完。

要来驱赶吃水吃着牛蹄水，吃汤吃着牛脚汤。

拿木拿着腐朽木，拿棍拿着短拐棍。

坐着草把烤糠火，手拿铧镰挖草根。

有娘没得娘来养，有爹没得爹来育。[①]

诀咒驱赶隔去，斩煞消灭，再用蜡烟隔除。

遇这糠香消散，见此蜡烟消灭。

铜隔隔去他方，铁隔隔去他处。

铜叉叉去他方，铁叉叉去他处。

驱赶以后家中便得清吉，屋宅内外平安。

驱了之后清吉没有夭折，赶了之后平安没有短命。[①]

[注]　①此段讲的是命短夭折的小娃娃，本地方言称其为"化生子"。传说牛脚印的水是死人水，化生子死后人们生怕他们再回来投胎，于是在埋上山的路上一路燃烧数堆粗糠火，每堆旁边置放三个小草把凳，意思是让他们坐在草把凳上烤火而忘了回来。有的还送割稻草用的铧镰，让他们去挖草根吃。过去苗乡根本没有糖吃，要吃甜的便去挖草根，小孩挖草根吃到甜味之后忘记回家。过去由于医疗不发达，农村有三分之一的小孩易早夭，他们多埋在村外的荒郊野地，每个村几乎都有几大片化生子坟地。

乖久列乖，

Gweit jub lieb gweit,

度久列度。

Dux jub lieb dux.

列乖扛久，

Lieb gweit gangb jub,

列度扛半。

Lieb dux gangb banb.

列乖涨吾拢不，

Lieb gweit zhangb wut liongb bub,

瓜苟拢特。

Guax geb liongb teix.

吾滚不猛得从，

Wut gunb bub mengb deib congt,

吾穷不猛得闹。

Wut qiongx bub mengb deib laox.

背苟葡干葡内，

Beid goub pub ganb pub neix,

背绒葡柔葡紧。

Beid rongb pub rout pub giongd.

拍夯闹豆，

Peit hangb laox dout，

拍共闹岔。

Peit gongd laox chax.

水学乖告送斗，

Shiut xuob gweit gaob songx doub，

睡梦假通，

Shiut mengx jiad tongt，

度龙穷炯假量。 （镇压诀）

Dux longb qiongb jiongx jiad liax.

乖告送斗几白，

Gweit gaob songx doub jid baib，

度龙穷炯吉袍。 （翻复诀）

Dux longb qiongb jiongx jid paox.

牙首牙林乙热内补，

Yab shout yab linb yib reb neib bub，

牙闹牙嘎以然内冬。 （押送诀）

Yab laox yab giad yit ranb neib dongt.

抓首抓猛乙热内补，

Zhuab shout zhuab mengb yib reb neib bud，

抓闹抓嘎以然内冬。 （叉送诀）

Zhuab laox zhuab giax yib ranb neib dongt.

乖久追拢查他吉标果齐，

Gweit jiud zhuix lionb chab tax jib bioud guot qit，

弟板记竹明汝。 （封锁诀）

Dix band jix zhub mingb rux.

乖久追拢查他几没不吾不斗，

Gweit jub zhuix liongb chab tax jid meib bub wut bub dout，

度约弟然茶他几斗白豆闹岔。

Dux yod dix rab chab tax jid doub baib dout laox chax.

赶了再赶，驱了再驱。

要赶送了，要驱送完。

要来驱赶涨水来冲，垮山来压。

洪水冲去险滩，泥流冲去凶地。

高山垮山滑坡，大岭垮岩落土。

垮山滑坡，垮岩落土。

诀咒驱赶隔去，斩煞消灭，再用蜡烟隔除。

遇这糠香消散，见此蜡烟消灭。

铜隔隔去他方，铁隔隔去他处。

铜叉叉去他方，铁叉叉去他处。

驱赶以后家中便得清吉，屋宅内外平安。

驱了之后清吉没有洪水兴灾，

赶了之后平安没有垮塌祸害。

乖久列乖，

Gweit jub lieb gweit,

度久列度。

Dux jub lieb dux.

列乖扛久，

Lieb gweit gangb jub,

列度扛半。

Lieb dux gangb banb.

列乖加绒报标，

Lieb gweit jiad rongb jiad bioub,

加棍报竹。

Jiad gunt jiad zhub.

加绒报标拢促拢出，

Jiad rongb baob bioub liongb zub liongb chub,

加棍报竹拢仇拢大。

Jiad gunt baob zhub liongb choub liongb dab.

加绒报标苟数拢转，

Jiad rongb baob bioud ged sux liongb zhuanb,

加棍报竹苟那拢奈。

Jiad gunt baob zhub goud nab liongb naib.

猛数产刚拢转拢数，

Mengb sut chant gangt liongb zhuanb liongb sud,

猛那吧虫拢套拢奈。

Mengb nab bad chongb liongb taox liongb naib.

几者咱巧走巧，

Jib zhed zab qiaot zoub qiaot,

几锐咱加走加。

Jid ruib zad jiad zoub jiad.

水学乖告送斗，

Shiut xuob gweit gaob songx doub,

睡梦假通，

Shiut mengx jiad tongt,

度龙穷炯假量。   （镇压诀）

Dux longb qiongb jiongx jiad liax.

乖告送斗几白，

Gweit gaob songx doub jid baib,

度龙穷炯吉袍。   （翻复诀）

Dux longb qiongb jiongx jid paox.

牙首牙林乙热内补，

Yab shout yab linb yib reb neib bub,

牙闹牙嘎以然内冬。   （押送诀）

Yab laox yab giad yit ranb neib dongt.

抓首抓猛乙热内补，

Zhuab shout zhuab mengb yib reb neib bud,

抓闹抓嘎以然内冬。   （叉送诀）

Zhuab laox zhuab giax yib ranb neib dongt.

乖久追拢查他吉标果齐，

Gweit jiud zhiux liongb chab tax jib bioud guot qit,

弟板记竹明汝。   （封锁诀）

Dix band jix zhub mingb rux.

乖久追拢查他几没棍转棍奈，

Gweit jub zhuix liongb chab tax jid meib gunt zhuanb gunt naib,

度约弟然茶他几斗棍仇棍大。

Dux yod dix rab chab tax jid doub gunt choub gunt dab.

赶了再赶，驱了再驱。

要赶送了，要驱送完。

要来驱赶凶神进家，恶煞进户。

凶神进家来做来闹，恶煞进户来打来杀。

凶神进家拿锁来锁，恶煞进户拿索来捆。

大锁千斤来套来锁，大索百根来捆来绑。

乱扯乱勒染灾，乱绑乱捆染祸。

诀咒驱赶隔去，斩煞消灭，再用糠烟隔除。

遇这糠香消散，见此糠烟消灭。

铜隔隔去他方，铁隔隔去他处。

铜叉叉去他方，铁叉叉去他处。

驱赶以后家中便得清吉，屋宅内外平安。

驱了之后清吉没有鬼锁鬼链，

赶了之后平安没有鬼打鬼杀。

乖久列乖，

Gweit jub lieb gweit,

度久列度。

Dux jub lieb dux.

列乖扛久，

Lieb gweit gangb jub,

列度扛半。

Lieb dux gangb banb.

列乖打便抓汉背斗棍，

Lieb gweit dat biat zhuad hanx beib deb gunt,

打豆图汉背斗穷。

Dat dout tub hanx beib deb qiongb.

穷斗见风白苟白让，

Qiongb dout jianb fengd baib goud baib rangb,

穷标见度白加白竹。

Qiong bioubjianb dux baib jiad baib jiad zhub.

出汉猛风几油，

Chub hanx mengb fengd jid youb,

当汉猛记吉哨。

Dangb hanx mengb jix jib xiaox.

标炯标你走巧走加，

Bioub jiongx bioub nib zoub qiaot zoub jiad，

标柔标瓦咱滚咱穷。

Bioud rout bioud wab zad gunb zad qiongx.

水学乖告送斗，

Shiut xuob gweit gaob songx doub,

睡梦假通，

Shiut mengx jiad tongt,

度龙穷炯假量。 （镇压诀）

Dux longb qiongb jiongx jiad liax.

乖告送斗几白，

Gweit gaob songx doub jid baib,

度龙穷炯吉袍。 （翻复诀）

Dux longb qiongb jiongx jid paox.

牙首牙林乙热内补，

Yab shout yab linb yib reb neib bub,

牙闹牙嘎以然内冬。 （押送诀）

Yab laox yab giad yit ranb neib dongt.

抓首抓猛乙热内补，

Zhuab shout zhuab mengb yib reb neib bud,

抓闹抓嘎以然内冬。 （叉送诀）

Zhuab laox zhuab giax yib ranb neib dongt.

乖久追拢查他吉标果齐，

Gweit jiud zhiux liongb chab tax jib bioud guot qit,

弟板记竹明汝。 （封锁诀）

Dix band jix zhub mingb rux.

乖久追拢查他几没猛风几油，

Gweit jub zhuix liongb chab tax jid meib mengb fengd jid youb,

度约弟然茶他几斗背斗吉当。

Dux yod dix rab chab tax jid doub beid dout jib dangx.

赶了再赶，驱了再驱。

要赶送了，要驱送完。

要来驱赶天上掉下火把星，地上烧火冲天红。

浓烟成团满村满寨，烟火凶猛满家满户。

遭那大风乱吹，遇那恶风乱窜。

家宅住房遭了天火，瓦房木房烧成灰烬。

诀咒驱赶隔去，斩煞消灭，再用蜡烟隔除。

遇这糠香消散，见此蜡烟消灭。

铜隔隔去他方，铁隔隔去他处。

铜叉叉去他方，铁叉叉去他处。

驱赶以后家中便得清吉，屋宅内外平安。

驱了之后清吉没有恶风乱吹，

赶了之后平安没有火灾乱发。

乖久列乖，

Gweit jub lieb gweit,

度久列度。

Dux jub lieb dux.

列乖扛久，

Lieb gweit gangb jub,

列度扛半。

Lieb dux gangb banb.

列乖打尼几剖拢达，

Lieb gweit dad neib jid pet liongb dab,

打油吉刚拢抓。

Dab yub jib gangd liongb zhuax.

尼固吉标达闹猛干，

Neib gud jib bioud dab laox mengb ganb,

油忙几竹抓闹猛内。

Yub mangb jid zhub zhuad laox mengb neix.

尼固吉标嘎炯，

Neib gud jib bioud giad jiongx,

油忙记竹嘎将。

Yub mangb jid zhub giad jiangx.

列熟几单公力，

Lieb shub jid dand gongd lib,

列记几单公八。

Lieb jix jid dand gongb bab.

水学乖告送斗，

Shiut xuob gweit gaob songx doub,

睡梦假通，

Shiut mengx jiad tongt,

度龙穷炯假量。　　　　　　　　　　　　　　　（镇压诀）

Dux longb qiongb jiongx jiad liax.

乖告送斗几白，

Gweit gaob songx doub jid baib,

度龙穷炯吉袍。　　　　　　　　　　　　　　　（翻复诀）

Dux longb qiongb jiongx jid paox.

牙首牙林乙热内补，

Yab shout yab linb yib reb neib bub,

牙闹牙嘎以然内冬。　　　　　　　　　　　　　（押送诀）

Yab laox yab giad yit ranb neib dongt.

抓首抓猛乙热内补，

Zhuab shout zhuab mengb yib reb neib bud,

抓闹抓嘎以然内冬。　　　　　　　　　　　　　（叉送诀）

Zhuab laox zhuab giax yib ranb neib dongt.

乖久追拢查他吉标果齐，

Gweit jiud zhiux liongb chab tax jib bioud guot qit,

弟板记竹明汝。　　　　　　　　　　　　　　　（封锁诀）

Dix band jix zhub mingb rux.

乖久追拢查他几没向尼，

Gweit jub zhuix liongb chab tax jid meib xiangt neib,

度约弟然茶他几斗向油。

Dux yod dix rab chab tax jid doub xiangt yu.

赶了再赶，驱了再驱。

要赶送了，要驱送完。

要来驱赶水牯用角来抵，黄牯用角乱碰。

水牯掉下悬崖，黄牯掉下悬岩。

水牯染了牛瘟，黄牯染了时气。

要犁不到田里，要耙不到田内。

诀咒驱赶隔去，斩煞消灭，再用蜡烟隔除。

遇这糠香消散，见此蜡烟消灭。

铜隔隔去他方，铁隔隔去他处。

铜叉叉去他方，铁叉叉去他处。

驱赶以后家中便得清吉，屋宅内外平安。

驱了之后清吉没有伤牛，

赶了之后平安没有伤畜。

乖久列乖，

Gweit jub lieb gweit,

度久列度。

Dux jub lieb dux.

列乖扛久，

Lieb gweit gangb jub,

列度扛半。

Lieb dux gangb banb.

列乖抓军报苟，

Lieb gweit zhuab jund baob geb,

抢犯报让。

Qiangd fanx baob rangb.

抓军报苟拢娄拢仇，

Zhuab giuongt baob geb liongb loub liongb choub,

枪犯报让拢抢拢大。

Qiangd fanx baob rangb liongb qiangd liongb dab.

猛庆几吼，

Mengb qut jib houb,

猛炮吉话。

Mengb paox jib huax.

围标围斗，

Weib bioud weib deb，

围总围秋。

Weib zongb weib quid.

咱拔腊娄苟仇，

Zad bab lab loub ged choub，

咱浓腊娄苟大。

Zad niongx lab loub ged dax.

几吼声昂，

Jib houd shongt angb，

吉话声年。

Jib huax shongt nian.

水学乖告送斗，

Shiut xuob gweit gaob songx doub，

睡梦假通，

Shiut mengx jiad tongt，

度龙穷炯假量。   （镇压诀）

Dux longb qiongb jiongx jiad liax.

乖告送斗几白，

Gweit gaob songx doub jid baib，

度龙穷炯吉袍。   （翻复诀）

Dux longb qiongb jiongx jid paox.

牙首牙林乙热内补，

Yab shout yab linb yib reb neib bub，

牙闹牙嘎以然内冬。   （押送诀）

Yab laox yab giad yit ranb neib dongt.

抓首抓猛乙热内补，

Zhuab shout zhuab mengb yib reb neib bud，

抓闹抓嘎以然内冬。   （叉送诀）

Zhuab laox zhuab giax yib ranb neib dongt.

乖久追拢查他吉标果齐，

Gweit jiud zhiux liongb chab tax jib bioud guot qit，

弟板记竹明汝。　　　　　　　　　　　　　　　（封锁诀）
Dix band jix zhub mingb rux.
乖久追拢查他几没抓军拢娄，
Gweit jub zhuix liongb chab tax jid meib zhuad giuongt liongb loub,
度约弟然茶他几斗抢犯拢大。
Dux yod dix rab chab tax jid doub qiangd fanx liongb dax.

　　　赶了再赶，驱了再驱。
　　　要赶送了，要驱送完。
　　　要来驱赶恶军进村，土匪进寨。
　　　恶军进村乱烧乱打，土匪进寨乱抢乱杀。
　　　枪声震村，炮声震寨。
　　　围家围宅，围房围室。
　　　见到女人就打，见到男人就杀。
　　　哭声震天，喊号动地。
　　　诀咒驱赶隔去，斩煞消灭，再用蜡烟隔除。
　　　遇这糠香消散，见此蜡烟消灭。
　　　铜隔隔去他方，铁隔隔去他处。
　　　铜叉叉去他方，铁叉叉去他处。
　　　驱赶以后家中便得清吉，屋宅内外平安。
　　　驱了之后清吉没有兵痞来抓，
　　　赶了之后平安没有抢犯来杀。

乖久列乖，
Gweit jub lieb gweit,
度久列度。
Dux jub lieb dux.
列乖扛久，
Lieb gweit gangb jub,
列度扛半。
Lieb dux gangb banb.
列乖苟让几抱，
Lieb gweit geb rangb jid beb,

加竹吉大。

Jiat zhub jib dax.

窝拔共能共同，

Aot bab gongx nongb gongx tongb,

窝浓共色共炮。

Aot niongb gognx seib gongx paox.

蒙纵喂退，

Mengb zongb weib tuit,

喂求蒙闹。

Weib qiub mengb laox.

吉总列扛透蒙透喂，

Jib zongd lieb gangb toub mengb toub weib,

吉他列扛透松透标。

Jib tax lieb gangb toub songd toub biaox.

几抱列扛干古，

Jid beb lieb gangb ganb gud,

吉大列扛干穷。

Jib dax lieb gangb ganb qiongx.

几没越那越苟，

Jid meib yueb nat yueb goud,

几没越秋越兰。

Jid meib yueb quid yueb lan.

水学乖告送斗，

Shiut xuob gweit gaob songx doub,

睡梦假通，

Shiut mengx jiad tongt,

度龙穷炯假量。　　　　　　　　　　　　　（镇压诀）

Dux longb qiongb jiongx jiad liax.

乖告送斗几白，

Gweit gaob songx doub jid baib,

度龙穷炯吉袍。　　　　　　　　　　　　　（翻复诀）

Dux longb qiongb jiongx jid paox.

牙首牙林乙热内补，

Yab shout yab linb yib reb neib bub,

牙闹牙嘎以然内冬。 （押送诀）

Yab laox yab giad yit ranb neib dongt.

抓首抓猛乙热内补，

Zhuab shout zhuab mengb yib reb neib bud,

抓闹抓嘎以然内冬。 （叉送诀）

Zhuab laox zhuab giax yib ranb neib dongt.

乖久追拢查他吉标果齐，

Gweit jiud zhiux liongb chab tax jib bioud guot qit,

弟板记竹明汝。 （封锁诀）

Dix band jix zhub mingb rux.

乖久追拢查他几没几抱吉大，

Gweit jub zhuix liongb chab tax jid meib jid beb jib dax,

度约弟然茶他几斗吉反吉闹。

Dux yod dix rab chab tax jid doub fand jib laox.

赶了再赶，驱了再驱。

要赶送了，要驱送完。

要来驱赶村中打架，寨内械斗。

女人拿刀拿刃，男人拿枪拿炮。

你进我退，我上你下。

相争要送伤你伤我，相骂要送伤心伤肺。

相打要送见伤，相斗要送见血。

也不认兄认弟，更不认亲认眷。

诀咒驱赶隔去，斩煞消灭，再用蜡烟隔除。

遇这糠香消散，见此蜡烟消灭。

铜隔隔去他方，铁隔隔去他处。

铜叉叉去他方，铁叉叉去他处。

驱赶以后家中便得清吉，屋宅内外平安。

驱了之后清吉没有打架械斗，

赶了之后平安没有胡作非为。

乖久列乖，

Gweit jub lieb gweit,

度久列度。

Dux jub lieb dux.

列乖扛久，

Lie gweit gangb jub,

列度扛半。

Lieb dux gangb banb.

列乖得拔几没洞沙，

Lieb gweit deit bab jid meib dongx shat,

得浓几没洞保。

Deib niongx jit meib dongx baod.

包洞嘎依偏年列依，

Baod dongx giad yib piand nianb lieb yid,

沙洞嘎出偏年列出。

Shad dongb giad chub piand nianb lieb chub.

出八几没得休，

Chud bab jid meib deit xiut,

出爬几没得退。

Chub pax jid meib deib tuib.

水学乖告送斗，

Shiut xuob gweit gaob songx doub,

睡梦假通，

Shiut mengx jiad tongt,

度龙穷炯假量。　　　　　　　　　　　　　（镇压诀）

Dux longb qiongb jiongx jiad liax.

乖告送斗几白，

Gweit gaob songx doub jid baib,

度龙穷炯吉袍。　　　　　　　　　　　　　（翻复诀）

Dux longb qiongb jiongx jid paox.

牙首牙林乙热内补，

Yab shout yab linb yib reb neib bub,

牙闹牙嘎以然内冬。　　　　　　　　　　　（押送诀）

Yab laox yab giad yit ranb neib dongt.

抓首抓猛乙热内补，

Zhuab shout zhuab mengb yib reb neib bud,

抓闹抓嘎以然内冬。 （叉送诀）

Zhuab laox zhuab giax yib ranb neib dongt.

乖久追拢查他吉标果齐，

Gweit jiud zhiux liongb chab tax jib bioud guot qit,

弟板记竹明汝。 （封锁诀）

Dix band jix zhub mingb rux.

乖久追拢查他几没出八，

Gweit jub zhuix liongb chab tax jid meib chub bab,

度约弟然茶他几斗出怕。

Dux yod dix rab chab tax jid doub chub bad.

赶了再赶，驱了再驱。
要赶送了，要驱送完。
要来驱赶女儿不听教导，男儿不听教育。
叫她莫做偏要去做，喊他莫为偏要去为。
做差不可收拾，做错不能退却。
诀咒驱赶隔去，斩煞消灭，再用蜡烟隔除。
遇这糠香消散，见此蜡烟消灭。
铜隔隔去他方，铁隔隔去他处。
铜叉叉去他方，铁叉叉去他处。
驱赶以后家中便得清吉，屋宅内外平安。
驱了之后清吉没有错误，
赶了之后平安没有失足。

乖久列乖，

Gweit jub lieb gweit,

度久列度。

Dux jub lieb dux.

列乖扛久，

Lieb gweit gangb jub,

列度扛半。

Lieb dux gangb banb.

列乖得拔外内，

Lieb gweit deit bab waid neid,

得浓外骂。

Deib niongx waid max.

大内加鸟加弄，

Dax neid jiad niaob jiad nongx,

大骂加麻度加树。

Dax max jiad mab dux jiad shux.

麻林久酷麻休，

Mab linb jut kut mab xut,

麻让久酷麻共。

Mab rangx jut kut mab gongx.

麻炯苟出麻假，

Mab jiongb ged chub mab jiad,

麻够苟出麻柔。

Mab gout ged chub mab roux.

麻林苟出麻休，

Mab linb ged chub mab xut,

麻共苟出缪头。

Mab gongx ged chub mioub toub.

水学乖告送斗，

Shiut xuob gweit gaob songx doub,

睡梦假通，

Shiut mengx jiad tongt,

度龙穷炯假量。 （镇压诀）

Dux longb qiongb jiongx jiad liax.

乖告送斗几白，

Gweit gaob songx doub jid baib,

度龙穷炯吉袍。 （翻复诀）

Dux longb qiongb jiongx jid paox.

牙首牙林乙热内补，

Yab shout yab linb yib reb neib bub,

牙闹牙嘎以然内冬。   （押送诀）

Yab laox yab giad yit ranb neib dongt.

抓首抓猛乙热内补，

Zhuab shout zhuab mengb yib reb neib bud,

抓闹抓嘎以然内冬。   （又送诀）

Zhuab laox zhuab giax yib ranb neib dongt.

乖久追拢查他吉标果齐，

Gweit jiud zhiux liongb chab tax jib bioud guot qit,

弟板记竹明汝。   （封锁诀）

Dix band jix zhub mingb rux.

乖久追拢查他几没吉白，

Gweit jub zhuix liongb chab tax jid meib jib baib,

度约弟然茶他几斗吉袍。

Dux yod dix rab chab tax jid doub jib paox.

　　　赶了再赶，驱了再驱。
　　　要赶送了，要驱送完。
　　　要来驱赶女儿瞒母，男儿瞒父。
　　　骂母恶言恶语，骂父恶口恶嘴。
　　　大的不关心小的，青年不孝老年。
　　　亲人拿当仇人，远的拿做近的。
　　　大的拿当小的，老的不拿当数。
　　　诀咒驱赶隔去，斩煞消灭，再用蜡烟隔除。
　　　遇这糠香消散，见此蜡烟消灭。
　　　铜隔隔去他方，铁隔隔去他处。
　　　铜叉叉去他方，铁叉叉去他处。
　　　驱赶以后家中便得清吉，屋宅内外平安。
　　　驱了之后清吉没有歪心，
　　　赶了之后平安没有恶意。

乖久列乖，

Gweit jub lieb gweit,

度久列度。

Dux jub lieb dux.

列乖扛久，

Lieb gweit gangb jub,

列度扛半。

Lieb dux gangb banb.

列乖出散几没见散，

Lieb gweit chud sait jid meib jianb sait,

出茶几没见茶。

Chub zax jid meib zax.

出散召公，

Chub sait zhao gongt,

出茶召忙。

Chud zax zhaob mangb.

标楼几没见楼，

Bioud noub jid meib jianb noub,

照弄几没单弄。

Zhaox nongx jid meib dand nongx.

加楼召梦召豆，

Jiad noub zhaob mengt zhaob dout,

加弄召公召忙。

Jiad nongx zhaob gongt zhaob mangb.

列能几单嘎弄，

Lieb nongb jid dand giax longx,

列用几送窝斗。

Lieb yongx jid songx aob doub.

水学乖告送斗，

Shiut xuob gweit gaob songx doub,

睡梦假通，

Shiut mengx jiad tongt,

度龙穷炯假量。 　　　　　　　　　　（镇压诀）

Dux longb qiongb jiongx jiad liax.

乖告送斗几白，

Gweit gaob songx doub jid baib,
度龙穷炯吉袍。   （翻复诀）
Dux longb qiongb jiongx jid paox.
牙首牙林乙热内补,
Yab shout yab linb yib reb neib bub,
牙闹牙嘎以然内冬。   （押送诀）
Yab laox yab giad yit ranb neib dongt.
抓首抓猛乙热内补,
Zhuab shout zhuab mengb yib reb neib bud,
抓闹抓嘎以然内冬。   （叉送诀）
Zhuab laox zhuab giax yib ranb neib dongt.
乖久追拢查他吉标果齐,
Gweit jiud zhuix liongb chab tax jib bioud guot qit,
弟板记竹明汝。   （封锁诀）
Dix band jix zhub mingb rux.
乖久追拢查他几没八山,
Gweit jub zhuix liongb tax jid meib bad xiand,
度约弟然茶他几斗加茶。
Dux yod dix rab chab tax jid doub jiad zax.

　　赶了再赶, 驱了再驱。
　　要赶送了, 要驱送完。
　　要来驱赶务农没有得收, 做工没有得利。
　　阳春着了虫灾, 庄稼着了病害。
　　种下土中不见生, 播下土内不见长。
　　生出的着了病害, 长出的着了虫灾。
　　要吃不得到口, 要用不得到手。
　　诀咒驱赶隔去, 斩煞消灭, 再用蜡烟隔除。
　　遇这糠香消散, 见此蜡烟消灭。
　　铜隔隔去他方, 铁隔隔去他处。
　　铜叉叉去他方, 铁叉叉去他处。
　　驱赶以后家中便得清吉, 屋宅内外平安。
　　驱了之后清吉没有稻瘟,

赶了之后平安没有禾病。

乖久列乖,
Gweit jub lieb gweit,
度久列度。
Dux jub lieb dux.
列乖扛久,
Lieb gweit gangb jub,
列度扛半。
Lieb dux gangb banb.
列乖炯谷阿得出差,
Lieb gweit jiongb guob ad deib chud cat,
乙谷阿秋出错。
Yib guob ad quid chud cuox.
出差打便达起几竹,
Chud cat dat biat adb qix jid zhub,
出错打绒达起吉洽。
Chud cuox dab rongb jid qiax.
抱汉猛拢打豆几竹,
Baot hanx mengb liongb daddout jid zhub,
片汉猛打便吉洽。
Piant hanx mengb dad biat jib qiax.
依昂照急急嘎度乖,
Yid angb zhaob jib jib giad dux gweit,
乙求照急急嘎度布。
Yib qiux zhaob jib jib giad dux bub.
奶格吉苟,
Leit gietjib goud,
豆拢吉洽。
Doub liongb jib qiax.
几竹打起,
Jid zhub dab qix,
吉洽达写。

Jib qiax dab xied.

水学乖告送斗，

Shiut xuob gweit gaob songx doub,

睡梦假通，

Shiut mengx jiad tongt,

度龙穷炯假量。 （镇压诀）

Dux longb qiongb jiongx jiad liax.

乖告送斗几白，

Gweit gaob songx doub jid baib,

度龙穷炯吉袍。 （翻复诀）

Dux longb qiongb jiongx jid paox.

牙首牙林乙热内补，

Yab shout yab linb yib reb neib bub,

牙闹牙嘎以然内冬。 （押送诀）

Yab laox yab giad yit ranb neib dongt.

抓首抓猛乙热内补，

Zhuab shout zhuab mengb yib reb neib bud,

抓闹抓嘎以然内冬。 （叉送诀）

Zhuab laox zhuab giax yib ranb neib dongt.

乖久追拢查他吉标果齐，

Gweit jiud zhuix liongb chab tax jib bioud guot qit,

弟板记竹明汝。 （封锁诀）

Dix band jix zhub mingb rux.

乖久追拢查他几没竹起，

Gweit jub zhuix liongb chab tax jid meib zhub qid,

度约弟然茶他几斗崩达。

Dux yod dix rab chab tax jid doub bengb dab.

赶了再赶，驱了再驱。

要赶送了，要驱送完。

要来驱赶七十一处做差，八十二处做错。

做差上天才来震动，做错上空才来震怒。

打那大鼓大地震抖，吹那大风上天震动。

擂动那黑乎乎的乌云，掀起那乌黑黑的天雾。
鼓起天眼，擂动天鼓。
震破了胆，撕裂了肺。
诀咒驱赶隔去，斩然消灭，再用蜡烟隔除。
遇这糠香消散，见此蜡烟消灭。
铜隔隔去他方，铁隔隔去他处。
铜叉叉去他方，铁叉叉去他处。
驱赶以后家中便得清吉，屋宅内外平安。
驱了之后清吉没有惊心，
赶了之后平安没有动魄。

乖久列乖，
Geit jub lieb gweit,
度久列度。
Dux jub lieb dux.
列乖扛久，
Lieb gweit gangb jub,
列度扛半。
Lieb dux gangb banb.
列乖苟抓窝交巧起加写，
Lieb gweit goud zhuab aot jiaot qiaod qid jiad xied,
苟尼窝记加鸟加弄。
Goud nib aot jit jiad niaob jiad nongx.
苟娄得忙加度加树，
Goud loub deit mangb jiad dux jiad shux,
苟追度忙加弄加然。
Goud zhuix dux mangb jiad nongt jiad rab.
得忙巧起加哈加楼，
Deit mangb qiaod qid jiad hab jiad loub,
度忙加写加走加板。
Dux mangb jiad xied jiad zoub jiad banb.
出巧出记，
Chub qiaot chud jit,

出元出养。

Chud yuanb chud yangb.

出巧出加，

Chud qiaot chud jiad,

出八出拔。

Chud bal chud bax.

水学乖告送斗，

Shiut xuob gweit gaob songx doub,

睡梦假通，

Shiut mengx jiad tongt,

度龙穷炯假量。 （镇压诀）

Dux longb qiongb jiongx jiad liax.

乖告送斗几白，

Gweit gaob songx doub jid baib,

度龙穷炯吉袍。 （翻复诀）

Dux longb qiongb jiongx jid paox.

牙首牙林乙热内补，

Yab shout yab linb yib reb neib bub,

牙闹牙嘎以然内冬。 （押送诀）

Yab laox yab giad yit ranb neib dongt.

抓首抓猛乙热内补，

Zhuab shout zhuab mengb yib reb neib bud,

抓闹抓嘎以然内冬。 （叉送诀）

Zhuab laox zhuab giax yib ranb neib dongt.

乖久追拢查他吉标果齐，

Gweit jiud zhuix liongb chab tax jib bioud guot qit,

弟板记竹明汝。 （封锁诀）

Dix band jix zhub mingb rux.

乖久追拢查他几没得忙窝交，

Gweit jub zhuix liongb chab tax jid meib deit mangb aot jiaot,

度约弟然茶他几斗度忙窝茶。

Dux yod dix rab chab tax jid doub dux mengb aot chab.

赶了再赶，驱了再驱。

要赶送了，要驱送完。

要来驱赶左边冤家坏肠坏心，右边仇人坏口坏嘴。

前方冤家坏言坏语，后方仇人坏动坏作。

冤家对头前来捣乱，仇人暗地进行破坏。

用心作反，故意作对。

暗中挑拨，捣乱破坏。

诀咒驱赶隔去，斩煞消灭，再用蜡烟隔除。

遇这糠香消散，见此蜡烟消灭。

铜隔隔去他方，铁隔隔去他处。

铜叉叉去他方，铁叉叉去他处。

驱赶以后家中便得清吉，屋宅内外平安。

驱了之后清吉没有仇人冤家，

赶了之后平安没有冤案冤仇。

列乖内绒拢单吉标，

Lieb gweit neib rongb liongb dand jib bioud,

骂棍闹送吉竹。　　　　　　　　　　　　　　（反复驱遣诀）

Max gunt laox songx jib zhub.

出汉斩松猛豆，

Chub hanx zhaid songd mengb dout,

将汉吧难达那。

Jiangb hanx bad nanb dab nab.

加绒楼豆，

Jiad rongb loub dout,

加棍楼越。

Jiad gunt loub yueb.

得乖否你，

Deib gweit woub nit,

得则否炯。

Deib zeb woub jiongx.

得乖兵比兵缪，

Deib gweit biongb bid biongb mioub,

得则兵豆兵斗。

Deib zeb biongb doud biongb dout.

干然柔先，

Ganb ranb roub xiand,

兰棉柔甲。

Lan mianb roub jiab.

兵鸟兵先，

Biongt niaob biongt xiand,

干古干嘎。

Ganb gud ganb giax.

兵古兵穷，

Biongt gud biongt qiongb,

出格出怪。

Chud geib chub guaix.

斗绒当棍长兰，

Doub rongb dangd gunt changb lan,

斗棍吉追报长。

Doub gunt jib zhiux baox changb.

豆毛没比没兵，

Doux maob meib bid meib biongd,

度毛没涌没够。

Dux maob meib yongd meib goux.

打格几篓，

Dab gied jid loub,

打甲吉追。

Dab jiab jib zhiux.

禾抓比包，

Aot zhuab bix bet,

禾中比篓。

Aot zhongb bix loud.

几内出蒙出梅，

Jid neib chub mengb chub meib,

吉忙出皮出细。

Jib mangb chub bix chub xix.

几内否瓜内得,

Jid neit boub guad neid deit,

吉忙否边内呕,

Jib mangb boub biant neib oud,

水学乖告送斗,

Shiut xuob gweit gaob songx doub,

睡梦假通,

Shiut mengx jiad tongt,

度龙穷炯假量。　　　　　　　　　　　　　　（镇压诀）

Dux longb qiongb jiongx jiad liax.

乖告送斗几白,

Gweit gaob songx doub jid baib,

度龙穷炯吉袍。　　　　　　　　　　　　　　（翻复诀）

Dux longb qiongb jiongx jib paox.

牙首牙林乙热内补,

Yab shout yab linb yib reb neib bub,

牙闹牙嘎以然内冬。　　　　　　　　　　　　（押送诀）

Yab laox yab giad yit ranb neib dongt.

抓首抓猛乙热内补,

Zhuab shout zhuab mengb yib reb neib bud,

抓闹抓嘎以然内冬。　　　　　　　　　　　　（叉送诀）

Zhuab laox zhuab giax yib ranb neib dongt.

乖久追拢查他吉标果齐,

Gweit jiud zhuix liongb chab tax jib bioud guot qit,

弟板记竹明汝。　　　　　　　　　　　　　　（封锁诀）

Dix band jix zhub mingb rux.

要驱魑魅来到家中,魍魉进到宅内。
兴那灾星灾殃,降那灾难灾祸。
凶神来得日久,恶鬼坐得久长。
黑处来躲,暗处来藏。
黑处现头现耳,暗处现爪现脚。

现那大口咬牙，现那长舌切齿。

现嘴现齿，见抓见捉。

见红见血，作蛊作怪。

恶煞没有前胸，凶鬼没有后背。

腿脚有鬈有毛，头耳有段有节。①

忽而现前，忽而见后。

跨在床头，现在床尾。

白日现眼现目，夜晚现梦现幻。

白日它骗人子，夜晚它骗人妻。

诀咒驱赶隔去，斩煞消灭，再用蜡烟隔除。

遇这糠香驱散，见此蜡烟消灭。

铜隔隔去他方，铁隔隔去他处。

铜叉叉去他方，铁叉叉去他处。

驱赶以后家中便得清吉，屋宅内外平安。

[注]　①有鬈有毛、有段有节：指凶鬼恶煞奇形怪状的样子。

乖久列乖，

Gweit jub lieb gweit,

度久列度。

Dux jub lieb dux.

列乖扛久，

Lieb gweit gangb jub,

列度扛半。

Lieb dux gangb banb.

列乖补豆加皮加细，

Leib gweit but dout jid bix jiad xix,

补就加格加怪。

But jux jiad gieb jiad guaib.

加皮出扛内抄，

Jiad bix chud gangb neib caot,

加细出扛内棉。

Jid xix chud gangb neib miab.

加皮出扛内崩，

Jiad bix chud gangb neib bengb,

加细出扛内洽。

Jiad xix chud gangb neib qiax.

皮闹猛龙猛同，

Bix laox mengb longb mengb tongb,

皮豆猛庆猛炮。

Bix dout mengb qix mengb paox.

皮菩冬绒几浪几吼，

Bix dongt rongb jib nangb jib hout,

皮挂便同几浪吉话。

Bix guax biat tongb jib nangb jib huax.

皮绒腊葡，

Bix rongb lab pud,

皮便腊挂。

Bix biat lab guax.

几关斗你格绒，

Jid guand dout nib gied rongb,

吉哈斗炯格便。

Jib had dout jiongx gied biax.

皮你周柔周金，

Bix nib zhoub rout giuongd,

皮炯周图周陇。

Bix jiongx zhoub tub zhoub liongd.

皮热先竹，

Bix reb xiand zhub,

皮弟先比。

Bix dix xiand bid.

皮干咱古，

Bix ganb zad gud,

皮咱加穷。

Bix zad jiad qiongd.

皮龙写尼，

Bix longb xied nieb,

皮架写油。

Bix jiax xied yub.

皮龙光中,

Bix longb guangd zhongd,

皮架光抓。

Bix zhub guand zhuab.

几篓皮不半斗,

Jid neb bix bub banx deb,

吉追皮扛半太。

Jib zhuix bix gangb banx tiex.

水学乖告送斗,

Shuit xuob gweit gaob songx doub,

睡梦假通,

Shuix mengx jiad tongd,

度龙穷炯假量。 （镇压诀）

Dux longb qiongb jiongx jiad liangx.

乖告送斗几白,

Gweit gaob songx doub jid baib,

度龙穷炯吉袍。 （翻复诀）

Dux longb qiongb jiongx jid paox.

牙首牙林乙热内补,

Yab shout yab linb yib reb neib bub,

牙闹牙嘎以然内冬。 （押送诀）

Yab laox yab giad yit ranb neib dongt.

抓首抓猛乙热内补,

Zhuab shout zhuab mengb yib reb neib bud,

抓闹抓嘎以然内冬。 （叉送诀）

Zhuab laox zhuab giax yib ranb neib dongt.

乖久追拢查他吉标果齐,

Gweit jiud zhuix liongb chab tax jib bioud guot qit,

弟板记竹明汝。 （封锁诀）

Dix band jix zhub mingb rux.

乖久追拢皮腊长细，

Gweit jut zhuix liongb lab changb xix，

细拿长皮。

Xix nab changb bix.

皮下容吾，

Bix xiax rongb wut，

皮当容斗。

Bix dangb rongb deb.

皮下容青，

Bix xiax rongb qiongd，

皮当容见。

Bix dangb rongb jianb.

皮闹蒙苟，

Bix laox mengb goud，

求猛冬内。

Qiux mengb dongt neib.

皮会猛公，

Bix huix mengb gongt，

闹猛王记。

Laox mengb wangb jix.

长皮长单闹达猛昂猛洽，

Changb bix changb dand laox mengb angb mengb qiax，

比图猛故猛色。

Bid tub mengb gud mengb seid.

汝皮长单图然告苟，

Rux bix changb dand tux rab gaob geb，

汝细长送图绕比让。

Rux xix changb songx tux raob bid rangb.

汝皮长单几纵苟翁，

Rux bix changb dand jid zongb goud wengd，

汝细长送吉秋够求。

Rux xix changb songx jib quid goud qiux.

阿吉长拢汝国，

Ad jib changb liongb rux geib,

呕吉长拢汝包。

Out jib changb liongb rux bex.

赶了再赶，驱了再驱。

要赶送了，要驱送完。

要驱三年恶梦恶幻，三载恶蛊恶怪。

恶梦做送人忧，恶幻做送人愁。

恶梦做送人惊，恶幻做送人怕。

梦倒大刀大刃，梦响大铳大炮。

梦垮山梁震动山，梦塌山崖震动岗。

梦山也崩，梦岭也塌。

挂在陡岭，飘在悬崖。

梦在岩牢土牢，梦坐竹牢木牢。

梦落门齿，梦断门牙。

梦见红血，梦见污血。

梦吃牯肠，梦嚼牛肚。

梦吃洋葱，梦嚼洋蒜。

身前梦背柴篓，身后梦负炭篓。①

诀咒驱赶隔去，斩煞消灭，再用蜡烟隔除。

遇这糠香消散，见此蜡烟消灭。

铜隔隔去他方，铁隔隔去他处。

铜叉叉去他方，铁叉叉去他处。

驱赶以后梦也来幻，幻也来梦。

梦挖水沟，梦开水渠。

梦挖水池，梦开水塘。

梦走大路，走去京城。

梦行大道，行到国都。

好梦转到脚踩大船大舱，头戴大罗大伞。

好梦回到梨树村头，好幻转到栗树寨尾。

好梦回到家中床边，好幻转到屋内枕头。

一觉转来好睡，二觉转来好卧。

[注]　①梦到大刀大刃……身后梦负背炭篓：以上内容皆是本地人们传承观念中认为是不好的梦境。

乖久列乖，

Gweit jub lieb gweit，

度久列度。

Dux jub lieb dux.

列乖扛久，

Lieb gweit gangb jub，

列度扛半。

Lieb dux gangb banb.

列乖得章猛萨，

Lieb gweit deit zhuangb mengb sad，

得度得树。

Deib dux deib shux.

鸟拔鸟浓，

Niaob bab niaob niongx，

鸟让鸟共。

Niaob rangb niaob gongx.

麻乖扑见麻果，

Mab gweit pud jianb mab guet，

麻加扑见麻汝。

Mab jiad pud jianb mab rux.

吉白吉袍，

Jid beib jid baox，

几不吉数。

Jid bub jib sut.

萨空绒苟，

Sax kongt rongb geb，

章虐柔绒。

Zhuangb nub rout rongb.

够寿刀够，

Goud shoux diaot gout，

梅良刀肥。

Meib liangb diaod feib.

产内鸟茶，

chant neib niaot chab，

吉奈拢服，

Jib naix liongb fub，

吧内弄然，

Bad neib nongb rab，

吉奈拢龙。

Jib naix liongb longb.

几服梅照打鸟，

Jid fub meit zhaob dad niaob，

几龙梅照达弄。

Jid longb meit zhaob dab nongd.

水学乖告送斗，

Shuit xuob gweit gaob songx doub，

睡梦假通，

Shuix mengx jiad tongt，

度龙穷炯假量。 （镇压诀）

Dux longb qiongb jiongx jiad liangx.

乖告送斗几白，

Gweit gaob songx doub jid baib，

度龙穷炯吉袍。 （翻复诀）

Dux longb qiongb jiongx jid paox.

牙首牙林乙热内补，

Yab shout yab linb yib reb neib bub，

牙闹牙嘎以然内冬。 （押送诀）

Yab laox yab giad yit ranb neib dongt.

抓首抓猛乙热内补，

Zhuab shout zhuab mengb yib reb neib bud，

乖久追拢查他吉标果齐，

Gweit jiud zhuix liongb chab tax jib bioud guot qit，

弟板记竹明汝。 （封锁诀）

Dix band jix zhub mingb rux.

乖久追拢查他几没得事得录，

Gweit jub zhuix liongb chab tax jid meib deib shit deib lub,

度约弟然茶他几斗得章得萨。

Dux yod dix rab chab tax jid doub deib zhuangb deib sax.

　　赶了再赶，驱了再驱。

　　要驱送了，要赶送完。

　　要驱官司官口，官非官讼。

　　女口男嘴，小口老嘴。

　　黑的讲成白的，坏的讲成好的。

　　结伙相欺，结伴相害。

　　是非口嘴，官非口舌。

　　教唆传谣，挑拨搬弄。

　　利口邀约来喝，刀舌邀众来吃。

　　不喝强灌口中，不吃强塞嘴内。①

　　诀咒驱赶隔去，斩煞消灭，再用蜡烟隔除。

　　遇这糠香消散，见此蜡烟消灭。

　　铜隔隔去他方，铁隔隔去他处。

　　铜叉叉去他方，铁叉叉去他处。

　　驱赶以后家中便得清吉，屋宅内外平安。

　　驱了之后清吉没有是非口嘴，赶了之后平安没有官非牢狱。

［注］　①不吃强塞嘴内：指强加的罪名，强迫接受的冤枉。

乖久列乖，

Gweit jub lieb gweit,

度久列度。

Dux jub lieb dux.

列乖扛久，

Lieb gweit gangb jub,

列度扛半。

Lieb dux gangb banb.

列乖棍梦吉标，

Lieb gweit gunt mengx jib bioub,

棍达几竹。

Gunt dab jid zhub.

棍梦棍斗，

Gunt mengx gunt doub,

棍抄棍达。

Gunt chaod gunt dab.

声昂几吼吉标，

Shongt angb jid houb jib bioud,

声研吉话吉竹。

Shont yuanb jib huax jid zhub.

提果牛内，

Tib guet niub neib,

呕楼牛麻。

Out loub niub mab.

牛内周滚，

Niub neib zhoud gund,

牛洞周乔。

Niub dongt zhoud qiaob.

纵梦告吹，

Zongb mengt gaob chuid,

纵达告绒。

Zongb dab gaob rongb.

纵篓纵白，

Zongb loub zongb baib,

纵达纵柔。

Zongb dab zongb roub.

水学乖告送斗，

Shiut xuob gweit gaob songx doub,

睡梦假通，

Shiut mengx jiad tongt,

度龙穷炯假量。

（镇压诀）

Dux longb qiongb jiongx jiad liax.

乖告送斗几白，

Gweit gaob songx doub jid baib，

度龙穷炯吉袍。 （翻复诀）

Dux longb qiongb jiongx jid paox.

牙首牙林乙热内补，

Yab shout yab linb yib reb neib bub，

牙闹牙嘎以然内冬。 （押送诀）

Yab laox yab giad yit ranb neib dongt.

抓首抓猛乙热内补，

Zhuab shout zhuab mengb yib reb neib bud，

抓闹抓嘎以然内冬。 （叉送诀）

Zhuab laox zhuab giax yib ranb neib dongt.

乖久追拢查他吉标果齐，

Gweit jiud zhiux liongb chab tax jib bioud guot qit，

弟板记竹明汝。 （封锁诀）

Dix band jix zhub mingb rux.

乖久追拢查他几没灾松，

Gweit jub zhuix liongb chab tax jid meib zaid songd，

度约弟然茶他几斗吧难。

Dux yod dix rab chab tax jid doub bad nanb.

赶了再赶，驱了再驱。

要赶送了，要驱送完。

要驱家中病灾常作，宅内死神常犯。

病灾疾厄，悲哀死亡。

哭声常作家中，哀号常响家内。

二柱白布，麻衣孝服。

二柱篓黄，中柱篓篾。①

病床家中，尸床宅内。

病床崩床，尸床柳床。

诀咒驱赶隔去，斩煞消灭，再用蜡烟隔除。

遇这糠烟消散，见此蜡烟消灭。

铜隔隔去他方，铁隔隔去他处。

铜叉叉去他方，铁叉叉去他处。

驱赶以后家中便得清吉，屋宅内外平安。

驱了之后清吉没有灾星，赶了之后平安没有祸害。

[注]　①篓黄、篓篾：指出柩时唯恐家中福气随丧而去，故用篓篾留在家中之传统做法。在此段中统指丧事、白事。

乖久列乖，

Gweit jub lieb gweit，

度久列度。

Dux jub lieb dux.

列乖扛久，

Lieb gweit gangb jub，

列度扛半。

Lieb dux gangb banb.

列乖家格吉标，

Lieb gweit jiab gib jib bioud，

加怪吉竹。

Jiad guaix jid zhub.

加格出扛内咱，

Jia gib chub gangb neib zad，

加怪喂扛内干。

Jiad guaix weib gangb neib ganb.

出格够寿扛容，

Chub gib ged shoux gangb yongb，

喂怪梅良扛棉。

Weib guaix meib liangb gangb miab.

弄偶报标，

Nongt oub baox bioud，

拢出那柔那金。

Liongb chub nat roub nat giuongd.

弄苟报竹，

Nongd goud baob zhub,

拢出巴良图共。

Liongb chu bad liab tub gongx.

故敏报标，

Gud miongt baob bioud,

故虐报竹。

Gud nub baob zhub.

竹同不得，

Zhub tongb but deib,

竹纵不同。

Zhub zongb but tongb.

竹同拢出声猛，

Zhub tongb liongb chub shongt mengt,

不绕拢让昂走。

But raot liongb rangb angb zoub.

补产爬迷，

But chant pab mib,

几谋够豆，

Jid mueb gout dout,

拢出声梦，

Liongb chub shongt mengt,

补吧爬穷，

But bax pad qiongx,

吉麻比兵，

Jid mab bid biongb,

拢出声达。

Liongb chub shongt dab.

潮录告台打温，

Zaox lub gaox chub dat wengt,

潮弄告提达笑。

Zaox nongx gaox tib dab xiaox.

水学乖告送斗，

Shiut xuob gweit gaob songx doub,

睡梦假通，

Shiut mengx jiad tongt，

度龙穷炯假量。　　　　　　　　　　　　　　　　　（镇压诀）

Dux longb qiongb jiongx jiad liax.

乖告送斗几白，

Gweit gaob songx doub jid baib，

度龙穷炯吉袍。　　　　　　　　　　　　　　　　　（翻复诀）

Dux longb qiongb jiongx jid paox.

牙首牙林乙热内补，

Yab shout yab linb yib reb neib bub，

牙闹牙嘎以然内冬。　　　　　　　　　　　　　　　（押送诀）

Yab laox yab giad yit ranb neib dongt.

抓首抓猛乙热内补，

Zhuab shout zhuab mengb yib reb neib bud，

抓闹抓嘎以然内冬。　　　　　　　　　　　　　　　（叉送诀）

Zhuab laox zhuab giax yib ranb neib dongt.

乖久追拢查他吉标果齐，

Gweit jiud zhiux liongb chab tax jib bioud guot qit，

弟板记竹明汝。　　　　　　　　　　　　　　　　　（封锁诀）

Dix band jix zhub mingb rux.

乖久追拢查他几没斗格，

Gweit jub zhuix liongb chab tax jid meib doub gieb，

度约弟然茶他几斗咱怪。

Dux yod dix rad chax tax jid doub zad guaid.

　　　赶了再赶，驱了再驱。
　　　要赶送了，要驱送完。
　　　要驱凶兆现在家中，怪异现在家内。
　　　凶兆出让人知，怪异作送人见。
　　　凶兆带来凶灾，怪异招来厄难。
　　　恶蛇进家，绞搓成绳成索，^①
　　　怪蛇进户，来做抬丧木杠。
　　　青蛙进家，怪蛙进户。

家中出异，宅内现怪。

家中常有病哼，宅内常有病犯。

三千怪蚁进家来做病叹，三百红蚁进户来做哭丧。

大米跳在簸中，小米跳在筛内。

诀咒驱赶隔去，斩煞消灭，再用蜡烟隔除。

遇这糠香消散，见此蜡烟消灭。

铜隔隔去他方，铁隔隔去他处。

铜叉叉去他方，铁叉叉去他处。

驱赶以后家中便得清吉，屋宅内外平安。

驱了之后清吉没有凶兆，赶了之后平安没有怪异。

[注] ①绞搓成绳成索：指蛇交尾。

乖久列乖，

Gweit jub lieb gweit,

度久列度。

Dux jub lieb dux.

列乖扛久，

Lieb gweit gangb jub,

列度扛半。

Lieb dux gangb banb.

列乖加绒拢租，

Lieb gweit jiad rongb liongb cub,

加棍拢岔。

Jiad gweit liongb chax.

加绒抱标拢租拢出，

Jiad rongb baob bioud liongb cub liongb chub,

加棍抱竹拢仇拢大。

Jiad gweit baob zhub liongb choub liongb dab.

棍忙足吾补土，

Gweit mangb zub wut but tud,

棍达共娘补痛。

Gunt dab gongx niangb but tongx.

补豆借酒加服，

Bud dout jiet jiud jiad fub,

补就出列加龙。

Bud jiut chub lieb jiab longb.

借酒酒孝，

Jiet jiud jiud xiaot,

出列列虐。

Chud liex liex nub.

得服几周，

Deib fub jib zhoud,

嘎龙几壮。

Giad longb jid zhuangb.

油首几见善缪，

Youb shout jid jianb shait mioub,

唐闹几加善昂。

Tangx laox jid jiad shait angb.

列乖呕温列香，

Lieb gweit out wengt liex xiangt,

冲苟达告竹鲁。

Chongx goud dab gaox zhub lud.

呕笑列昂，

Out xiaox lieb angb,

冲照达告竹嘴。

Chongx zhaob dab gaox zhub zuid.

雄忙阿涌，

Xiongt mangb ad yongd,

陇忙阿够。

Liongb mangb ad goud.

窝达香录，

Aot dab xiangt lub,

窝这香瓜。

Aob zhex xiangt guad.

水学乖告送斗，

Shiut xuob gweit gaob songx doub,

睡梦假通,

Shiut mengx jiad tongt,

度龙穷炯假量。 （镇压诀）

Dux longb qiongb jiongx jiad liax.

乖告送斗几白,

Gweit gaob songx doub jid baib,

度龙穷炯吉袍。 （翻复诀）

Dux longb qiongb jiongx jid paox.

牙首牙林乙热内补,

Yab shout yab linb yib reb neib bub,

牙闹牙嘎以然内冬。 （押送诀）

Yab laox yab giad yit ranb neib dongt.

抓首抓猛乙热内补,

Zhuab shout zhuab mengb yib reb neib bud,

抓闹抓嘎以然内冬。 （叉送诀）

Zhuab laox zhuab giax yib ranb neib dongt.

乖久追拢查他吉标果齐,

Gweit jiud zhuix liongb chab tax jib bioud guot qit,

弟板记竹明汝。 （封锁诀）

Dix band jix zhub mingb rux.

乖久追拢查他阿标林休,

Gweit jut zhuix liongb chax tax ad bioub linb xut,

弟然查他阿竹共让。

Dix rad chax tax ad zhub gongx rangb.

借酒长拢汝服。

Jiet jiud changb liongb rux fud.

出列长拢汝龙。

Chub liex changb liongb rux longb.

得服长周,

Deit fud changb zhoud,

嘎龙长壮。

Giad longb changb zhuangb.

油首长见善缪,
Youb shoux changb jianb shait mioub,
唐闹长加善昂。
Tangx laox changb jiad shait angb.

赶了再赶,驱了再驱。
要赶送了,要驱送完。
要驱凶鬼作祟,恶煞作乱。
凶鬼进屋来做来祟,恶煞进家来打来杀。
死神为殃作祸,死鬼兴灾作难。
三年煮酒不甜,三载煮饭不熟。
儿喝不长,孙吃不肥。
做事不得圆满,打铁不得锋利。
要驱两簸丧饭,摆在堂屋前方,
两筛丧供,摆在大门后面。
丧竹一节,响竹一筒。
菖蒲隔死,桃叶隔丧。①
诀咒驱赶隔去,斩煞消灭,再用蜡烟隔除。
遇这糠香消散,见此蜡烟消灭。
铜隔隔去天涯之处,铁隔隔去海角之地。
铜叉叉去天涯之处,铁叉叉去海角之地。
驱了以后一家大小,
煮酒也甜,煮饭也熟。
儿喝得长,孙吃得肥。
做事皆得圆满,打铁皆得锋利。

[注] ①菖蒲隔死,桃叶隔丧:本地传统习俗有用菖蒲和桃叶来隔除死神的做法,以上几句泛指丧事。

乖久列乖,
Gweit jub lieb gweit,
度久列度。
Dux jub lieb dux.

列乖扛久，

Lieb gweit gangb jub，

列度扛半。

Lieb dux gangb banb.

列乖班乖班达，

Lieb gweit band gweit band dab，

班两班木。   （反复驱遣诀）

Band liangb band mub.

得标麻乖，

Deib bioud mab gweit，

得相麻共。

Deib xiangd mab gongx.

楼棒抓图够豆，

Loub bangb zhuab tux gout dout，

楼柔抓拢比兵。

Loub roub zhuab liongb bit biongt.

广将鲁班，

Guangd jiangd lut band，

首龙到然。

Shout longb daox rab.

报尖报借，

Baox jiand baox jiex，

达虾那图。

Dab xiad nab tux.

水学乖告送斗，

Shiut xuob gweit gaob songx doub，

睡梦假通，

Shiut mengx jiad tongt，

度龙穷炯假量。   （镇压诀）

Dux longb qiongb jiongx jiad liax.

乖告送斗几白，

Gweit gaob songx doub jid baib，

度龙穷炯吉袍。   （翻复诀）

Dux longb qiongb jiongx jid baob.

Dux longb qiongb jiongx jid paox.

牙首牙林乙热内补，

Yab shout yab linb yib reb neib bub,

牙闹牙嘎以然内冬。 （押送诀）

Yab laox yab giad yit ranb neib dongt.

抓首抓猛乙热内补，

Zhuab shout zhuab mengb yib reb neib bud,

抓闹抓嘎以然内冬。 （叉送诀）

Zhuab laox zhuab giax yib ranb neib dongt.

乖久追拢查他吉标果齐，

Gweit jiud zhiux liongb chab tax jib bioud guot qit,

弟板记竹明汝。 （封锁诀）

Dix band jix zhub mingb rux.

乖久追拢查他几没班楼班怕，

Gweit jut zhuix liongb chax tax jid meib lout band pax,

度约弟然茶他几斗班两班特。

Dux yod dix rad tax jid dout band liangb band teix.

赶了再赶，驱了再驱。
要赶送了，要驱送完。
要驱棺材棺木，棺埋棺葬。
棺木黑屋，箱子棺椁。
木头木马丧板，丧板木马丧杠。
做棺木匠，利斧刀具。
推光推刨，墨签墨线。
诀咒驱赶隔去，斩煞消灭，再用蜡烟隔除。
遇这糠香消散，见此蜡烟消灭。
铜隔隔去他方，铁隔隔去他处。
铜叉叉去他方，铁叉叉去他处。
驱赶以后家中便得清吉，屋宅内外平安。
驱了之后清吉没有板木棺材，赶了之后平安没有棺木板盖。

乖久列乖，

Gweit jub lieb gweit,

度久列度。

Dux jub lieb dux.

列乖扛久,

Lieb gweit gangb jub,

列度扛半。

Lieb dux gangb banb.

列乖嘎格斗标,

Lieb gweit giat gieb doub bioub,

傩棉柔纵。

Nub miab roub zongx.

嘎苟录格,

Giat geib lub gieb,

嘎欺录麻。

Giat qid lub miax.

狗拢首得阿偶,

Goud liongb soud deit ad oud,

琶拔首得阿双。

pax bax soud deit ad shuangt.

嘎陇包就服楼,

Giat liongb baod jud fud loub,

琶拢包陇龙得。

Pax liongb baod liongb longb deib.

就录爷古,

Jud lub yeb gub,

梅热爷穷。

Meib reb yeb qiongb,

禾内拢嘎拢奈,

Gob neit liongb giad liongb naib,

报告拢楼拢归。

Baob gaob liongb loub liongb guib.

水学乖告送斗,

Shiut xuob gweit gaob songx doub,

睡梦假通，

Shiut mengx jiad tongt,

度龙穷炯假量。 （镇压诀）

Dux longb qiongb jiongx jiad liax.

乖告送斗几白，

Gweit gaob songx doub jid baib,

度龙穷炯吉袍。 （翻复诀）

Dux longb qiongb jiongx jid paox.

牙首牙林乙热内补，

Yab shout yab linb yib reb neib bub,

牙闹牙嘎以然内冬。 （押送诀）

Yab laox yab giad yit ranb neib dongt.

抓首抓猛乙热内补，

Zhuab shout zhuab mengb yib reb neib bud,

抓闹抓嘎以然内冬。 （叉送诀）

Zhuab laox zhuab giax yib ranb neib dongt.

乖久追拢查他吉标果齐，

Gweit jiud zhuix liongb chab tax jib bioud guot qit,

弟板记竹明汝。 （封锁诀）

Dix band jix zhub mingb rux.

乖久追拢查他几没达爬能得，

Gweit jud liongb chab tax jid meib dab bax nongb deib,

度约弟然茶他几斗打嘎服楼。

Dux yod dix rad chax tax jid doub dab giat fub loub.

赶了再赶，驱了再驱。

要赶送了，要驱送完。

要驱怪鸡家中，怪鸭宅内。

怪鸡怪鸭，鸡兆鸭兆。

狗来下崽一只，猪来下儿一双。①

鸡来进窝啄蛋，猪来进窝吃儿。

鸡窝流汁，猪窝滴血。

母鸡来啼来叫，公鸡来窝来抱。

诀咒驱赶隔去，斩煞消灭，再用蜡烟隔除。

遇这糠香消散，见此蜡烟消灭。

铜隔隔去他方，铁隔隔去他处。

铜叉叉去他方，铁叉叉去他处。

驱赶以后家中便得清吉，屋宅内外平安。

驱了之后清吉没有母猪吃儿，赶了之后平安没有鸡来啄蛋。

　　[注]　①狗来下崽一只，猪来下儿一双：本地传统观念认为，狗一胎只下一只的便是木棒儿，会伤及主人，猪一胎只生两头的便是抬丧猪，也会殃及主人。

乖久列乖，

Gweit jub lieb gweit,

度久列度。

Dux jub lieb dux.

列乖扛久，

Lieb gweit gangb jub,

列度扛半。

Lieb dux gangb banb.

列乖楼绒兵你腊吾，

Lieb gweit loub rongb biongb nit lab wut,

弄棍兵照路江。

Nongx gunt biongb zhaob lub jiangb.

腊吾江楼几见，

Lab wut jiangd loub jid jianb,

路先标弄几单。

Lux xiand bioub nongx jib dand.

标楼见如，

Bioud loub jianb rub,

照弄见兄。

Zhaob nongx jianb xiongd.

豆剖腊蒙，

Dout bout lab mengb,

陇出哭中。

Liongb chub kux zhongb.

假怕腊乙，

Jiad pat lab yib,

陇出哭从。

Liongb chub kux congb.

楼兵那便，

Loub biongt nab biat,

陇出列尼，

Liongb chub liex nieb,

弄兵那照，

Nongx biongt nab zhaox,

陇出列爬。

Liongb chub lieb pax.

楼兵嘎豆嘎柔，

Loub biongt giab dout giab roub,

弄兵嘎公嘎扒。

Nongx biongt giab gongx giab pax.

楼兵加内，

Loub biongt jiad neit,

弄兵加虐。

Nongx biongt jiad nub.

水学乖告送斗，

Shiut xuob gweit gaob songx doub,

睡梦假通，

Shiut mengx jiad tongt,

度龙穷炯假量。　　　　　　　　　　　　（镇压诀）

Dux longb qiongb jiongx jiad liax.

乖告送斗几白，

Gweit gaob songx doub jid baib,

度龙穷炯吉袍。　　　　　　　　　　　　（翻复诀）

Dux longb qiongb jiongx jid paox.

牙首牙林乙热内补，

Yab shout yab linb yib reb neib bub,

牙闹牙嘎以然内冬。   （押送诀）

Yab laox yab giad yit ranb neib dongt.

抓首抓猛乙热内补，

Zhuab shout zhuab mengb yib reb neib bud,

抓闹抓嘎以然内冬。   （叉送诀）

Zhuab laox zhuab giax yib ranb neib dongt.

乖久追拢查他吉标果齐，

Gweit jiud zhiux liongb chab tax jib bioud guot qit,

弟板记竹明汝。   （封锁诀）

Dix band jix zhub mingb rux.

乖久追拢茶他纠龙路剖，

Gweit jub zhuix liongb chab tax jiub longb lux bout,

弟然茶他谷江路先。

Dax rab chax tax gub jiangb lux xiand.

比楼长见，

Boud loub changb jianb,

便弄长单。

Biat nongx changb dand.

比猛打豆，

Boud mengx dad dout,

猛单产谷产够。

Mengb dand chant guob chant gout.

便猛浪路，

Biat mengb nangb lux,

猛单吧谷吧竹。

Mengb dand bad guob bad zhub.

　　赶了再赶，驱了再驱。

　　要赶送了，要驱送完。

　　要驱败谷出在田里，残米出在土内。

　　水田栽谷不长，熟土种米不生。

　　播谷不均，播米不散。

田园垮孔，来做墓井。

地头塌陷，来做坟场。

谷出五月来送牛吃，米出六月来做饲料。

谷穗霉粉土粉，米穗蚁屎烂粉。

谷出凶日，米出凶辰。

诀咒驱赶隔去，斩煞消灭，再用蜡烟隔除。

遇这糠烟消散，见此蜡烟消灭。

铜隔隔去官田官坝，铁隔隔去官土官地。

铜叉叉去官田官坝，铁叉叉去官土官地。

驱赶以后好这九块土耕，彻底好这十丘地种。

播谷得生，播米得长。

播去土中，发出千苑千丛，

种去地内，长出百苑百穗。

乖久列乖，

Gweit jub lieb gweit,

度久列度。

Dux jub lieb dux.

列乖扛久，

Lieb gweit gangb jub,

列度扛半。

Lieb dux gangb banb.

列乖打便浪格，

Lieb gweit dat biat nangb gieb,

打绒浪怪。

Dad rongb nangb guaix.

绒岭乖豆，

Rongb lingb gweit dout,

绒捕乖内。

Rongb pub gweit neib.

意苟召风，

Yib goud zhaob fengt,

度则召度。

Dux zeb zhaob dux.

度篓麻林,

Dux loub mab linb,

度则麻布。

Dux zeb mab bux.

将乔昂苟,

Jianb qiaob aongb goud,

将穷昂绒。

Jiang qiongx angb rongb.

几北摧岭,

Jid beib cuit lingb,

吉走摧穷。

Jib zoub cuit qiongb.

斗补浪力,

Dout bud nangb lib,

斗冬浪梅。

Dout dongt nangb meib.

兄休况闹况叫,

Xiongt xiut kangx jiaob,

兄柳况豆况斗。

Xiongt liud kangx dout kongx doub.

列乖昂格当苟,

Lieb gweit angb gieb dangb goud,

录达当公。

Lub dab dangb gongx.

到昂几尼昂龙,

Daox angb jib nib angb longb,

到录几尼录用。

Daox lub jib nib lub yongx.

水学乖告送斗,

Shiut xuob gweit gaob songx doub,

睡梦假通,

Shiut mengx jiad tongt,

度龙穷炯假量。　　　　　　　　　　　　（镇压诀）

Dux longb qiongb jiongx jiad liax.

乖告送斗几白，

Gweit gaob songx doub jid baib,

度龙穷炯吉袍。　　　　　　　　　　　　（翻复诀）

Dux longb qiongb jiongx jid paox.

牙首牙林乙热内补，

Yab shout yab linb yib reb neib bub,

牙闹牙嘎以然内冬。　　　　　　　　　　（押送诀）

Yab laox yab giad yit ranb neib dongt.

抓首抓猛乙热内补，

Zhuab shout zhuab mengb yib reb neib bud,

抓闹抓嘎以然内冬。　　　　　　　　　　（叉送诀）

Zhuab laox zhuab giax yib ranb neib dongt.

乖久追拢查他吉标果齐，

Gweit jiud zhuix liongb chab tax jib bioud guot qit,

弟板记竹明汝。　　　　　　　　　　　　（封锁诀）

Dix band jix zhub mingb rux.

乖久追拢茶他纠录乙苟，

Gweit jub zhuix liongb chab tax jiut lub yib goud,

弟然茶他谷叉图公。

Dix rab chab tax guob chat tub gongx.

产豆几斗昂格当苟，

Chant dout jid doub angb gieb dangd goud,

吧就久斗录达当公。

Bad jiux jub doub lub dab dangd gongt.

赶了再赶，驱了再驱。
要赶送了，要驱送完。
要驱天上作蛊，天空作怪。
黑云满天，乌云满盖。
乌天黑地，乌地黑天。
大团云流，乌黑云盖。

土地的驴，当坊的马。^①

红云漫天，绿云漫地。^②

红桌敬神，绿桌赶鬼。^③

葛藤缠脚缠腿，绳索缠臂缠手。^④

要驱怪肉当途，死鸟当道。

得肉不是肉吃，得鸟不是鸟飞。

诀咒驱赶隔去，斩煞消灭，再用蜡烟隔除。

遇这糠烟消散，见此蜡烟消灭。

铜隔隔去神祠之土，铁隔隔去神管之地。

铜叉叉去神祠之土，铁叉叉去神管之地。

驱赶以后好了九条路途，彻底好了十岔路道。

千年没有怪肉当路，百载没有死鸟当道。

[注]　①土地的驴，当坊的马：指虎狼，传说虎狼是当坊土地的坐骑，归土地神管。

②红云漫天，绿云漫地：指会吞食人的恶龙，传说其会变成彩虹来害人。

③红桌敬神，绿桌赶鬼：指染患顽疾凶病的灾难而用漆上颜色的桌子敬神赶鬼。

④葛藤缠脚缠腿，绳索缠臂缠手：喻被毒蛇咬伤。

乖久列乖，

Gweit jub lieb gweit,

度久列度。

Dux jub lieb dux.

列乖扛久，

Lieb gweit gangb jub,

列度扛半。

Lieb dux gangb banb.

列乖从篓几移，

Lieb gweit congb loub jid yib,

嘎加补皂。　　　　　　　　　　　　　　（反复驱遣诀）

Giad jiad but zaod.

招从招打，

Zhaob congb zhaob dad,

招梦招共。

Zhaob mengt zhaob gongx.

谷合麻如如拿背柳，

Guob heb mab rub rub nab bid liud,

告号麻照林拿窝刀。

Gaod haox mab zhaob linb nab aot diaot.

几篓补首就才，

Jid loub but shoux jiux cait,

吉追补叫就夯。

Jib zhuix but jiaob jiux hangx.

锐咒就加，锐虐就夯。

Ruit zhoubjiux jiad, ruit niub jiux hangx.

水学乖告送斗，

Shiut xuob gweit gaob songx doub,

睡梦假通，

Shiut mengx jiad tongt,

度龙穷炯假量。　　　　　　　　　　（镇压诀）

Dux longb qiongb jiongx jiad liax.

乖告送斗几白，

Gweit gaob songx doub jid baib,

度龙穷炯吉袍。　　　　　　　　　　（翻复诀）

Dux longb qiongb jiongx jid paox.

牙首牙林乙热内补，

Yab shout yab linb yib reb neib bub,

牙闹牙嘎以然内冬。　　　　　　　　（押送诀）

Yab laox yab giad yit ranb neib dongt.

抓首抓猛乙热内补，

Zhuab shout zhuab mengb yib reb neib bud,

抓闹抓嘎以然内冬。　　　　　　　　（叉送诀）

Zhuab laox zhuab giax yib ranb neib dongt.

乖久追拢查他吉标果齐，

Gweit jiud zhuix liongb chab tax jib bioud guot qit,

弟板记竹明汝。　　　　　　　　　　　　　　　　（封锁诀）

Dix band jix zhub mingb rux.

乖久追拢茶他比奶锐那，

Gweit jub zhuix liongb chab tax bit liet ruit nab,

弟然查他便图锐苟。

Dix rab chab tax biat tub ruit goud.

吧就求补几扛吉咱。

Bat jiut qiux bub jid gangb jib zad.

内达苟吾，否达苟补。

Neib dab goud wut, boub dab goub bub.

内达苟补，

Neib dab goud bub,

否达苟吾。

Boub dab goub wut.

产豆几扛嘎秀然得，

Chant dout jid gangb giad xiux rab deib,

吧就几扛嘎先然木。

Bat jiut jid gangb giad xiand rab mub.

赶了再赶，驱了再驱。

要赶送了，要驱送完。

要驱毒疮伤患，药鬼纠缠。

生疮生疱，肿臭肿烂。

发炎肿大大如瓜果，发病肿壮壮似大瓜。

身前三包臭药，身后三包臭草。

药灾发臭，药患秽污。

诀咒驱赶隔去，斩煞消灭，再用蜡烟隔除。

遇这糠香消散，见此蜡烟消灭。

铜隔隔去山林堂中，铁隔隔去百草堂内。

铜叉叉去山林堂中，铁叉叉去百草堂内。

隔了之后清吉四个药兄，彻底清吉五个药弟。

千年水路不许相见，百载陆路不许相逢。

人走水路，它走陆路。

人走陆路，它走水路。

千年不许患疾上体，百载不许染病上身。

乖久列乖，

Gweit jub lieb gweit,

度久列度。

Dux jub lieb dux.

列乖扛久，

Lieb gweit gangb jub,

列度扛半。

Lieb dux gangb banb.

列乖便松达巧，

Lieb gweit biat songt dab qiaod,

炯松达加。

Jiongb songt dab jiad.

楼久楼得，

Loub jiut loub deib,

楼比楼缪。

Loub bid loub mioub.

猛巧猛加，

Mengb qiaot mengb jiad,

猛虐猛让。

Mengb niub mengb rangx.

狗嘎告豆，

Goud giad gaob doub,

琶然比兵。

Pax rad bid biongb.

纵补吾棍，

Zongb bub wut gunt,

纵潮吾猛。

Zongb zaox wut mengb.

纵补几没内刚，

Zongb bub jid meib neib gangt,

纵潮几没内土。

Zongb zaox jit meib neib tud.

水学乖告送斗，

Shiut xuob gweit gaob songx doub,

睡梦假通，

Shiut mengx jiad tongt,

度龙穷炯假量。　　　　　　　　　　　（镇压诀）

Dux longb qiongb jiongx jiad liax.

乖告送斗几白，

Gweit gaob songx doub jid baib,

度龙穷炯吉袍。　　　　　　　　　　　（翻复诀）

Dux longb qiongb jiongx jid paox.

牙首牙林乙热内补，

Yab shout yab linb yib reb neib bub,

牙闹牙嘎以然内冬。　　　　　　　　　（押送诀）

Yab laox yab giad yit ranb neib dongt.

抓首抓猛乙热内补，

Zhuab shout zhuab mengb yib reb neib bud,

抓闹抓嘎以然内冬。　　　　　　　　　（叉送诀）

Zhuab laox zhuab giax yib ranb neib dongt.

乖久追拢查他吉标果齐，

Gweit jiud zhuix liongb chab tax jib bioud guot qit,

弟板记竹明汝。　　　　　　　　　　　（封锁诀）

Dix band jix zhub mingb rux.

乖久追陇——

Gweit jub zhuix liongb—

瓜苟几崩纵补吾棍，

Guab geb jid bengb zongb bub wut gunt,

瓜纵吉太纵潮吾猛。　　　　　　　　　（压山诀）

Guab zongx jib tiex zongb zaox wut mengb.

阿标林休——

Ad bioud linb xut—

刚棍长虫，

Gangt gunt changb chongx,

学猛长拿。

Xuob mengb changb nab.

周昂长单，

Zhou angb changb danb,

照拿长中。

Zhaob nab changb zhongd.

阿谷呕周，

Ad guob out zhoud,

斗欺斗标，

Doub qit doub bioud,

喂乖几久，

Weib gweit jib jub,

葵汝产娥棍空吉候喂乖莎久，

Kuib rux chant eb gunt kongt jib houx weib gweit sax jub,

阿谷补公，

Ad guob but gongt,

弄力吉竹，

Nongx lib jid zhub,

喂度几板，

Weib dux jib banb,

录汝吧图棍得吉候喂度莎板。

Lub rux bad tub gunt deib jib houx weib dux sax banb.

喂乖阿斗，

Weib gweit ad doub,

葵汝产娥棍空吉候喂乖产谷产斗，

Kuib rux chant eb gunt kongt jib houx weib chant guob chant dout,

喂度阿雷，

Weib dux ad leib,

录汝吧图棍得吉候喂度吧谷吧雷。

Lub rux bad tub gunt deib jib houx weib dux bax guob bax leib.

赶了再赶，驱了再驱。

要赶送了，要驱送完。

要驱五音猖鬼，七姓伤亡。

烂身烂体，烂头烂耳。

死丑死坏，死短死幼。

狗来拉屎门前，猪来撒尿门边。

猖鬼恶耀，伤亡恶煞。①

猖鬼没有人理，伤亡没有人敬。

诀咒驱赶隔去，斩煞消灭，再用蜡烟隔除。

遇此糠烟消散，见此蜡烟消灭。

铜隔隔去阳州以西，铁隔隔去阴州一县。

铜叉叉去阳州以西，铁叉叉去阴州一县。

驱赶以后垮山盖死猖鬼恶耀，塌岭盖严伤亡恶煞。

一家大小，

祭祖得吉，敬神得安。

卜事得准，占事得灵。

一十二路，凶煞恶耀，

我没驱了，尊贵的千位祖师帮我驱赶尽了，

一十三道，凶灾恶难，

我未赶完，高贵的百位宗师帮我赶隔完了。

我驱一手，尊贵的千位祖师帮我驱去千打千手，

我隔一道，高贵的百位宗师帮我隔去百打百道。

[注] ①猖鬼、伤亡：因伤而亡的人被称为非正常死亡，死后不入
祖籍。

乖久列乖，

Gweit jub lieb gweit,

度久列度。

Dux jub lieb dux.

列乖扛久，

Lieb gweit gangb jub,

列度扛半。

Lieb dux gangb banb.

列乖就达拍见，

Lieb gweit jux dab peit jianb，

就挂袍嘎。

Jux guax paox giax.

拍见见内篓吾篓斗，

Peit jianb jianb neib loub wut loub deb，

袍嘎见内挂苟挂绒。

Paox giax jianb neib guax goud guax rongb.

首狗狗腊几林，

Soud goud goud lab jid linb，

首爬爬腊几章。

Soud bax bax lab jid zhuangb.

岔见几单白豆，

Chax jianb jid dand baib dout，

岔嘎几到白斗。

Chax giax jid daox baib deb.

见你窝打否腊拍猛，

Jianb nib aot dat boub Lab peit mengb，

然召窝桶否腊袍闹。

Rad zhaob aob tongx boub lab paox laox.

打书猛豆，

Dat shut mengb dout，

达水达腊。

Dat shuit dab lab.

水学乖告送斗，

Shiut xuob gweit gaob songx doub，

睡梦假通，

Shiut mengx jiad tongt，

度龙穷炯假量。　　　　　　　　　　　　　　（镇压诀）

Dux longb qiongb jiongx jiad liax.

乖告送斗几白，

Gweit gaob songx doub jid baib，

度龙穷炯吉袍。　　　　　　　　　　　　　　（翻复诀）

Gweit gaob songx doub jid baib.

Dux longb qiongb jiongx jid paox.

牙首牙林乙热内补，

Yab shout yab linb yib reb neib bub，

牙闹牙嘎以然内冬。 （押送诀）

Yab laox yab giad yit ranb neib dongt.

抓首抓猛乙热内补，

Zhuab shout zhuab mengb yib reb neib bud，

抓闹抓嘎以然内冬。 （又送诀）

Zhuab laox zhuab giax yib ranb neib dongt.

乖久追拢查他吉标果齐，

Gweit jiud zhuix liongb chab tax jib bioud guot qit，

弟板记竹明汝。 （封锁诀）

Dix band jix zhub mingb rux.

乖久追拢查他几没打书猛豆，

Gweit jub zhuix liongb chab tax jid meib dat shut mengb dout，

度约弟然茶他几斗达收达腊。

Dux yod dix rab chab tax jid doub dat shout dat lab.

赶了再赶，驱了再驱。

要赶送了，要驱送完。

要来驱赶年头失耗，年尾破财。

失耗如同水消，破财如同山崩。

养狗狗也不长，喂猪猪也不肥。

赚钱不得到手，赚米不得到口。

财在箱中失耗，钱在袋中失落。

猪瘟时气，牛瘟马匠。

诀咒驱赶隔去，斩煞消灭，再用蜡烟隔除。

遇这糠香消散，见此蜡烟消灭。

铜隔隔去他方，铁隔隔去他处。

铜叉叉去他方，铁叉叉去他处。

驱赶以后家中便得清吉，屋宅内外平安。

驱了之后清吉没有猪瘟时气，

赶了之后平安没有牛瘟马匠。

乖久列乖，

Gweit jub lieb gweit,

度久列度。

Dux jub lieb dux.

列乖扛久，

Lieb gweit gangb jub,

列度扛半。

Lieb dux gangb banb.

列乖兵尼汝内，

Lieb gweit biongb nib rux neit,

常照达龙。

Changb zhab dab longd.

兵竹如汝打几，

Biongb zhub rub rux dat jit,

常拢斩松吧难。

Changb liongb zaid songd bab nanx.

兵竹走洽走千，

Biongb zhub zoub qiax zoub qiand,

兵吹走拍走袍。

Biongb chuid zoub peid zoub paox.

达柔照闹，

Dab rout zhaob laot,

达紧召掉。

Dab jind zhaob diaox.

走汉加绒当苟，

Zoub hanx jiad rongb dangb goud,

走召加棍当公。

Zoub zhaob jiad gunt dangb gongt.

几滚吉乖，

Jid gunt jib gweit,

几白吉袍。

Jib baib jid paox.

得状几转达休，

Deib zhuangb jid zhuanx dab xut,

得萨吉难达久。

Deib sax jib nanb dab jut.

水学乖告送斗,

Shiut xuob gweit gaob songx doub,

睡梦假通,

Shiut mengx jiad tongt,

度龙穷炯假量。 （镇压诀）

Dux longb qiongb jiongx jiad liax.

乖告送斗几白,

Gweit gaob songx doub jid baib,

度龙穷炯吉袍。 （翻复诀）

Dux longb qiongb jiongx jid paox.

牙首牙林乙热内补,

Yab shout yab linb yib reb neib bub,

牙闹牙嘎以然内冬。 （押送诀）

Yab laox yab giad yit ranb neib dongt.

抓首抓猛乙热内补,

Zhuab shout zhuab mengb yib reb neib bud,

抓闹抓嘎以然内冬。 （叉送诀）

Zhuab laox zhuab giax yib ranb neib dongt.

乖久追拢查他吉标果齐,

Gweit jiud zhuix liongb chab tax jib bioud guot qit,

弟板记竹明汝。 （封锁诀）

Dix band jix zhub mingb rux.

乖久追拢查他几没走事走录,

Gweit jub zhuix liongb chab tax jid meib zoub shit zoub lub,

度约弟然茶他几斗走加走害。

Dux yod dix rab chab tax jid doub zoub jiad zoub hanx.

　　赶了再赶,驱了再驱。
　　要赶送了,要驱送完。
　　要来驱赶出门好天,回来下雨。

出门之时平安健康，回家染来灾星八难。
出门遇到阻碍干扰，出外碰着意外灾祸。
走路伤脚，行道伤腿。
碰着凶神挡路，遇着恶煞当道。
冤屈来担，冤枉来当。
官司案子来担，是非口嘴来当。
诀咒驱赶隔去，斩煞消灭，再用蜡烟隔除。
遇这糠香消散，见此蜡烟消灭。
铜隔隔去他方，铁隔隔去他处。
铜叉叉去他方，铁叉叉去他处。
驱赶以后家中便得清吉，屋宅内外平安。
驱了之后清吉没有凶神恶煞，
赶了之后平安没有凶灾恶难。

乖久列乖，
Gweit jub lieb gweit,
度久列度。
Dux jub lieb dux.
列乖扛久，
Lieb gweit gangb jub,
列度扛半。
Lieb dux gangb banb.
列乖孟豆报标报斗，
Lieb gweit mengt dout baob bioub baob deb,
达腊报纵报秋。
Dab lab baob zongx baob qiux.
服嘎见内服吾，
Fu giab jianb neib fud wut,
服江见内服斗。
Fud jiangb jianb neib fud doub.
加孟嘎休然得，
Jiad mengt giad xut rab deib,
加豆嘎先然木。

Jiad dout giad xiand rab mub.

昂内不汉几录,

Angb neit bub hanx jid lub,

昂弄秀先踏木。

Angb nongx xiux xiand tax mub.

当得当教,

Dangx deib dangx jiaox,

总包总娄。

Congb bet congb loud.

水学乖告送斗,

Shiut xuob gweit gaob songx doub,

睡梦假通,

Shiut mengx jiad tongt,

度龙穷炯假量。   (镇压诀)

Dux longb qiongb jiongx jiad liax.

乖告送斗几白,

Gweit gaob songx doub jid baib,

度龙穷炯吉袍。   (翻复诀)

Dux longb qiongb jiongx jid paox.

牙首牙林乙热内补,

Yab shout yab linb yib reb neib bub,

牙闹牙嘎以然内冬。   (押送诀)

Yab laox yab giad yit ranb neib dongt.

抓首抓猛乙热内补,

Zhuab shout zhuab mengb yib reb neib bud,

抓闹抓嘎以然内冬。   (叉送诀)

Zhuab laox zhuab giax yib ranb neib dongt.

乖久追拢查他吉标果齐,

Gweit jiud zhuix liongb chab tax jib bioud guot qit,

弟板记竹明汝。   (封锁诀)

Dix band jix zhub mingb rux.

乖久追拢查他几没猛豆,

Gweit jub zhuix liongb chab tax jid meib mengb dout,

度约弟然茶他几斗达腊。
Dux yod dix rab chab tax jid doub dab lab.

赶了再赶，驱了再驱。
要赶送了，要驱送完。
要来驱赶顽疾到家到宅，恶病到门到房。
吃药如同人们吃水，喝药如同人们喝汤。
顽疾染在身中，恶病患在体内。
热天穿大棉衣，冷天气喘欲断。
病床久困，眠床久卧。
诀咒驱赶隔去，斩煞消灭，再用蜡烟隔除。
遇这糠香消散，见此蜡烟消灭。
铜隔隔去他方，铁隔隔去他处。
铜叉叉去他方，铁叉叉去他处。
驱赶以后家中便得清吉，屋宅内外平安。
驱了之后清吉没有病魔，
赶了之后平安没有顽疾。

乖久列乖，
Gweit jub lieb gweit，
度久列度。
Dux jub lieb dux.
列乖扛久，
Lieb gweit gangb jub，
列度扛半。
Lieb dux gangb banb.
列乖中缪浪汉声昂，
Lieb gweit zhongb mioub nangb hanx shongt angt，
良内吉话声年。
Niangb neib jib huax shongt niaob.
咱绒咱棍召篓召追，
Zad rongb zad gunt zhaob loub zhaob zhuix，
咱格咱怪召抓召尼。

Zad gieb zad guaix zhaob zhuab zhaob nib.

巴鸟几洽，

Bad niaob jid qiat,

巴加几柔。

Bad jiab jid roub.

干然柔先，

Ganb ranb roub xiand,

奶咩柔甲。

Liaib miab roub jiab.

到比拿突拿痛，

Daox bid nab tud nab tongx,

图久拿苟拿绒。

Tub jiud nab geb nab rongb.

召篓列仇列大，

Zhaob loud lieb choub lieb dax,

召追列架列能。

Zhaob zhuix lieb giad lieb nongb.

水学乖告送斗，

Shiut xuob gweit gaob songx doub,

睡梦假通，

Shiut mengx jiad tongt,

度龙穷炯假量。 （镇压诀）

Dux longb qiongb jiongx jiad liax.

乖告送斗几白，

Gweit gaob songx doub jid baib,

度龙穷炯吉袍。 （翻复诀）

Dux longb qiongb jiongx jid paox.

牙首牙林乙热内补，

Yab shout yab linb yib reb neib bub,

牙闹牙嘎以然内冬。 （押送诀）

Yab laox yab giad yit ranb neib dongt.

抓首抓猛乙热内补，

Zhuab shout zhuab mengb yib reb neib bud,

抓闹抓嘎以然内冬。　　　　　　　　　　　（叉送诀）

Zhuab laox zhuab giax yib ranb neib dongt.

乖久追拢查他吉标果齐，

Gweit jiud zhiux liongb chab tax jib bioud guot qit,

弟板记竹明汝。　　　　　　　　　　　　　（封锁诀）

Dix band jix zhub mingb rux.

乖久追拢查他几没加绒悄气，

Gweit jub zhuix liongb chab tax jid meib jiad rongb qiaox qix,

度约弟然茶他几斗加棍加写。

Dux yod dix rab chab tax jid doub jiad gunt jiad xied.

赶了再赶，驱了再驱。

要赶送了，要驱送完。

要来驱赶耳朵听那哭丧，幻觉听到哭号。

见鬼见神在前在后，见蛊见怪在左在右。

歪嘴来啖，张口来吞。

大齿如钉，长舌如耙。

鬼头大似木桶，鬼身大如山岭。

在前要提要抓，在后要吞要吃。

诀咒驱赶隔去，斩煞消灭，再用蜡烟隔除。

遇这糠香消散，见此蜡烟消灭。

铜隔隔去他方，铁隔隔去他处。

铜叉叉去他方，铁叉叉去他处。

驱赶以后家中便得清吉，屋宅内外平安。

驱了之后清吉没有凶煞兴风，

赶了之后平安没有恶鬼作浪。

乖久列乖，

Gweit jub lieb gweit,

度久列度。

Dux jub lieb dux.

列乖扛久，

Lieb gweit gangb jub,

列度扛半。

Lieb dux gangb banb.

列乖达炯兵绒豆内，

Lieb gweit dab jiongx biongb rongb dout neib,

达兄兵帮豆总。

Dab xiongd biongt bangd dout zongb.

打弄求周拢嘎，

Dab nongt qiux zhoub liongb giat,

打够求处拢豆。

Dab goud qiux chux liongb dout.

打且拢千夫比夫缪，

Dab queb liongb qiand fut bid fut mioub,

达瓜拢千夫久夫得。

Dab guad liongb qiand fut jiud fud deib.

打昂帮处拢嘎拢豆，

Dab angb bangx chux liongb giax liongb doub,

达休帮绒拢固拢不。

Dab xiut bangx rongb liongb gub liongb bub.

走巧走加，

Zoub qiaot zoub jiad,

走雄走害。

Zoub xiongt zoub hanx.

水学乖告送斗，

Shiut xuob gweit gaob songx doub,

睡梦假通，

Shiut mengx jiad tongt,

度龙穷炯假量。　　　　　　　　　　　　　　（镇压诀）

Dux longb qiongb jiongx jiad liax.

乖告送斗几白，

Gweit gaob songx doub jid baib,

度龙穷炯吉袍。　　　　　　　　　　　　　　（翻复诀）

Dux longb qiongb jiongx jid paox.

牙首牙林乙热内补，

Yab shout yab linb yib reb neib bub,

牙闹牙嘎以然内冬。　　　　　　　　　　　（押送诀）

Yab laox yab giad yit ranb neib dongt.

抓首抓猛乙热内补,

Zhuab shout zhuab mengb yib reb neib bud,

抓闹抓嘎以然内冬。　　　　　　　　　　　（叉送诀）

Zhuab laox zhuab giax yib ranb neib dongt.

乖久追拢查他吉标果齐,

Gweit jiud zhuix liongb chab tax jib bioud guot qit,

弟板记竹明汝。　　　　　　　　　　　　　（封锁诀）

Dix band jix zhub mingb rux.

乖久追拢查他几没达炯豆内,

Gweit jub zhuix liongb chab tax jid meib dab jiongx doub neib,

度约弟然茶他几斗豹子豆总。

Dux yod dix rab chax tax jid doub baox zid doub zongd.

赶了再赶,驱了再驱。

要赶送了,要驱送完。

要来驱赶老虎出山来咬,豹子出岭来咬。

毒蛇出洞来咬,毒虫出穴来咬。

黄蜂蜇来肿头肿脑,毒蜂蜇来肿身肿体。

山林野兽来吃来咬,毒蛇猛兽来侵来害。

遇凶遇险,当灾当祸。

诀咒驱赶隔去,斩煞消灭,再用蜡烟隔除。

遇这糠香消散,见此蜡烟消灭。

铜隔隔去他方,铁隔隔去他处。

铜叉叉去他方,铁叉叉去他处。

驱赶以后家中便得清吉,屋宅内外平安。

驱了之后清吉没有老虎咬伤,

赶了之后平安没有豹子咬人。

乖久列乖,

Gweit jub lieb gweit,

度久列度。

Dux jub lieb dux.

列乖扛久，

Lieb gweit gangb jub,

列度扛半。

Lieb dux gangb banb.

列乖能锐几没首久，

Lieb gweit nongb ruit jid meib shoux jub,

能列几没首得。

Nongb liex jid meib shoux deib.

能锐走洽走千，

Nongb ruit zoub qiat zoub qiand,

能列关公关咩。

Nongb liex guand gongb guand miab.

能走够巧到梦单久，

Nongb zoub gout qiaox daox mengb dand jut,

能召够加到豆单得。

Nongb zhaob goud jiad daox dout dand deib.

能锐腊召锐巧锐加，

Nongb ruit lab zhaob ruit qiaot ruit jiad,

能列腊召列向列昂。

Nongb liex lab zhaob lieb xiangx lieb angb.

度龙穷炯吉袍。 （翻复诀）

Dux longb qiongb jiongx jid paox.

牙首牙林乙热内补，

Yab shout yab linb yib reb neib bub,

牙闹牙嘎以然内冬。 （押送诀）

Yab laox yab giad yit ranb neib dongt.

抓首抓猛乙热内补，

Zhuab shout zhuab mengb yib reb neib bud,

抓闹抓嘎以然内冬。 （叉送诀）

Zhuab laox zhuab giax yib ranb neib dongt.

乖久追拢查他吉标果齐，

Gweit jiud zhiux liongb chab tax jib bioud guot qit,

弟板记竹明汝。 （封锁诀）

Dix band jix zhub mingb rux.

乖久追拢查他几没孟豆达腊，

Gweit jub zhuix liongb chab tax jid meib mengt dout dab lab,

度约弟然荼他几斗列向列昂。

Dux yod dix rab chab tax jid doub lieb xiangx lieb angb.

　　赶了再赶，驱了再驱。
　　要赶送了，要驱送完。
　　要来驱赶吃菜没有养身，吃饭没有养体。
　　吃菜碰着骨刺，吃饭遇着毒食。
　　吃着毒菌染患恶疾，吃着毒药染患恶病。
　　吃菜吃着有毒有害，吃饭吃着有灾有难。
　　诀咒驱赶隔去，斩煞消灭，再用蜡烟隔除。
　　遇这糠香消散，见此蜡烟消灭。
　　铜隔隔去他方，铁隔隔去他处。
　　铜叉叉去他方，铁叉叉去他处。
　　驱赶以后家中便得清吉，屋宅内外平安。
　　驱了之后清吉没有死神纠缠，
　　赶了之后平安没有亡鬼祸害。

乖久列乖，

Gweit jub lieb gweit,

度久列度。

Dux jub lieb dux.

列乖扛久，

Lieb gweit gangb jub,

列度扛半。

Lieb dux gangb banb.

列乖服吾服召嘎冬尼，

Lieb gweit fud wut fud zhaob giad dongt neib,

服斗服召嘎冬油。

Fud dout fud zhaob giad dongt yub.

斗冲冲召窝边葡，

Doub chongx chongx zhaob aot biand put,

冲边冲召窝边奶。

Chongx biad chongx zhaob aob biad leid.

炯照补浓猛头莎，

Jiongx zhaob but niongb mengb toub sad,

冲到花连哭炯走。

Chongx daox huad lianb kux jiongx zoub.

没内几到内拢酷，

Meib neib jid daox neid liongb kut,

没骂几到骂拢首。

Meib max jib daox max liongb soud.

水学乖告送斗，

Shiut xuob gweit gaob songx doub,

睡梦假通，

Shiut mengx jiad tongt,

度龙穷炯假量。 （镇压诀）

Dux longb qiongb jiongx jiad liax.

乖告送斗几白，

Gweit gaob songx doub jid baib,

度龙穷炯吉袍。 （翻复诀）

Dux longb qiongb jiongx jid paox.

牙首牙林乙热内补，

Yab shout yab linb yib reb neib bub,

牙闹牙嘎以然内冬。 （押送诀）

Yab laox yab giad yit ranb neib dongt.

抓首抓猛乙热内补，

Zhuab shout zhuab mengb yib reb neib bud,

抓闹抓嘎以然内冬。 （叉送诀）

Zhuab laox zhuab giax yib ranb neib dongt.

乖久追拢查他吉标果齐，

Gweit jiud zhiux liongb chab tax jib bioud guot qit,

弟板记竹明汝。　　　　　　　　　　　（封锁诀）

Dix band jix zhub mingb rux.

乖久追拢查他几没头莎，

Gweit jub zhuix chab tax jid meib toub sad,

度约弟然茶他几斗便奶。

Dux yod dix rab chax tax jid doub biat leit.

　　赶了再赶，驱了再驱。
　　要赶送了，要驱送完。
　　要来驱赶吃水吃着牛蹄水，吃汤吃着牛脚汤。
　　拿木拿着腐朽木，拿棍拿着短拐棍。
　　坐着草把烤糠火，手拿铧镰挖草根。
　　有娘没得娘来养，有爹没得爹来育。
　　诀咒驱赶隔去，斩煞消灭，再用蜡烟隔除。
　　遇这糠香消散，见此蜡烟消灭。
　　铜隔隔去他方，铁隔隔去他处。
　　铜叉叉去他方，铁叉叉去他处。
　　驱赶以后家中便得清吉，屋宅内外平安。
　　驱了之后清吉没有夭折，
　　赶了之后平安没有短命。

乖久列乖，

Gweit jub lieb gweit,

度久列度。

Dux jub lieb dux.

列乖扛久，

Lieb gweit gangb jub,

列度扛半。

Lieb dux gangb banb.

列乖涨吾拢不，

Lieb gweit zhangb wut liongb bub,

瓜苟拢特。

Guax geb liongb teix.

吾滚不猛得从，

Wut gunb bub mengb deib congt,

吾穷不猛得闹。

Wut qiongx bub mengb deib laox.

背苟葡干葡内，

Beid goub pub ganb pub neix,

背绒葡柔葡紧。

Beid rongb pub rout pub giongd.

拍夯闹豆，

Peit hangb laox dout,

拍共闹岔。

Peit gongd laox chax.

水学乖告送斗，

Shiut xuob gweit gaob songx doub,

睡梦假通，

Shiut mengx jiad tongt,

度龙穷炯假量。　　　　　　　　　　　　　　　　（镇压诀）

Dux longb qiongb jiongx jiad liax.

乖告送斗几白，

Gweit gaob songx doub jid baib,

度龙穷炯吉袍。　　　　　　　　　　　　　　　　（翻复诀）

Dux longb qiongb jiongx jid paox.

牙首牙林乙热内补，

Yab shout yab linb yib reb neib bub,

牙闹牙嘎以然内冬。　　　　　　　　　　　　　　（押送诀）

Yab laox yab giad yit ranb neib dongt.

抓首抓猛乙热内补，

Zhuab shout zhuab mengb yib reb neib bud,

抓闹抓嘎以然内冬。　　　　　　　　　　　　　　（叉送诀）

Zhuab laox zhuab giax yib ranb neib dongt.

乖久追拢查他吉标果齐，

Gweit jiud zhuix lionb chab tax jib bioud guot qit,

弟板记竹明汝。　　　　　　　　　　　　　　　　（封锁诀）

Dix band jix zhub mingb rux.

乖久追拢查他几没不吾不斗，

Gweit jub zhuix liongb chab tax jid meib bub wut bub dout，

度约弟然茶他几斗白豆闹岔。

Dux yod dix rab chab tax jid doub baib dout laox chax.

赶了再赶，驱了再驱。

要赶送了，要驱送完。

要来驱赶涨水来冲，垮山来压。

洪水冲去险滩，泥流冲去凶地。

高山垮山滑坡，大岭垮岩落土。

垮山滑坡，垮岩落土。

诀咒驱赶隔去，斩煞消灭，再用蜡烟隔除。

遇这糠香消散，见此蜡烟消灭。

铜隔隔去他方，铁隔隔去他处。

铜叉叉去他方，铁叉叉去他处。

驱赶以后家中便得清吉，屋宅内外平安。

驱了之后清吉没有洪水兴灾，

赶了之后平安没有垮塌祸害。

乖久列乖，

Gweit jub lieb gweit，

度久列度。

Dux jub lieb dux.

列乖扛久，

Lieb gweit gangb jub，

列度扛半。

Lieb dux gangb banb.

列乖加绒报标，

Lieb gweit jiad rongb jiad bioub，

加棍报竹。

Jiad gunt jiad zhub.

加绒报标拢促拢出，

Jiad rongb baob bioub liongb zub liongb chub,

加棍报竹拢仇拢大。

Jiad gunt baob zhub liongb choub liongb dab.

加绒报标苟数拢转，

Jiad rongb baob bioud ged sux liongb zhuanb,

加棍报竹苟那拢奈。

Jiad gunt baob zhub goud nab liongb naib.

猛数产刚拢转拢数，

Mengb sut chant gangt liongb zhuanb liongb sud,

猛那吧虫拢套拢奈。

Mengb nab bad chongb liongb taox liongb naib.

几者咱巧走巧，

Jib zhed zab qiaot zoub qiaot,

几锐咱加走加。

Jid ruib zad jiad zoub jiad.

水学乖告送斗，

Shiut xuob gweit gaob songx doub,

睡梦假通，

Shiut mengx jiad tongt,

度龙穷炯假量。　　　　　　　　　　　　　　（镇压诀）

Dux longb qiongb jiongx jiad liax.

乖告送斗几白，

Gweit gaob songx doub jid baib,

度龙穷炯吉袍。　　　　　　　　　　　　　　（翻复诀）

Dux longb qiongb jiongx jid paox.

牙首牙林乙热内补，

Yab shout yab linb yib reb neib bub,

牙闹牙嘎以然内冬。　　　　　　　　　　　　（押送诀）

Yab laox yab giad yit ranb neib dongt.

抓首抓猛乙热内补，

Zhuab shout zhuab mengb yib reb neib bud,

抓闹抓嘎以然内冬。　　　　　　　　　　　　（叉送诀）

Zhuab laox zhuab giax yib ranb neib dongt.

乖久追拢查他吉标果齐，
Gweit jiud zhiux liongb chab tax jib bioud guot qit,
弟板记竹明汝。　　　　　　　　　　　　（封锁诀）
Dix band jix zhub mingb rux.
乖久追拢查他几没棍转棍奈，
Gweit jub zhuix liongb chab tax jid meib gunt zhuanb gunt naib,
度约弟然茶他几斗棍仇棍大。
Dux yod dix rab chab tax jid doub gunt choub gunt dab.

　　　赶了再赶，驱了再驱。
　　　要赶送了，要驱送完。
　　　要来驱赶凶神进家，恶煞进户。
　　　凶神进家来做来闹，恶煞进户来打来杀。
　　　凶神进家拿锁来锁，恶煞进户拿索来捆。
　　　大锁千斤来套来锁，大索百根来捆来绑。
　　　乱扯乱勒染灾，乱绑乱捆染祸。
　　　诀咒驱赶隔去，斩煞消灭，再用蜡烟隔除。
　　　遇这糠香消散，见此蜡烟消灭。
　　　铜隔隔去他方，铁隔隔去他处。
　　　铜叉叉去他方，铁叉叉去他处。
　　　驱赶以后家中便得清吉，屋宅内外平安。
　　　驱了之后清吉没有鬼锁鬼链，
　　　赶了之后平安没有鬼打鬼杀。

乖久列乖，
Gweit jub lieb gweit,
度久列度。
Dux jub lieb dux.
列乖扛久，
Lieb gweit gangb jub,
列度扛半。
Lieb dux gangb banb.
列乖打便抓汉背斗棍，

Lieb gweit dat biat zhuad hanx beib deb gunt，

打豆图汉背斗穷。

Dat dout tub hanx beib deb qiongb.

穷斗见风白苟白让，

Qiongb dout jianb fengd baib goud baib rangb，

穷标见度白加白竹。

Qiong bioubjianb dux baib jiad baib jiad zhub.

出汉猛风几油，

Chub hanx mengb fengd jid youb，

当汉猛记吉哨。

Dangb hanx mengb jix jib xiaox.

标炯标你走巧走加，

Bioub jiongx bioub nib zoub qiaot zoub jiad，

标柔标瓦咱滚咱穷。

Bioud rout bioud wab zad gunb zad qiongx.

水学乖告送斗，

Shiut xuob gweit gaob songx doub，

睡梦假通，

Shiut mengx jiad tongt，

度龙穷炯假量。　　　　　　　　　　　　　（镇压诀）

Dux longb qiongb jiongx jiad liax.

乖告送斗几白，

Gweit gaob songx doub jid baib，

度龙穷炯吉袍。　　　　　　　　　　　　　（翻复诀）

Dux longb qiongb jiongx jid paox.

牙首牙林乙热内补，

Yab shout yab linb yib reb neib bub，

牙闹牙嘎以然内冬。　　　　　　　　　　　（押送诀）

Yab laox yab giad yit ranb neib dongt.

抓首抓猛乙热内补，

Zhuab shout zhuab mengb yib reb neib bud，

抓闹抓嘎以然内冬。　　　　　　　　　　　（叉送诀）

Zhuab laox zhuab giax yib ranb neib dongt.

乖久追拢查他吉标果齐，
Gweit jiud zhiux liongb chab tax jib bioud guot qit，
弟板记竹明汝。　　　　　　　　　　　　　　（封锁诀）
Dix band jix zhub mingb rux.
乖久追拢查他几没猛风几油，
Gweit jub zhuix liongb chab tax jid meib mengb fengd jid youb，
度约弟然茶他几斗背斗吉当。
Dux yod dix rab chab tax jid doub beid dout jib dangx.

　　赶了再赶，驱了再驱。
　　要赶送了，要驱送完。
　　要来驱赶天上掉下火把星，地上烧火冲天红。
　　浓烟成团满村满寨，烟火凶猛满家满户。
　　遭那大风乱吹，遇那恶风乱窜。
　　家宅住房遭了天火，瓦房木房烧成灰烬。
　　诀咒驱赶隔去，斩煞消灭，再用蜡烟隔除。
　　遇这糠香消散，见此蜡烟消灭。
　　铜隔隔去他方，铁隔隔去他处。
　　铜叉叉去他方，铁叉叉去他处。
　　驱赶以后家中便得清吉，屋宅内外平安。
　　驱了之后清吉没有恶风乱吹，
　　赶了之后平安没有火灾乱发。

乖久列乖，
Gweit jub lieb gweit，
度久列度。
Dux jub lieb dux.
列乖扛久，
Lieb gweit gangb jub，
列度扛半。
Lieb dux gangb banb.
列乖打尼几剖拢达，
Lieb gweit dad neib jid pet liongb dab，

打油吉刚拢抓。

Dab yub jib gangd liongb zhuax.

尼固吉标达闹猛干，

Neib gud jib bioud dab laox mengb ganb，

油忙几竹抓闹猛内。

Yub mangb jid zhub zhuad laox mengb neix.

尼固吉标嘎炯，

Neib gud jib bioud giad jiongx，

油忙记竹嘎将。

Yub mangb jid zhub giad jiangx.

列熟几单公力，

Lieb shub jid dand gongd lib，

列记几单公八。

Lieb jix jid dand gongb bab.

水学乖告送斗，

Shiut xuob gweit gaob songx doub，

睡梦假通，

Shiut mengx jiad tongt，

度龙穷炯假量。 （镇压诀）

Dux longb qiongb jiongx jiad liax.

乖告送斗几白，

Gweit gaob songx doub jid baib，

度龙穷炯吉袍。 （翻复诀）

Dux longb qiongb jiongx jid paox.

牙首牙林乙热内补，

Yab shout yab linb yib reb neib bub，

牙闹牙嘎以然内冬。 （押送诀）

Yab laox yab giad yit ranb neib dongt.

抓首抓猛乙热内补，

Zhuab shout zhuab mengb yib reb neib bud，

抓闹抓嘎以然内冬。 （叉送诀）

Zhuab laox zhuab giax yib ranb neib dongt.

乖久追拢查他吉标果齐，

Gweit jiud zhiux liongb chab tax jib bioud guot qit,

弟板记竹明汝。　　　　　　　　　　　　　（封锁诀）

Dix band jix zhub mingb rux.

乖久追拢查他几没向尼，

Gweit jub zhuix liongb chab tax jid meib xiangt neib,

度约弟然茶他几斗向油。

Dux yod dix rab chab tax jid doub xiangt yu.

赶了再赶，驱了再驱。

要赶送了，要驱送完。

要来驱赶水牯用角来抵，黄牯用角乱碰。

水牯掉下悬崖，黄牯掉下悬岩。

水牯染了牛瘟，黄牯染了时气。

要犁不到田里，要耙不到田内。

诀咒驱赶隔去，斩然消灭，再用蜡烟隔除。

遇这糠香消散，见此蜡烟消灭。

铜隔隔去他方，铁隔隔去他处。

铜叉叉去他方，铁叉叉去他处。

驱赶以后家中便得清吉，屋宅内外平安。

驱了之后清吉没有伤牛，

赶了之后平安没有伤畜。

乖久列乖，

Gweit jub lieb gweit,

度久列度。

Dux jub lieb dux.

列乖扛久，

Lieb gweit gangb jub,

列度扛半。

Lieb dux gangb banb.

列乖抓军报苟，

Lieb gweit zhuab jund baob geb,

抢犯报让。

Qiangd fanx baob rangb.

抓军报苟拢娄拢仇，

Zhuab giuongt baob geb liongb loub liongb choub，

枪犯报让拢抢拢大。

Qiangd fanx baob rangb liongb qiangd liongb dab.

猛庆几吼，

Mengb qut jib houb，

猛炮吉话。

Mengb paox jib huax.

围标围斗，

Weib bioud weib deb，

围总围秋。

Weib zongb weib quid.

咱拔腊娄苟仇，

Zad bab lab loub ged choub，

咱浓腊娄苟大。

Zad niongx lab loub ged dax.

几吼声昂，

Jib houd shongt angb，

吉话声年。

Jib huax shongt nian.

水学乖告送斗，

Shiut xuob gweit gaob songx doub，

睡梦假通，

Shiut mengx jiad tongt，

度龙穷炯假量。   （镇压诀）

Dux longb qiongb jiongx jiad liax.

乖告送斗几白，

Gweit gaob songx doub jid baib，

度龙穷炯吉袍。   （翻复诀）

Dux longb qiongb jiongx jid paox.

牙首牙林乙热内补，

Yab shout yab linb yib reb neib bub，

牙闹牙嘎以然内冬。　　　　　　　　　　（押送诀）

Yab laox yab giad yit ranb neib dongt.

抓首抓猛乙热内补，

Zhuab shout zhuab mengb yib reb neib bud,

抓闹抓嘎以然内冬。　　　　　　　　　　（叉送诀）

Zhuab laox zhuab giax yib ranb neib dongt.

乖久追拢查他吉标果齐，

Gweit jiud zhiux liongb chab tax jib bioud guot qit,

弟板记竹明汝。　　　　　　　　　　　　（封锁诀）

Dix band jix zhub mingb rux.

乖久追拢查他几没抓军拢娄，

Gweit jub zhuix liongb chab tax jid meib zhuad giuongt liongb loub,

度约弟然茶他几斗抢犯拢大。

Dux yod dix rab chab tax jid doub qiangd fanx liongb dax.

　　赶了再赶，驱了再驱。

　　要赶送了，要驱送完。

　　要来驱赶恶军进村，土匪进寨。

巴代祭祖师坛时的摆设（石金津摄）

恶军进村乱烧乱打，土匪进寨乱抢乱杀。

枪声震村，炮声震寨。

围家围宅，围房围室。

见到女人就打，见到男人就杀。

哭声震天，喊号动地。

诀咒驱赶隔去，斩煞消灭，再用蜡烟隔除。

遇这糠香消散，见此蜡烟消灭。

铜隔隔去他方，铁隔隔去他处。

铜叉叉去他方，铁叉叉去他处。

驱赶以后家中便得清吉，屋宅内外平安。

驱了之后清吉没有兵瘟来抓，

赶了之后平安没有抢犯来杀。

后 记

　　笔者在本家 32 代祖传的丰厚资料的基础上，通过 50 多年来对湖南、贵州、四川、湖北、重庆等五省市及周边各地苗族巴代文化资料挖掘、搜集、整理和译注，最终完成了这套《湘西苗族民间传统文化丛书》。

　　本套丛书共 7 大类 76 本 2500 多万字及 4000 余幅仪式彩图，这在学术界可谓鸿篇巨制。如此成就的取得，除了本宗本祖、本家本人、本师本徒、本亲本眷之人力、财力、物力的投入外，还离不开政界、学术界以及其他社会各界热爱苗族文化的仁人志士的大力支持。首先，要感谢湖南省民族宗教事务委员会、湘西州政府、湘西州人大、湘西州政协、湘西州文化旅游广电局、花垣县委、花垣县民族宗教事务和旅游文化广电新闻出版局、吉首大学历史文化学院、吉首大学音乐舞蹈学院、湖南省社科联等各级领导和有关工作人员的大力支持；其次，要感谢中南大学出版社积极申报国家出版基金，使本套丛书顺利出版；最后，还要感谢苗族文化研究者、爱好者的大力推崇。他们的支持与鼓励，将为苗族巴代文化迈入新时代打下牢固的基础、搭建良好的平台；他们的功绩，将铭刻于苗族文化发展的里程碑，将载入史册。《湘西苗族民间传统文化丛书》会记住他们，苗族文化阵营会记住他们，苗族的文明史会记住他们，苗族的子子孙孙也会永远记住他们。

　　本书除了部分说明、注释外，余下皆为科仪实录。由于对苗族巴代文化的研究还有待进一步深入，其中诸多术语、论断有可能还不够完善，还由于工程巨大、牵涉面广、时间仓促，错误在所难免，诚望读者海涵、指正。

　　浩浩宇宙，莽莽苍穹，茫茫大地，悠悠岁月，古往今来，曾有我者，一闪而过，何失何得？我们匆匆忙忙地从来处来，又将急急促促地奔向去处，当下只不过是到人世这个驿站小驻一下。人生虽然只是一闪而过，但我们总该为这个驿站做点什么或留点什么。瞬间的灵光，留下一丝丝印记，那是供人们记忆的。最后我们还得从容地走，而且要走得自然、安详、果断，消失得无影无踪……

编　者

2019 年 11 月

图书在版编目（CIP）数据

苗师通鉴. 第一册／石寿贵编. —长沙：中南
大学出版社，2019.12
（湘西苗族民间传统文化丛书）
ISBN 978 - 7 - 5487 - 3701 - 8

Ⅰ.①苗… Ⅱ.①石… Ⅲ.①苗族－祭文－民族文化
－介绍－湘西土家族苗族自治州 Ⅳ.①K892.29

中国版本图书馆 CIP 数据核字(2019)第 171771 号

苗师通鉴(第一册)
MIAOSHI TONGJIAN(DI-YI CE)

石寿贵　编

□责任编辑　陈应征
□责任印制　易红卫
□出版发行　中南大学出版社
　　　　　　社址：长沙市麓山南路　　　　　邮编：410083
　　　　　　发行科电话：0731 - 88876770　　传真：0731 - 88710482
□印　　装　湖南省众鑫印务有限公司

□开　　本　710 mm×1000 mm 1/16　□印张 22.25　□字数 535 千字　□插页 2
□版　　次　2019 年 12 月第 1 版　□2019 年 12 月第 1 次印刷
□书　　号　ISBN 978 - 7 - 5487 - 3701 - 8
□定　　价　302.00 元